Angelseen in der Schweiz

- A Bodensee (S. 24)
- 1 Thunersee (S. 122)
- 2 Brienzersee (S. 126)
- 3 Fälensee (S. 132)
- 4 Sämtisersee (S. 134)
- 5 Silsersee (S. 136)
- 6 Silvaplanersee (S. 140)

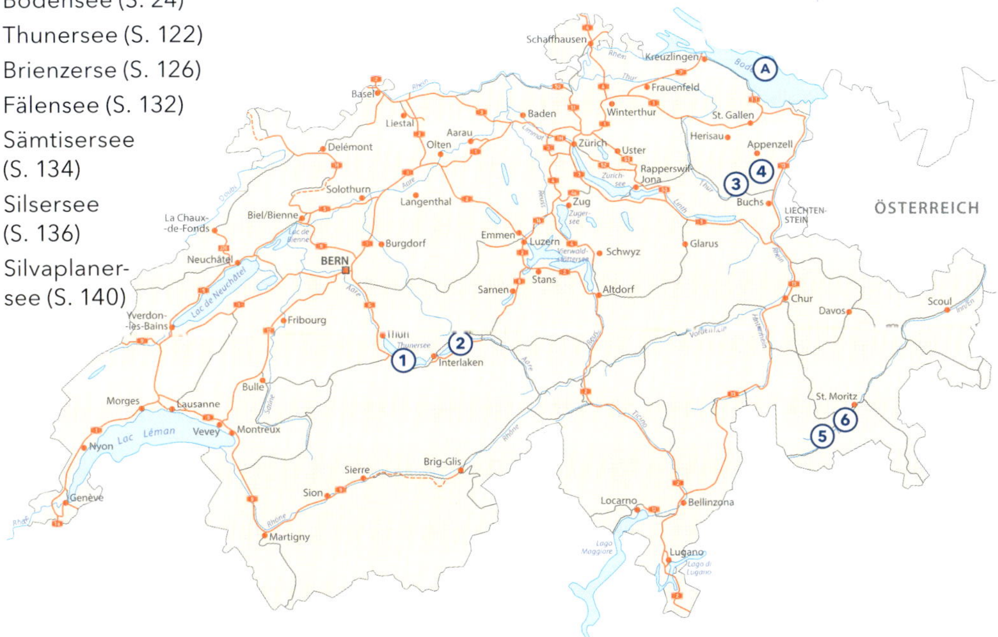

Angelseen in Österreich

- A Bodensee (S. 24)
- 1 Vilsalpsee (S. 78)
- 2 Haldensee (S. 82)
- 3 Heiterwanger See (S. 86)
- 4 Plansee (S. 90)
- 5 Irrsee (S. 94)
- 6 Fuschlsee (S. 98)
- 7 Mondsee (S. 102)
- 8 Attersee (S. 106)
- 9 Wolfgangsee (S. 110)
- 10 Millstätter See (S. 114)
- 11 Weissensee (S. 118)

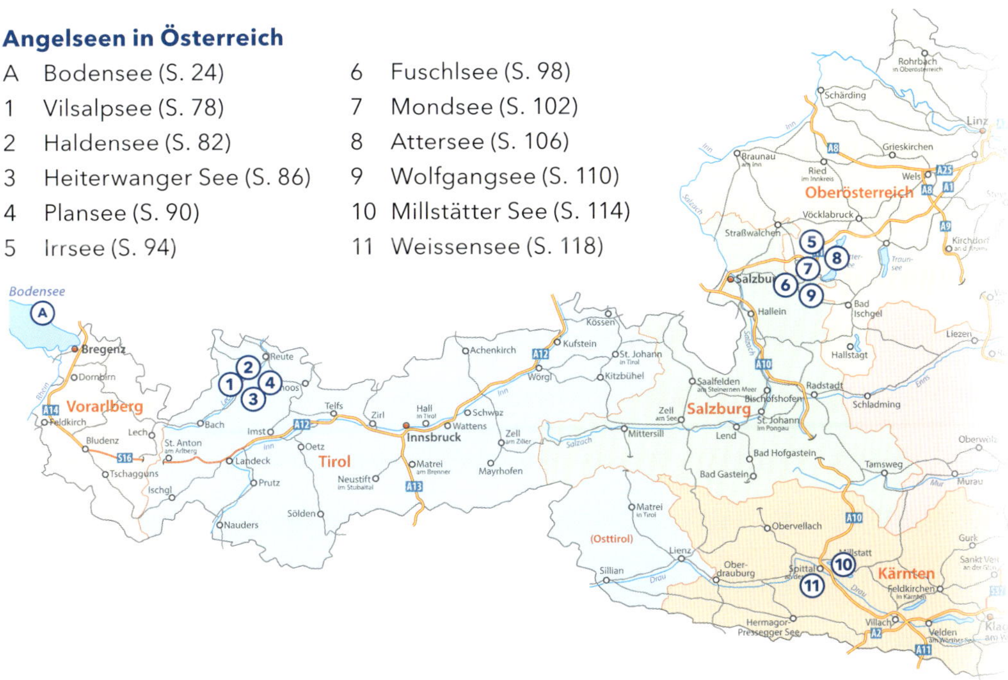

BERND TALLER

ANGELFASZINATION ALPENSEEN

DIE BESTEN GEWÄSSER IN DEUTSCHLAND, ÖSTERREICH UND DER SCHWEIZ

LEOPOLD STOCKER VERLAG
GRAZ – STUTTGART

Umschlaggestaltung:
Werbeagentur Rypka GmbH, 8143 Dobl/Graz, www.rypka.at

Foto Umschlag-Vorderseite: Gerd Wolpert
Fotos Umschlag-Rückseite: Jörg Schuft, Naturparkregion Reutte/Robert Eder, Thomas Wagner

Bibliografische Information der Deutschen Nationalbibliothek
Die Deutsche Nationalbibliothek verzeichnet diese Publikation in der Deutschen Nationalbibliografie; detaillierte bibliografische Daten sind im Internet unter http://dnb.d-nb.de abrufbar.

Hinweis: Dieses Buch wurde auf chlorfrei gebleichtem Papier gedruckt. Die zum Schutz vor Verschmutzung verwendete Einschweißfolie ist aus Polyethylen chlor- und schwefelfrei hergestellt. Diese umweltfreundliche Folie verhält sich grundwasserneutral, ist voll recyclingfähig und verbrennt in Müllverbrennungsanlagen völlig ungiftig.

Auf Wunsch senden wir Ihnen gerne kostenlos unser Verlagsverzeichnis zu:
Leopold Stocker Verlag GmbH
Hofgasse 5/Postfach 438
A-8011 Graz
Tel.: +43 (0)316/82 16 36
Fax: +43 (0)316/83 56 12
E-Mail: stocker-verlag@stocker-verlag.com
www.stocker-verlag.com

ISBN 978-3-7020-1726-2

Layout und Repro: Werbeagentur Rypka GmbH, 8143 Dobl/Graz
Druck: Finidr, s.r.o., Český Těšín

INHALT

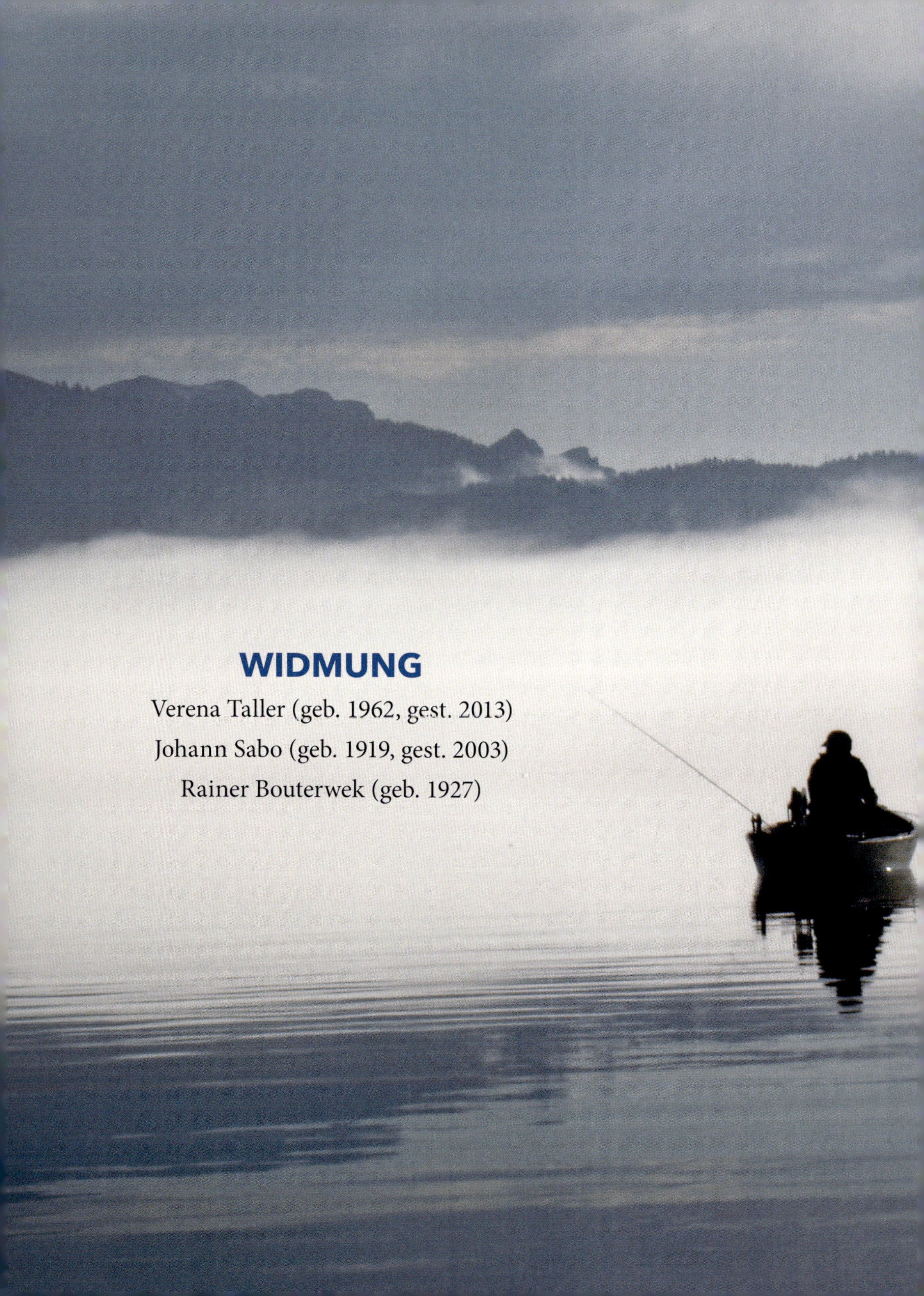

WIDMUNG

Verena Taller (geb. 1962, gest. 2013)

Johann Sabo (geb. 1919, gest. 2003)

Rainer Bouterwek (geb. 1927)

VORWORT

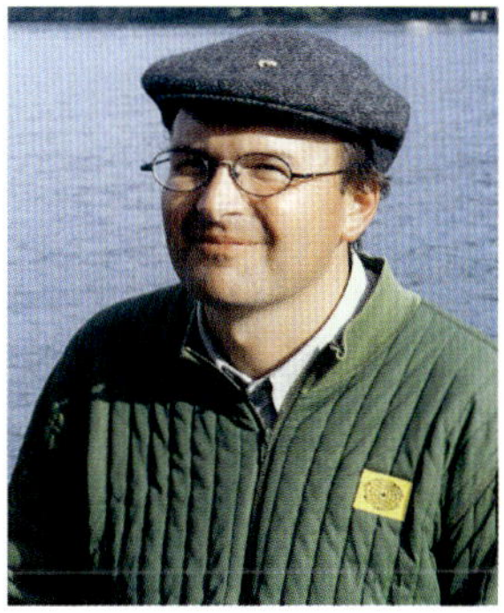

Foto: Mariette Günzel

Obwohl mehr als dreißig Jahre vergangen sind, habe ich dieses Bild noch vor Augen. Wir passierten den Scheitelpunkt der Kesselbergstraße, und dann lag er da – der Walchensee. Glitzernd im Sonnenlicht, umgeben von majestätischen Bergen.
Dass es so etwas Schönes gibt! Das war mein erster Gedanke. Und so verlor ich in Windeseile mein Herz. Nicht nur an den Walchensee, nein, im Lauf der Jahre durfte ich noch viele andere Alpenseen kennenlernen. Kleine und große, tiefe und flache, manche im Herzen der Alpen gelegen und andere im Alpenvorland. Unzählige Stunden habe ich dort verbracht, und keine einzige davon möchte ich missen.

Was macht nun einen Besuch in diesen Regionen so attraktiv? Ganz eindeutig – die sauberen, klaren Gewässer mit ihren interessanten Bewohnern: Fische, die hervorragend schmecken und von höchster Qualität sind.
Ein weiterer Grund für ihre Attraktivität ist, dass man die Angelei mit einem wunderbaren Familienurlaub kombinieren kann, denn dort kann man schwimmen, wandern und radfahren, Natur und Landschaft genießen und allerhand unternehmen, was nicht nur Anglern, sondern der ganzen Familie Spaß macht.

Die Fischerei in alpinen Gewässern ist ungemein faszinierend und zieht einen so in ihren Bann, dass selbst ruhige, kontrollierte Zeitgenossen ungewöhnliches Verhalten zeigen können, um ihr Petri Heil nicht zu gefährden. So wie mein langjähriger Freund Ralf. Es war im April, das Wasser war noch sehr kalt. Als sich aber eine besonders große Renke an einem Hindernis verfing und nicht zu lösen war, entledigte er sich seiner Kleider, stieg in den See und kescherte den Fisch.

Dieses Beispiel soll exemplarisch sein für all die Erlebnisse und Empfindungen, die mit dem Angeln in Alpenseen einhergehen: Stunden voller Anspannung und Entspannung, Freud und Leid, Triumphe und Tragödien …

Ich kann Ihnen daher nur empfehlen, Ihr Glück an den beschriebenen Gewässern zu versuchen!

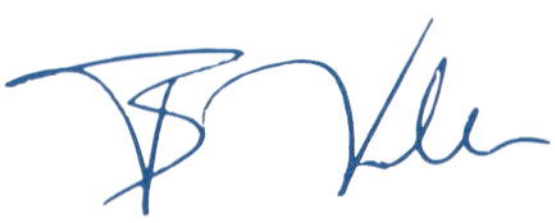

Petri Heil!
Ihr Bernd Taller

PS.: Manchmal werden Sie auf Fotos betagtes Angelgerät entdecken. Diese Fotos sind jedoch keine alten Aufnahmen. Ich sammle antike Ruten und Rollen – und ich fische damit!

Angaben in den Informationskästen der einzelnen Seen (Preise, Telefonnummern usw.) Stand Anfang 2018.

FISCHARTEN UND ANGELMETHODEN

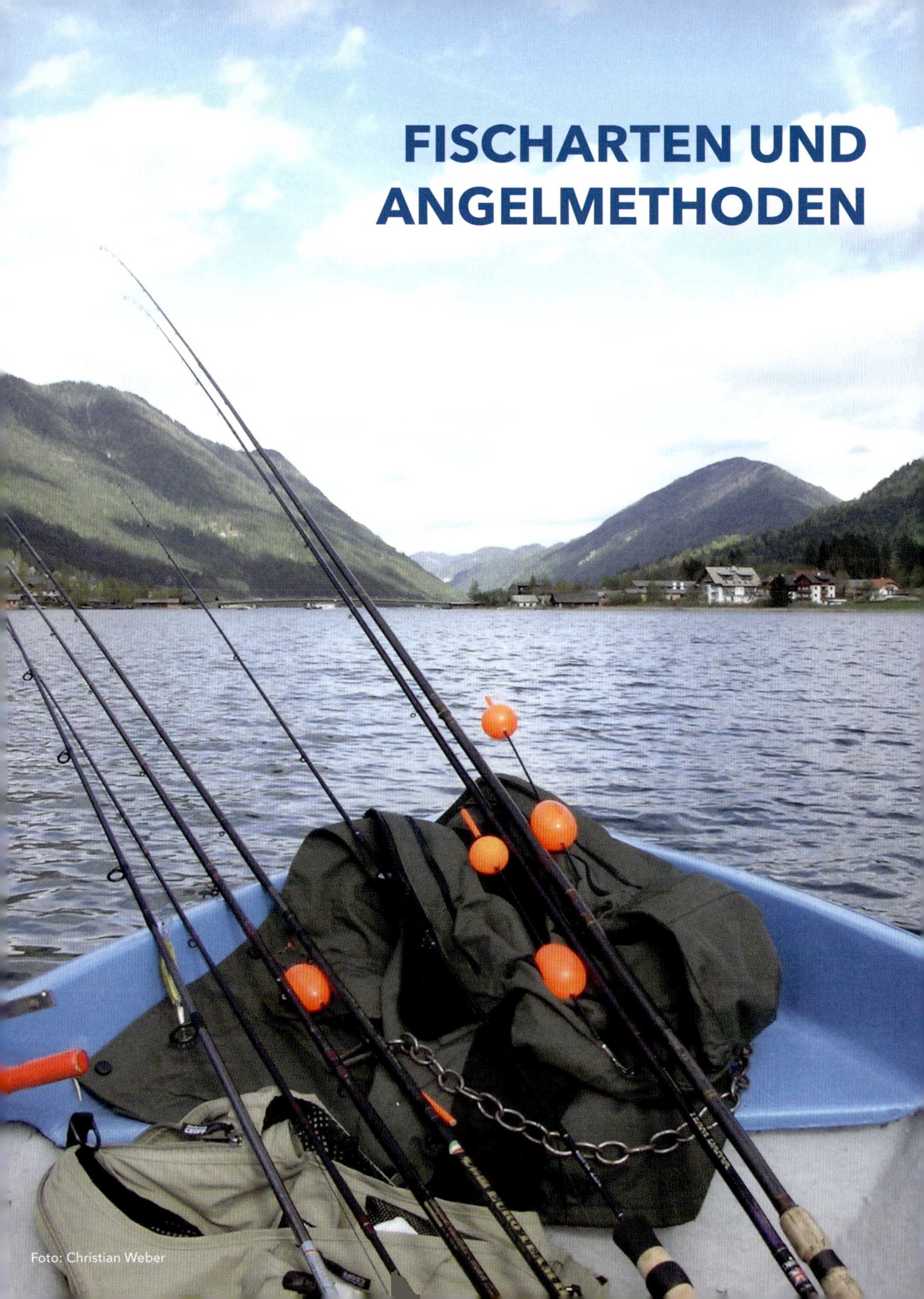

Foto: Christian Weber

FISCHARTEN IN DEN ALPENSEEN

Die auf den folgenden Seiten beschriebenen Fischarten sind charakteristisch für die im Buch beschriebenen Alpenseen.

DIE RENKE

Die Renke wird auch Felchen, Reinanke oder Maräne genannt und gehört zur Familie der Lachsfische. Ihr Vorkommen erstreckt sich über ganz Mittel-und Nordeuropa.

In den meisten Seen des Alpen-und Voralpenraums stellt sie den Hauptfisch dar. Coregonen können im Mittelwasser und am Grund vorkommen, teils ufernah und teils auf dem Weitsee.

Es existieren sehr viele Unterarten wie das Albeli, der Kilch, die Peledmaräne, das Blaufelchen und die Bodenrenke.

Die Durchschnittsgröße dürfte bei 30 bis 35 Zentimetern liegen. Die Mehrzahl der Renkenarten sind lang gestreckt, nur die Bodenrenken sind dick und hochrückig. Diese können Gewichte bis zu 10 Pfund erreichen.

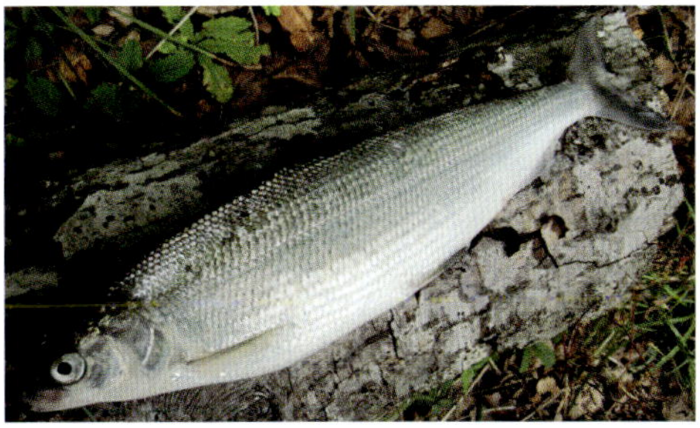

Foto: Bernd Taller

Die Färbung ist silbrig, gelegentlich mit einem leichten Braunton.

Hauptnahrung sind Nymphen und Plankton.

Das Fleisch der Renke ist zart und hat ein feines Aroma. Wer sie brät oder dünstet, muss die Schuppen entfernen. Zumeist wird sie jedoch geräuchert, und da muss das Schuppenkleid erhalten bleiben.

DIE REGENBOGENFORELLE

Die Regenbogenforelle wird auch Rainbow genannt. Sie gehört zur Familie der Lachsfische. Sie stammt aus Nordamerika und wurde in der zweiten Hälfte des 19. Jahrhunderts in England eingebürgert. Inzwischen ist sie in ganz Europa verbreitet.

Gerade in unseren Alpenseen fühlt sich die Regenbogenforelle sehr wohl und kommt im Mittelwasser und der Oberfläche vor.

Die Durchschnittslänge dürfte bei 30 bis 40 Zentimetern liegen, aber es wurden auch schon Exemplare bis über 80 Zentimeter gefangen. Dabei können dann Gewichte bis ca. 9 Kilogramm erreicht werden.

Die Färbung variiert stark und hängt vom Gewässer ab. Blaugrüne oder olivgrüne Töne

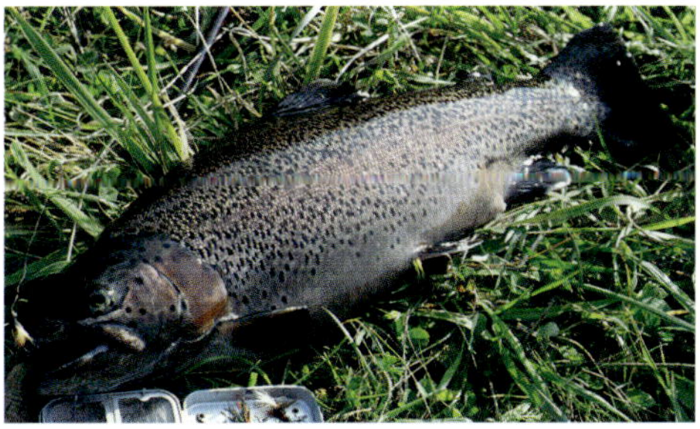

Foto: Bernd Taller

herrschen vor, manchmal auch blausilbrige. Charakteristisch ist jedoch ein roter Streifen entlang der Seitenlinie. Auch sind über den gesamten Körper kleine schwarze Punkte verteilt.

Bei der Nahrungsaufnahme ist die Regenbogenforelle alles andere als wählerisch.

Insekten, deren Larven, Frösche, Würmer, Kaulquappen und natürlich Fische stehen auf dem Speiseplan.

Wie bei allen Lachsfischen ist das Fleisch der Regenbogenforelle zart und von hoher Qualität. Oft werden Regenbogenforellen geräuchert. Ihre Schuppen sind sehr klein und müssen nicht entfernt werden. Gedünstet, gegrillt oder in Butter gebraten –Regenbogenforellen sind in jedem Fall ein Genuss!

DIE BACHFORELLE

Die Bachforelle wird auch Fario genannt. Sie gehört zur Familie der Lachsfische und ist eng mit der Seeforelle verwandt. Das Verbreitungsgebiet erstreckt sich über ganz Europa. Gern hält sie sich in Ufernähe auf. Bei der Nahrungssuche zieht sie jedoch im gesamten Gewässer umher, wobei die großen Tiefen eher gemieden werden.

Im Unterschied zur Seeforelle hat sie rote Punkte, und ihr Farbton ist nicht silbrig, sondern geht ins Bräunliche oder Ockerfarbene. Die Unterscheidung von der Seeforelle ist nicht immer einfach, deshalb haben beide an vielen Seen dasselbe Schonmaß.

In Ausnahmefällen können Farios über 15 Jahre alt werden und erreichen dann manchmal ein Gewicht von über 9 Kilogramm. Die Durchschnittsgröße dürfte jedoch bei 30 bis 35 Zentimetern liegen. In nahrungsarmen Gewässern bleibt die Bachforelle klein und wird dort als Steinforelle bezeichnet.

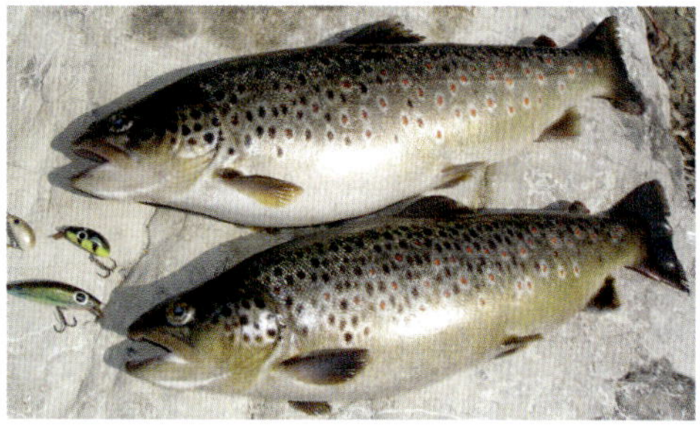

Foto: Bernd Taller

Die Bachforelle kommt gerne zur Wasseroberfläche, um dort Fliegen und Käfer zu holen. Aber natürlich lebt sie auch räuberisch.

Wie alle Salmoniden ist die Fario ein begehrter Fisch auf dem Teller. Die kleinen Schuppen müssen nicht entfernt werden, und die Bachforelle mundet in jeder Zubereitungsform.

DIE SEEFORELLE

Die Seeforelle wird auch Alpenlachs oder Lax genannt. Sie gehört zur Familie der Lachsartigen und kommt in ganz Mittel-und Nordeuropa vor.

Besonders gut gedeiht sie in den kalten und sauerstoffreichen Seen des Alpen-und Voralpenraums. Die Seeforelle liebt den Uferbereich genauso wie den Weitsee. Auch pendelt sie zwischen Grund und Oberfläche. Seeforellen sind Wanderfische, die zum Laichen in Flüsse und Bäche aufsteigen.

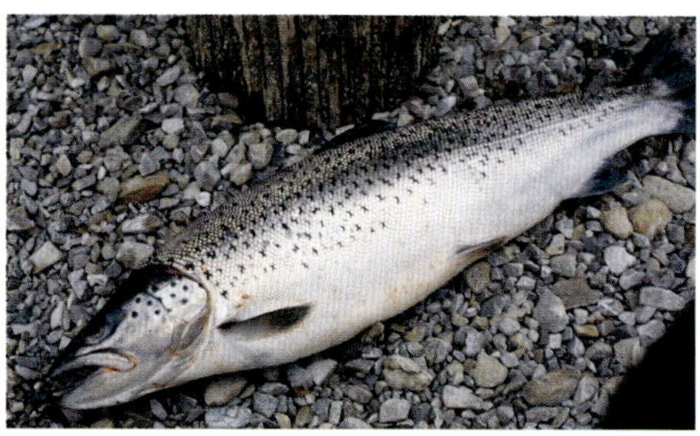

Foto: Bernd Taller

Die Durchschnittsgröße dürfte bei 40 bis 70 Zentimetern liegen. Es wurden aber auch schon Fische mit mehr als 13 Kilogramm erbeutet. Der Körper ist lang gestreckt und silbrig. Charakteristisch sind schwarze Flecken in Form von Punkten oder Kreuzen.

Jüngere Forellen ernähren sich von Insekten und deren Larven, später sind Fische die Hauptbeute.

Das Fleisch kann hell oder auch orangerot gefärbt sein. Es ist fest und sehr wohlschmeckend. Die feinen Schuppen müssen nicht entfernt werden. Der grätenarme Fisch kann in jeder Form zubereitet werden, aber geräuchert oder im Salzmantel ist er einfach Hochgenuss pur!

DER SEESAIBLING

Der Seesaibling wird auch Rotforelle oder Rötel genannt. Er gehört zur Familie der Lachsartigen. Er kommt im gesamten nord- und mitteleuropäischen Raum vor.

Besonders die tiefen, kalten und sauerstoffreichen Seen des Alpen- und Voralpenlandes sind die bevorzugte Heimat von Seesaiblingen.

Der Seesaibling lebt gern in der Tiefe, bis 80 Meter und darunter, aber im Schnitt bevorzugt er den Bereich von 30 Metern. Gelegentlich kommt er bis zur Oberfläche.

Die Durchschnittsgröße dürfte bei 28 bis 32 Zentimetern liegen. Immer wieder jedoch werden sogenannte Wildfangsaiblinge erbeutet. Deren Gewicht kann bis zu 3 Kilogramm, in sehr seltenen Ausnahmefällen auch mehr, betragen.

Seine Färbung ist sehr unterschiedlich. Sie reicht von silbrig-weiß bis hin zu grünorange. Manche Seesaiblinge haben auch einen tiefroten Bauch und gehören damit zu den farbintensivsten Fischen.

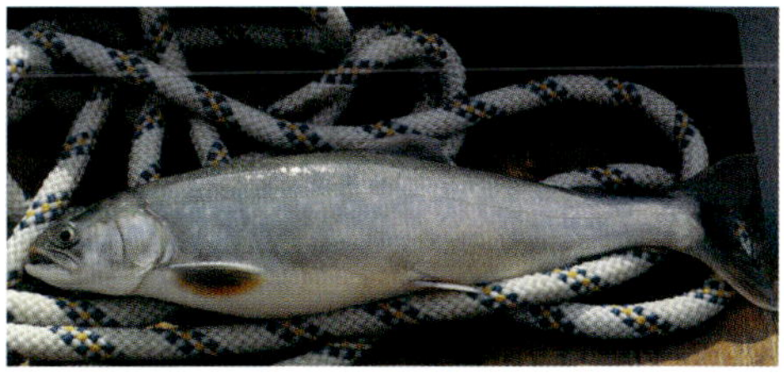

Foto: Bernd Taller

Im Jugendalter ernähren sich die Seesaiblinge von Plankton und Nymphen. Später bleibt es bei dieser Nahrung, aber Kleinfische kommen noch hinzu.

Das Fleisch weist überwiegend eine tief orangene Färbung auf. Es ist fest und äußerst wohlschmeckend.

Geschuppt muss der Seesaibling nicht werden, und die gebratene Haut schmeckt herrlich. Der Seesaibling eignet sich für alle Zubereitungsarten – filetiert oder im Ganzen, gedünstet, gegrillt oder gebraten.

DER HECHT

Der Hecht wird auch Esox genannt. Er gehört zur Familie der Esocidae. Er ist in ganz Europa verbreitet und kommt in nahezu jedem Gewässer vor.

Er liebt sämtliche Tiefen und lässt sich im Uferbereich genauso finden wie auf dem Weitsee.

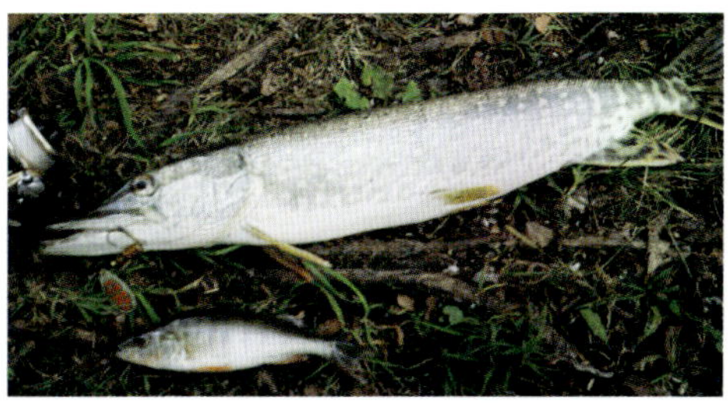

Foto: Bernd Taller

Seine Durchschnittsgröße liegt bei 50 bis 80 Zentimetern, aber auch Exemplare mit 1,20 oder 1,30 Meter Länge werden immer wieder gefangen. Das Gewicht kann über 18 Kilogramm hinausgehen.

Hechte haben einen lang gestreckten, walzenförmigen Körper. Der relativ große Kopf besitzt ein entenschnabelartiges Maul.

Der Rücken ist zumeist grün oder braun gefärbt. Überzogen ist der Körper mit weißen Flecken.

Als Räuber ernährt sich der Hecht von Fischen, schreckt aber auch nicht davor zurück, Jungenten zu attackieren.

Die Schuppen sind groß und leicht zu entfernen. Da die Haut einen starken Eigengeschmack aufweist, empfiehlt es sich, diese zu entfernen. Der Hecht besitzt deutlich mehr Gräten als andere Edelfische. Deshalb wird er oft filiert. Vielfach wird sein entgrätetes Fleisch dann auch zu Hechtklößchen verarbeitet.

DER ZANDER

Der Zander wird auch Hechtbarsch und Schill genannt. Er gehört zur Familie der „Echten Barsche" und ist der größte Vertreter seiner Familie in Europa, wo er nahezu überall vorkommt. Überwiegend lebt er am Grund und kommt nur gelegentlich in höhere Wasserschichten. Wegen seiner ausgeprägten Sehfähigkeit kommt er auch mit trübem Wasser und in der Dunkelheit gut zurecht.

Seine Durchschnittsgröße liegt bei 40 bis 50 Zentimetern, und in Ausnahmefällen erreicht er eine Länge bis 1,30 Meter. Das Gewicht kann dabei fast 18 Kilogramm betragen.

Der Zander besitzt einen lang gestreckten, spindelförmigen Körper mit zwei Rückenflossen. Der Rücken ist grüngrau und wird zum Bauch hin silbrigweiß.

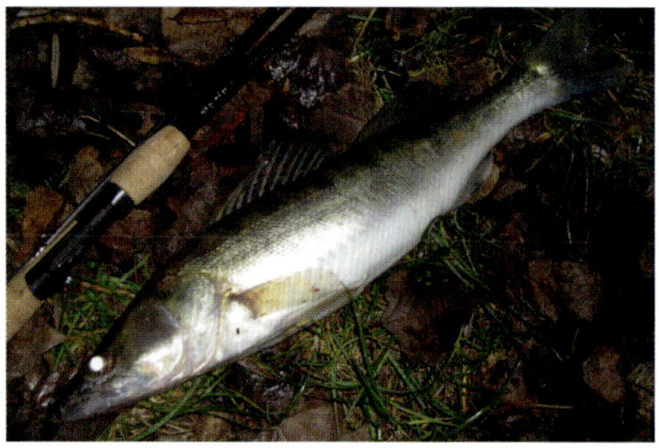

Foto: Bernd Taller

Als Räuber ernährt er sich von lebenden und toten Fischen.

Sein weißes, festes Fleisch ist sehr beliebt. Die Kammschuppen sitzen besonders fest, sodass die Haut zumeist beim Filetiervorgang entfernt wird. Die Filets lassen sich sehr gut dünsten oder in Butter braten.

DER FLUSSBARSCH

Der Flussbarsch wird auch Kretzer, Schratz und Egli genannt. Er gehört zur Familie der „Echten Barsche". Er ist in nahezu ganz Europa verbreitet und kommt in so gut wie jedem Gewässer vor. Auch den Verhältnissen unserer Alpengewässer hat er sich gut angepasst, und man kann ihn in jeder Wasserschicht finden.

Im Durchschnitt erreicht er Längen von 20 bis 30 Zentimetern. Ausnahmefische können bis zu 60 Zentimetern groß werden. Mit etwa 3 Kilogramm gilt ein Fisch schon als kapital.

Typisch für den Flussbarsch ist die geteilte, stachelige Rückenflosse. Der Körper ist graugrün gefärbt und weist 6 bis 8 senkrecht verlaufende Streifen auf. Ältere Exemplare können besonders hochrückig werden.

Bei der Nahrungsaufnahme sind Flussbarsche nicht wählerisch. Plankton, Mückenlarven, Krebse und Kleinfische bereichern ihren Speisezettel.

Das weiße, feste Fleisch des Flussbarsches wird allgemein geschätzt. Die kleinen Schuppen sitzen sehr zäh auf der Haut. Deshalb wird diese zumeist abgezogen. Im Ganzen oder als Filets in Butter gebraten ergibt dieser Fisch einen Festschmaus!

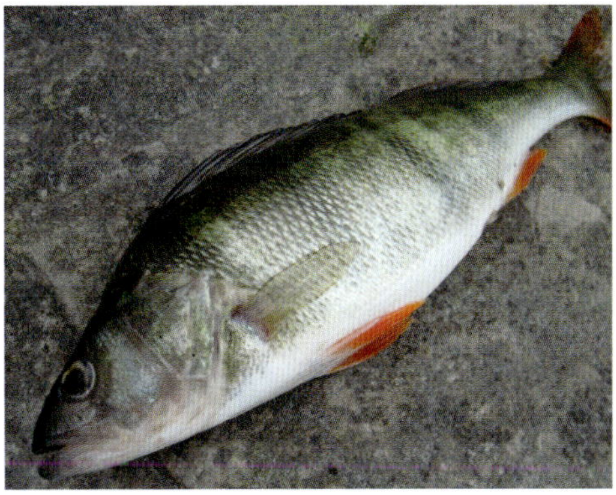

Foto: Bernd Taller

DIE QUAPPE

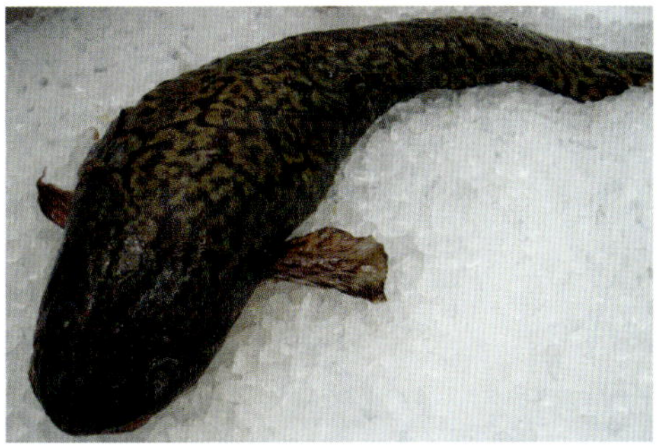

Foto: Bernd Taller

Die Quappe wird auch Rutte und Trüsche genannt. Sie gehört zur Familie der Dorschartigen und ist deren einziger Vertreter im Süßwasser. Sie kommt in den Regionen zwischen dem vierzigsten und siebzigsten nördlichen Breitengrad vor. Man findet sie in Mittel- und Nordeuropa.

Allerdings sind die Bestände durch eine rigorose Gewässerverbauung stark zurückgegangen. Als Laichräuber verschrieen wurde die Quappe auch in vielen Gewässern kurz gehalten. Inzwischen hat man ihre Wichtigkeit im Ökosystem erkannt und besetzt sie wieder vermehrt.

Sie lebt stets am Grund, wo sie sich tagsüber zwischen Steinen und Wurzeln versteckt hält. In der Nacht wird sie aktiv und geht auf Nahrungssuche.

Die Durchschnittsgröße dürfte bei 30 bis 40 Zentimetern liegen. Ausnahmefische sollen bis zu einen Meter lang werden.

Der lang gestreckte Körper erscheint im vorderen Bereich rund, flacht aber nach hinten ab. Die Grundfarbe ist Hellbraun mit dunkler Marmorierung. Am Kinn trägt die Quappe einen deutlich sichtbaren Bartfaden.

Als Jungfisch ernährt sie sich von kleinen Krebsen und anderen am Boden lebenden Wirbellosen, später frisst sie überwiegend Fische und deren Laich.

Die Quappe gilt als hervorragender Speisefisch. Geschätzt wird nicht nur ihr weißes, festes Fleisch, eine ganz besondere Delikatesse ist die fettreiche große Leber, die schon im Römischen Reich äußerst begehrt war. Die zähe Haut ist ungenießbar und muss abgezogen werden. Am häufigsten wird die Quappe im Ganzen in Butter gebraten.

AMERIKANISCHER SEESAIBLING

Der Amerikanische Seesaibling wird auch Kanadischer Seesaibling oder Kanadische Seeforelle genannt. Im Allgemeinen wird jedoch vom Namaycush gesprochen. Er gehört zur Familie der Lachsfische. Seine Heimat sind die tiefen, kalten und sauerstoffreichen Seen der nördlichen Hälfte Nordamerikas.

Vor Jahrzehnten wurde er in den hoch gelegenen Schweizer Gebirgsseen eingesetzt.

Der Namaycush bevorzugt den Grundbereich, kommt aber auch ins Mittelwasser und gelegentlich bis zur Oberfläche. Im Silsersee und Silvaplanersee werden immer wieder Exemplare mit Gewichten bis 9 Kilogramm und darüber gefangen.

Seine Körperform kann mit spindel- oder stromlinienförmig beschrieben werden. Der Rücken ist dunkelbraun gefärbt und die Seiten graubraun. Charakteristisch ist eine Körperzeichnung mit vielen weißgelblichen Punkten, die über den ganzen Körper verteilt vom Bauch bis zum Rücken reichen.

Der Amerikanische Seesaibling ist ein typischer Räuber, der sich ausschließlich von

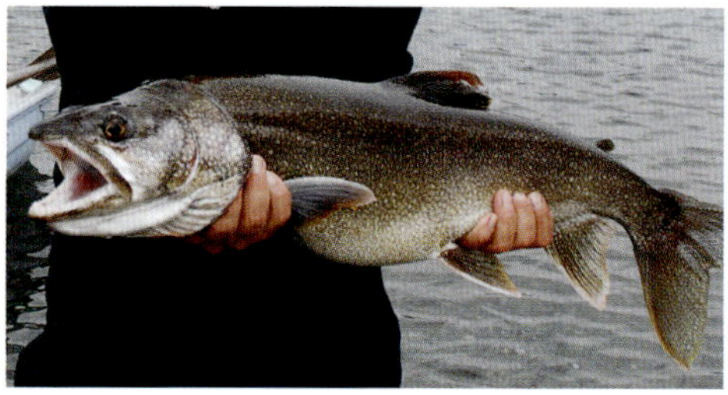

Foto: Thomas Wagner

Fischen ernährt. Beim Eisangeln stellt er eine begehrte Beute dar. Interessant ist die Tatsache, dass er an gewissen Seen zur Reduzierung des Saiblingsbestandes eingesetzt wurde. Außergewöhnlich ist das späte Erreichen der Laichreife.

Auch in kulinarischer Hinsicht zählt der Namaycush zu den begehrtesten Fischen überhaupt. Die Farbe des Fleisches reicht von Weiß über Blassrosa bis hin zu einem intensiven Orange.

Das Fleisch ist fest und eher trocken. Es eignet sich für sämtliche Zubereitungsarten. Besonders gut schmeckt der Amerikanische Seesaibling allerdings im Ganzen zubereitet im Salzmantel.

ANGELMETHODEN

Die auf den folgenden Seiten beschriebenen Angelmethoden haben sich seit langem an den Alpenseen bewährt und sollen deshalb nachfolgend vorgestellt werden.

UFERANGELN MIT DER SPINNRUTE

An einem Ostersamstag rudere ich mit dem Boot zum Saiblingsfang hinaus. Aber bald kommt ein so starker Wind auf, dass ich in einer Bucht an Land gehen muss. Mit dem kleinen Mepps-Spinner will ich mein Glück vom Ufer aus versuchen. Vielleicht lassen sich einige Barsche verführen? Doch was mir dann einen heftigen Kampf liefert, ist eine Seeforelle. Und mit über 2 Kilogramm Gewicht keine kleine. Die Osterüberraschung ist gelungen!

Nicht immer steht ein Boot zur Verfügung. Oder es ist aufgrund der Wetterverhältnisse vernünftiger, nicht hinauszurudern. Dann ist das Uferangeln eine lohnende Alternative.

Eine **Spinnrute von 2,70 Metern Länge,** kombiniert mit einer **Stationärrolle** und einer **22er bis 25er Schnur** ist dafür ideal. Und mit Spinner, Blinker, Wobbler, Gummifisch und Planseesystem steht eine wirklich breite Köderpalette zur Verfügung.

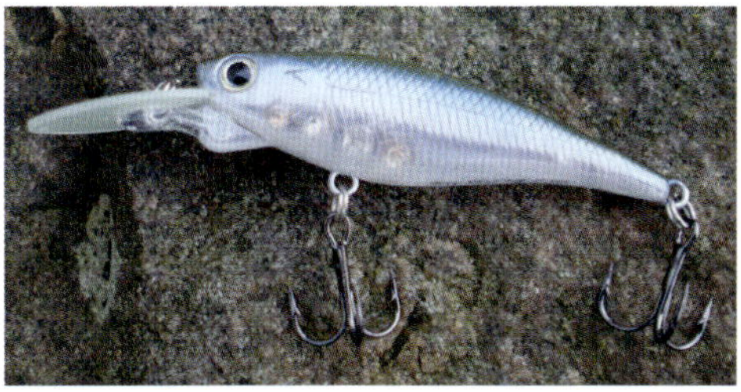

Foto: Bernd Taller

Wobbler mit Kugelgewichten

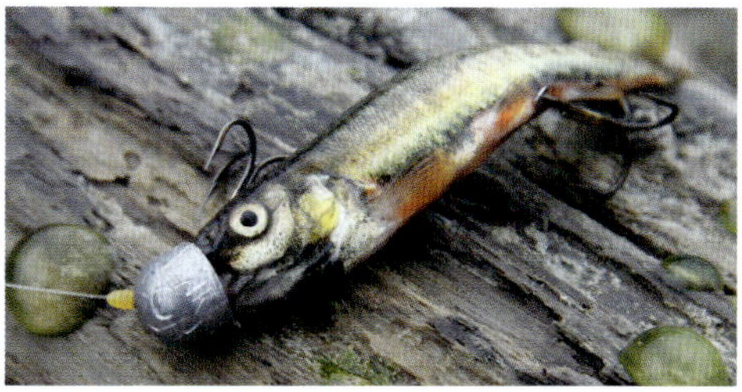

Foto: Stefan Hierl

Planseesystem mit Elritze

Die Zielfische fürs Uferangeln sind Seeforelle, Seesaibling, Hecht, Barsch und Zander – sie sind allesamt sehr begehrte Objekte.

Dabei ragt die **Seeforelle** natürlich heraus. Sie ist an Alpenseen der Traumfisch schlechthin. Besonders im Frühjahr finden sich die silbernen Schönheiten im ufernahen Bereich. Kein Wunder, entwickelt sich doch hier nach der Winterstarre zuerst neues Leben. Verschiedene Insekten in diversen Entwicklungsphasen, Wasserschnecken und Kleinfische, all das findet sich im erwärmten Wasser. Hungrig und wachsam zieht die Seeforelle umher, pendelt zwischen Grund und Oberfläche.

Besondere Beachtung sollte der Zeit der Krötenwanderung geschenkt werden. Im Frühling ziehen sie in die Buchten unserer Alpenseen, um dort ihrem Fortpflanzungsgeschäft nachzugehen. Für die silbernen Räuber sind die Kröten natürlich eine willkommene Beute. Vor langer Zeit gelang es mir einmal, eine Seeforelle von 60 Zentimetern Länge zu fangen. Beim Ausweiden gab es eine Überraschung: Sie hatte vier ausgewachsene Kröten im Magen!

Topköder für Seeforellen ist das **Planseesystem**. Dieses wurde vor Jahrzehnten vom Tiroler Aufsichtsfischer Winkler erfunden, bevor es seinen Siegeszug im gesamten alpinen Raum antrat. Dabei wird ein Bleikopf, an dem ein Draht befestigt ist, mit zwei Drillingshaken kombiniert. Ein frisch getöteter Kleinfisch, vorzugsweise eine Elritze, ersatzweise ein Döbel oder Barsch, wird so aufgefädelt, dass der Draht mit seiner Öse aus dem Weidloch austritt. Während der erste Drilling in den Hinterkopf eingehängt wird, sollte der zweite (er muss über einen offenen Schenkel verfügen) an der Öse eingehängt werden. Wegen des Bleikopfes kann man problemlos auswerfen. Will man die oberen Wasserschichten absuchen, wird sogleich der Rollenbügel geschlossen und eingekurbelt. Alle drei oder vier Sekunden wird ein Ruck eingebaut. Er verleiht dem Köderfischchen das Spiel eines Kranken, der torkelt – sehr reizvoll für einen lauernden Raubfisch.

Zwar wurde das Planseesystem speziell für Seesaiblinge konstruiert, aber auch für den Fang von Seeforellen ist es äußerst effektiv. Dabei sollten alle Wasserschichten abgefischt werden, denn die Seeforelle pendelt gerne zwischen Grund und Oberfläche.

Spezialisten angeln mit dem Bleikopfsystem sogar auf **Zander** und **Hecht**, wobei bei Letzterem dann ein **Hard Mono-Vorfach** zu verwenden ist. Ansonsten hat Meister Esox unsere Monofilschnur schneller durchgebissen, als uns lieb sein kann.

Anstatt des Planseesystems können natürlich auch **Spinnköder** verwendet werden. Eine meiner größten Seeforellen habe ich auf einen silbernen Mepps in Größe 3 gefangen. Und es

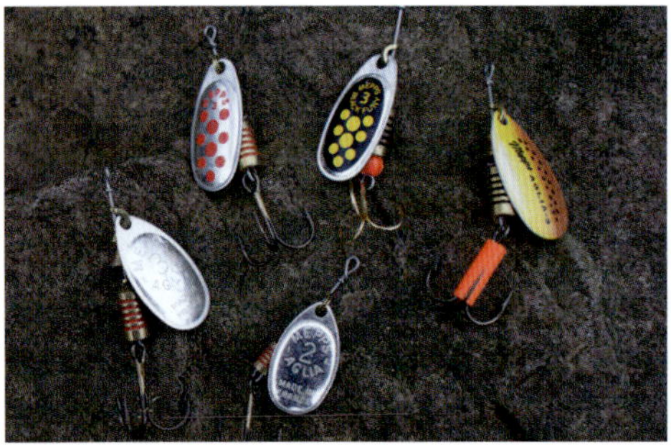

Verschiedene Mepps-Spinner

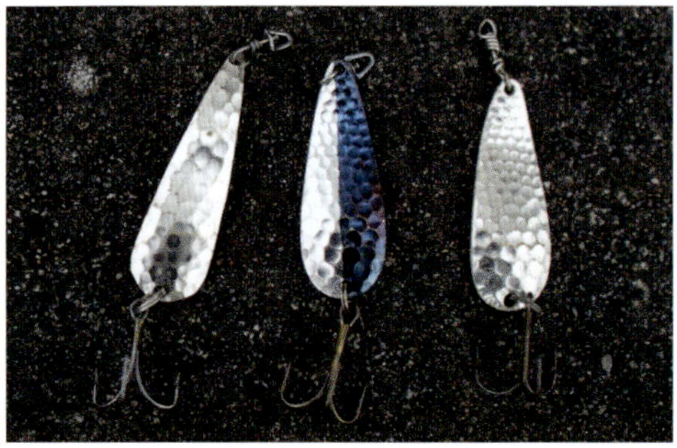

Verschiedene Mozzi-Blinker

Fotos: Bernd Taller

war beileibe nicht der einzige Fisch auf diesen schon seit Jahrzehnten bekannten Köder, der ursprünglich aus Frankreich stammt.

Ebenfalls ein Klassiker ist der **Schweizer Mozzi-Blinker**. Er lässt sich weit werfen und imitiert perfekt einen kranken Kleinfisch. Auch **Wobbler** gehen sehr gut. Mit kleinen Exemplaren lassen sich Barsche verführen. Wer sie eine Nummer größer nimmt, darf neben der Seeforelle auch auf Hechte setzen.

Vor Jahren schwappte aus Amerika die Jerkwelle zu uns herüber. Und das ist gut so, denn es handelt sich dabei um eine faszinierende Methode. Die wobblerartigen Köder besitzen keine Tauchschaufel, was bei entsprechender Führung dem **Jerkbait** seine einzigartige Lebendigkeit verleiht. Es empfiehlt sich, im flachen Wasser zu schauen, wie dieser Köder auf die verschiedenartigen Rutenbewegungen reagiert. Am besten sind schnelle, kurze, trommelartige Schläge mit immer wieder eingebauten Pausen. Jerks lassen sich auch ganz passabel werfen, am besten vom Steg aus. Die Erfahrung hat gezeigt, dass Tiefen bis 5 Meter am günstigsten sind. Allerdings sollte nur eine spezielle Rute Verwendung finden. Sie misst zwischen 2,10 und 2,40 Meter, ist feinnervig, besitzt aber trotzdem ein starkes Rückgrat. Es gibt Spezialisten, die auf ein einteiliges Modell schwören. Als Schnur wird zumeist eine 10er oder 12er Geflochtene eingesetzt. Das Vorfach sollte allerdings aus Fluorocarbon bestehen. Zielfische sind beim Jerken **Barsche** und **Hechte**, aber auch **Forellen** und **Zander** lassen sich von dem aufreizenden Spiel des Jerkbaits verführen. Ich mag das leichte Jerken mit Ködergrößen zwischen 6 und 10 Zentimetern.

Wer es gezielt auf größere Raubfische abgesehen hat, sucht tiefere Stellen bis etwa 20 Meter und fischt den Bereich bis zum Mittelwasser, gelegentlich auch darüber, ab. Der Köder misst dann mehr als 10 Zentimeter, und das Vorfach muss entsprechend stärker gewählt werden.

Abschließend sei noch eine einfache und doch sehr effektive Methode vorgestellt: das **Jockeln**. Eine Rute zwischen 3 und 4 Metern Länge, aber mit sensibler Spitze, eine kleine Rolle mit fein justierbarer Bremse und ein Laufblei zwischen 2 und 6 Gramm, fertig ist die Ausrüstung. An das ein Meter lange 18er Vorfach kommt ein Laub- oder einige Mistwürmer. Dann gilt es weit auszuwerfen, langsam zu kurbeln, wieder absinken zu lassen – also einfach ein aufreizendes Spiel zu entfachen. Bei einem Biss sollte man dem Fisch Zeit lassen, den Köder voll zu nehmen und erst dann anzuschlagen. Zumeist werden **Barsche** die Beute sein, aber genauso kann ein **Hecht** oder **Zander** darauf hereinfallen.

UFERANGELN MIT DER HEGENE

Ein unangenehm kalter Wind hat mich davon abgehalten, ins Boot zu steigen. Aber an einem idyllischen Plätzchen will ich es für einige Stunden versuchen. Gemütlich im Campingstuhl sitzend, kann ich meinen Gedanken nachhängen. Aber nur, bis eine Rutenspitze heftig zu wippen beginnt. Eine schöne Renke liegt bald neben mir und hat diesen trüben Tag versilbert.

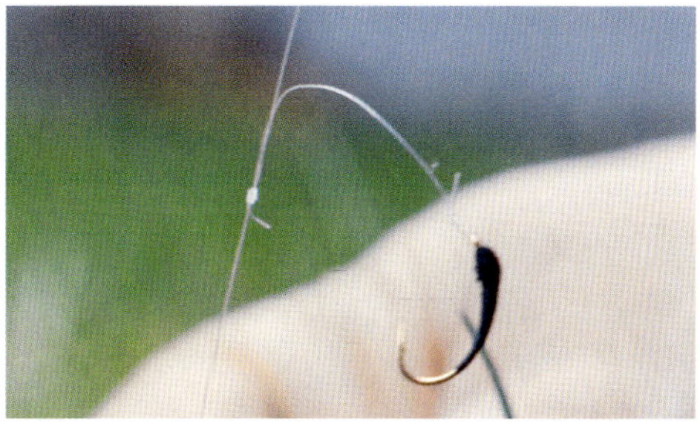

Foto: Bernd Taller

So sollte die Nymphe abstehen.

Im Allgemeinen sind große und kleine Buchten sowie Halbinseln günstige Bereiche. Nicht geeignet zum Uferangeln mit der Hegene sind jedoch ein felsiges Steilufer und ein Untergrund, der überwiegend aus Stein besteht. Über sandigem oder schlammigem Boden ist der Insektenschlupf deutlich höher. Besonders im Frühling, wenn an den flachen Uferstrecken und Buchten Zuckmücken zu schlüpfen beginnen, ziehen **Renken** vom tieferen Wasser ins Flache. Ein Großteil der Coregonen verbleibt jedoch auf dem Weitsee. Es sind immer nur einzelne Schwärme, Massenfänge sind deshalb nicht zu erwarten. Und mitunter muss man sich lange gedulden, bis der erste Fang gelingt. Dann sollte jedoch jeder Handgriff sitzen, denn nur allzu schnell ist der Schwarm vorübergezogen.

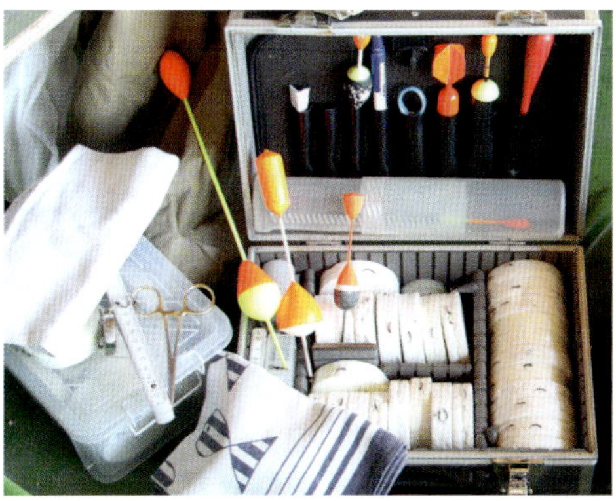

Foto: Stefan Hierl

Feine Auswahl an Hegenen und Schwimmern

Die **Hegene** ist ein **System** von **3 oder 5 Haken**, die jeweils an einem **kurzen Seitenarm** befestigt sind. Entscheidend ist, dass die Seitenarme gut abstehen. Nur dann kann die Hegene ihr natürliches Spiel entfalten. Die Haken sind mit farbigem Garn umwickelt, zumeist in den Farben Schwarz, Rot und Violett. Aber es gibt auch noch genügend andere Farbtöne, die von Gewässer zu Gewässer unterschiedlich favorisiert werden. Grün gehört dazu, aber auch Orange, Blau, Grau und Braun. Der Fachhandel bietet zum Glück eine reiche Auswahl an.

Im Frühling sollten dünn gewickelte Haken in Größen von 16 oder 18 bevorzugt werden. Mit fortschreitender Saison kommen auch die Größen 12 und 14 zum Einsatz.

Am Ende der Montage befindet sich eine Schlaufe oder ein Wirbel, und dort wird das Bleigewicht eingehängt. Dieses weist zumeist die Form einer Birne auf. Spezialisten verwenden zum Teil auch schlankere Ausführungen um damit größere Weiten zu erzielen.

Die **Rute** sollte zwischen **3 und 4 Meter** lang sein und eine parabolische Aktion aufweisen. An zu harten Angelruten verliert man einfach zu viele Fische im Drill.

Man kann einen **Über- oder Unterwasserschwimmer** verwenden, wichtig ist jedoch, dass ein Bleigewicht von 30 bis 40 Gramm verwendet wird. Denn wenn ein Fisch die **Nymphe** nimmt, hakt er sich durch das Ge-

gengewicht selbst. Ein Fehler wäre es, in diesem Moment einen Anhieb zu setzen. Gerade bei Renken mit ihrem pergamentartig feinen Maul besteht die Gefahr, dass der Haken ausschlitzt. Es genügt, die Rute hochzunehmen und mit einem gefühlvollen Drill zu beginnen. Beim Überwasserschwimmer wird mittels **Stopper** eine bestimmte Tiefe fixiert, dann ausgeworfen und eingekurbelt, bis das Blei auf Grund liegt und die **Pose** schräg im Wasser steht. Bei einem Biss fällt der Schwimmer in der Regel um.

Zumeist werden **Renken** die Beute sein. Und gelegentlich gelingt der Fang eines besonders großen Exemplars, denn Bodenrenken lieben die flachen Zonen. Auch mit **Seesaiblingen** und **Barschen** darf gerechnet werden.

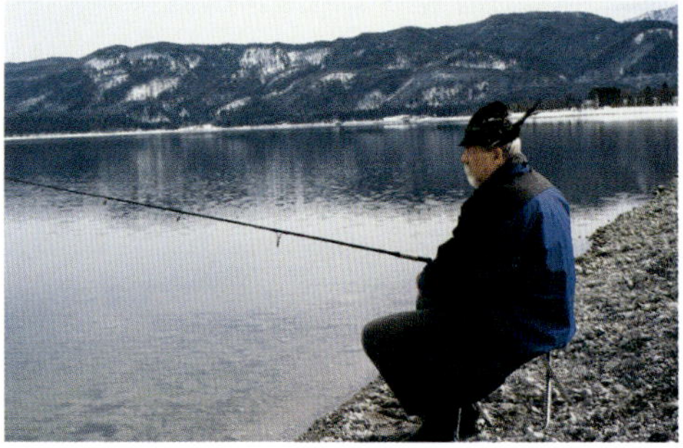
Foto: Bernd Taller

Gemütlichkeit beim Uferangeln

BOOTSANGELN MIT DER HEGENE

Ein Maimorgen wie aus dem Bilderbuch. Wald und Wiesen strahlen in hellem Grün, beharrlich ruft ein einsamer Kuckuck. Über einer langen Sandbank habe ich mein Boot verankert. Konzentriert, alles um mich herum vergessend, schaue ich auf die Rutenspitze. Und als die sich ganz wenig verneigt, schlage ich an und werde mit einem schönen Fisch belohnt.

Das Bootsangeln mit der **Hegene ohne Einsatz eines Schwimmers** ist eine extrem faszinierende Angelmethode. Die Bisse erfolgen oft äußerst zart, für den Ungeübten kaum wahrnehmbar. Bei jedem Verdacht muss unverzüglich angeschlagen werden. Ansonsten spucken die misstrauischen Fische den Haken sofort wieder aus.

Gelegentlich wird die Schnur plötzlich locker. Dann hat ein Fisch die Nymphe ins Maul genommen und dadurch, dass er nach oben schwimmt, das Gewicht des Bleis kompensiert. In diesem Fall muss schnell eingekurbelt und die Rute hochgehoben werden.

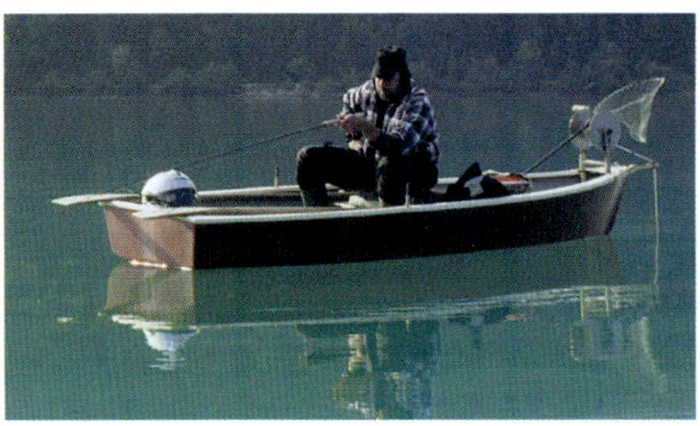
Foto: Bernd Taller

Ohne Konzentration geht es nicht.

Die **Technik** gestaltet sich im Grunde sehr einfach. Man lässt die Montage nach unten sinken, bis das Bleigewicht den Grund erreicht hat und die Schnur locker wird. Danach wird angehoben, bis sich unsere Leine spannt und die Gertenspitze leicht gekrümmt ist. Nun beginnt der Hebevorgang. Sehr langsam, dann anhalten, wieder anheben, insgesamt etwa einen Meter. Danach beginnt dieser Vorgang erneut. Wer einmal einige Silberlinge an feinster Hegenenausrüstung gefangen hat, wird nie wieder von dieser hochinteressanten Angelmethode loskommen.

Hauptbeute beim Bootsangeln mit der Hegene wird zumeist die Renke sein. Aber auch **Seesaiblinge**, **Barsche** und sogar **Seeforellen** können für Überraschungen sorgen. **Renken** lassen sich die gesamte Saison über fangen. Zu Anfang eher tief, um die 30 Meter, aber je weiter das Jahr fortschreitet, desto flachere Zonen suchen sie auf. Im Mai und Juni kann man sie in Tiefen von nur 3 Metern finden. Wer jedoch in einer Tiefe von 10 bis 15 Metern ankert, wird an der Mehrzahl unserer Alpen-und Voralpenseen erfolgreich sein.

Ein **Echolot** kann sehr hilfreich sein. Es zeigt nicht nur die Coregonenschwärme, sondern auch die Bodenstruktur. Wer eine Kante findet, hat mit Sicherheit bessere Chancen. Die Unterwasserströmung treibt das Plankton nach oben, wo die nach Nahrung suchenden Fische warten. Klug ist es, am frühen Morgen im Flacheren zu beginnen und später etwas tiefer zu gehen.

Das Angelgerät muss harmonisch zusammenpassen. Die **Rute** sollte unbedingt ein geringes Gewicht besitzen, denn sie muss ja über Stunden in der Hand gehalten werden. Die Länge sollte bei **2,40 bis 2,70 Metern** liegen und die Aktion parabolisch sein. Als Rolle dient eine kleine **Stationär- oder Laufrolle**. Bei der Schnur sollte eine **Monofile** in Stärke 0,20 mm oder eine **geflochtene 8er-Schnur** zum Einsatz kommen. Bei Tiefen jenseits von 25 Metern muss unbedingt auf eine geflochtene Schnur zurückgegriffen werden. Andernfalls erscheint es nahezu unmöglich, den Anhieb durchzubringen. Allerdings sollten die untersten Meter aus monofiler Leine bestehen, um eine Scheuchwirkung zu vermeiden.

Das **Bleigewicht** sollte am besten eine schlanke Form aufweisen. Bei Windstille und ruhigem Wasser genügen 3 bis 5 Gramm. Bei

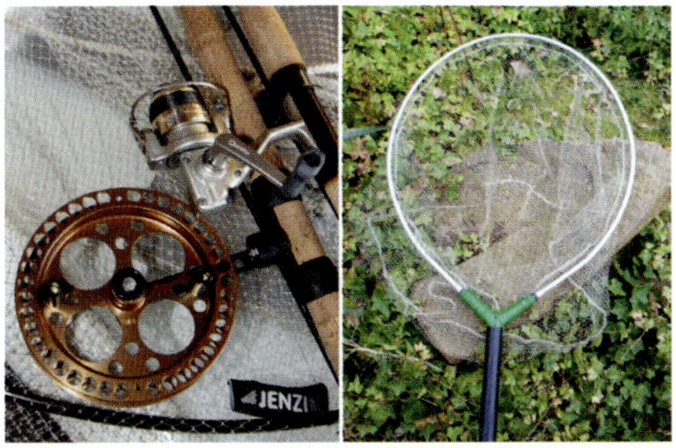

Ideal - Rollen und Kescher

Fotos: Stefan Hierl (li), Bernd Taller (re)

einer Tiefe von 20 Metern sind 10 Gramm anzuraten und ab 30 Metern sollte man auf 20 Gramm zurückgreifen.

Der Handel bietet eine Vielzahl fertig gebundener Hegenen an. Man sollte über ein breites Sortiment verfügen: dünn und dick gebundene, **Gold-** und **Brünierhaken**, in Größen von 10 bis 18. Auch hinsichtlich der Farbe sollte man flexibel sein können. Die Vorlieben der Renken können sich von einem Tag auf den anderen ändern. Der **Unterfangkescher** muss unbedingt über ein monofiles Netz verfügen, ansonsten würden sich die Haken darin verfangen und wären nur schwerlich wieder zu lösen.

Es lohnt sich garantiert, viel Mühe in die Suche eines geeigneten Angelplatzes zu investieren. Wie das Wild seine Wechsel hat, so ziehen auch die Coregonenschwärme ihre Bahnen – bestimmt von Jahreszeit, Untergrund, Nahrungsvorkommen, Tageszeit und Lichtverhältnissen.

Zumeist sind Stellen mit sandigem, besser noch lehmigem Untergrund über Jahre hinweg bekannt, was die Ansammlung einheimischer Fischer beweist. Mir missfällt diese Pulkfischerei, und so bin ich immer auf der Suche nach abseits gelegenen, unbekannten Plätzen. Wer sich jedoch dort einreihen möchte, sollte unbedingt genügenden Abstand halten. Es ist für alle Beteiligten nachteilig, wenn sich ein Fisch in der Ankerleine verfängt.

Am späten Abend, wenn der Wind abflaut und der See einem Spiegel gleicht, zeigen sich Renken an der Oberfläche. Das sind Fische, die aufsteigende **Nymphen** verfolgen. Interessanterweise sind dies diejenigen Stellen, an denen man auch tagsüber mit Bissen rechnen darf.

Traum jedes Hegenenanglers ist der Fang einer **Bodenrenke**. Sie kann bis zu 4,5 Kilogramm, in Ausnahmefällen sogar bis zu 7 Kilogramm schwer werden und ernährt sich nicht von Plankton, sondern von Schnecken, Tubifex und großen Insektenlarven. Diese Coregonenart wühlt ähnlich einer Brasse im Untergrund. Deshalb ist es klug, eine sogenannte Nachläufernymphe einzubinden. Diese befindet sich unterhalb des Bleigewichts und kommt so besser ins Gesichtsfeld der Fische.

Der Drill gestaltet sich äußerst temperamentvoll, speziell an der Oberfläche, wo der Fisch kurze, schnelle Fluchten unternimmt. Erst wenn die Renke abgekämpft ist, sollte gekeschert werden. Nicht vorher, denn die Gefahr, dass ein freier Haken sich von außen am Netz verfängt, ist recht groß. Und dann wird man diesen Fisch verlieren! Niemals sollte eine Handlandung versucht werden.

SCHLEPPEN MIT DER RUTE

Ein Sommertag par excellence. Mit meinem Lehrmeister Rainer Bouterwek bin ich auf dem Starnberger See unterwegs. Sein Boot wird leise vom Elektromotor angetrieben. Ein Wobbler soll uns einen Fang bescheren. Und auf dem Weg zur Roseninsel wird seine Rute urplötzlich nach hinten gerissen. Ein schöner Hecht ist es, der unsere Ausfahrt abrundet.

Beim **Schleppfischen mit der Rute** kommt einem eher unscheinbaren Ausrüstungsteil elementare Bedeutung zu: Dem **Rutenhalter**. Nichts ist ärgerlicher, als wenn sich dieses Teil beim vehementen Biss einer Seeforelle oder dem harten Zug einer Hechtattacke vom Bootsrand löst. Zwei Komponenten müssen erfüllt sein: Der Rutenhalter muss sich fest an jeder Bootswand befestigen lassen und bei einem Biss sofort die darin steckende Rute freigeben. Das amerikanische Modell „Down East" wird von vielen Spezialisten verwendet und kommt auch meinen Idealvorstellungen sehr nahe.

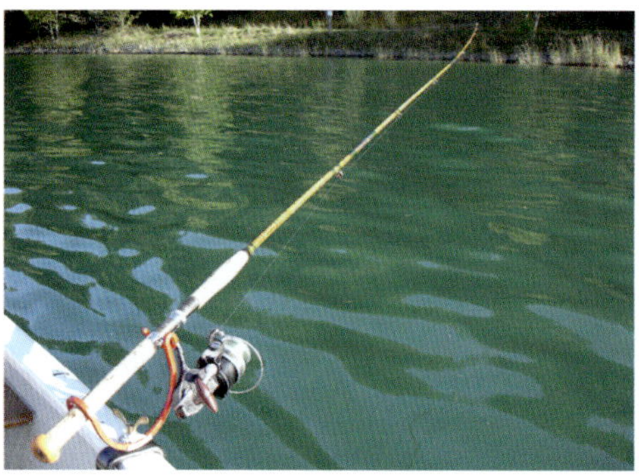

Foto: Bernd Taller

So ist die Rute sicher verwahrt.

Um den Anhieb auf lange Distanz durchzubringen, sollte eine entsprechende **Rute** gewählt werden. Rund **3 Meter lang**, Wurfgewicht 40 bis 80 Gramm, das dürfte perfekt sein. Ob man eine **Stationär- oder Multirolle** verwendet bleibt dem persönlichen Geschmack überlassen. 50 bis 70 Meter Schnur sollten draußen sein, um die Scheuchwirkung des Bootes zu kompensieren. Durch die Dehnung herkömmlicher **Monofilschnüre** ist es bei dieser Distanz schwierig, einen Anhieb

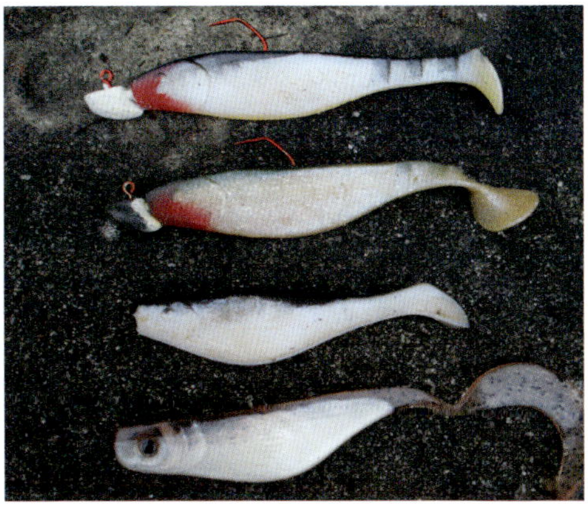

Foto: Bernd Taller

Verschiedene Gummifische

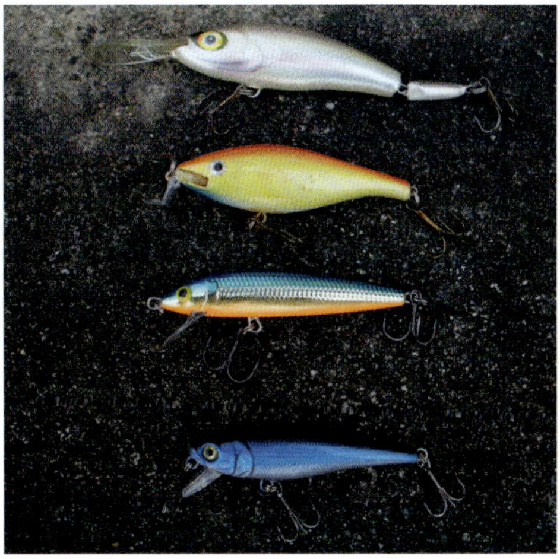

Foto: Bernd Taller

Diverse Wobblermodelle

durchzubekommen. Deshalb verwende ich 50 Meter **geflochtene Leine,** und die letzten 20 Meter vor dem Köder sind aus Monofil. Dabei gebe ich Fluorocarbon den Vorzug, denn der Lichtbrechungsfaktor ähnelt dem von Wasser. Ein unschätzbarer Vorteil in den sauberen und klaren Alpenseen. Geflochtene und Monofilschnüre verbinde ich nicht direkt, sondern schalte einen kleinen Metallring dazwischen.

Als Köder kommen sehr viele in Frage. Ein **frisch getöteter Fisch am System** dürfte am effektivsten sein. Alternativ kann natürlich auch ein **Gummifisch** Verwendung finden. Unter der Vielzahl von **Wobblern** ist es nicht leicht, den für unseren Zielfisch prädestiniertesten herauszufinden. Empfehlenswert ist es in jedem Fall, den Lauf des Wobblers bei verschiedenen Geschwindigkeiten zu testen. Seit Jahrzehnten bewährt hat sich der **Perlmuttblinker**. Je nach Lichteinfall glitzert er in diversen Farbschattierungen.

Die **Schlepptiefe** hängt von Köder und Rudergeschwindigkeit ab. Je nach Jahreszeit stehen die Fische höher oder tiefer, auch im Verlauf eines Tages kann sich dies ändern. Die Geschwindigkeit orientiert sich an der Jahreszeit und der beangelten Fischart: auf **Seeforelle** eher schneller, beim **Zander** eher gemütlich und beim **Hecht** variabel. Um auf die gewünschte Tiefe zu kommen, ist es manchmal notwendig, ein **Bleigewicht** zu verwenden, z. B. eine Olive von 20 bis 40 Gramm, aber wegen der Scheuchwirkung am besten rutenlang vom Köder entfernt.

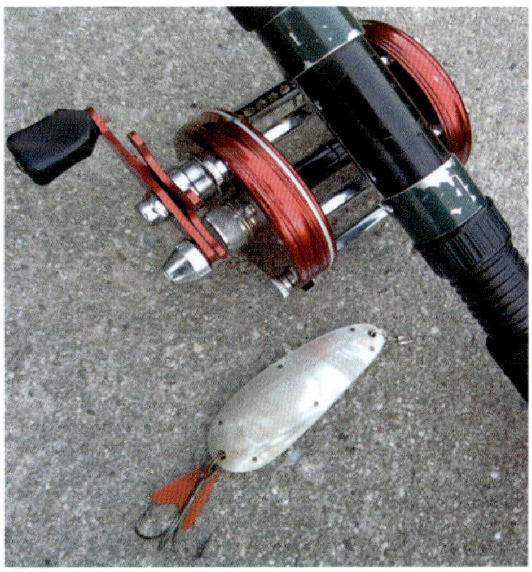

Foto: Bernd Taller

Eigenschwerer Perlmuttlöffel und Multirolle

TIEFSCHLEPPEN AUF SEESAIBLINGE

Sanft gleitet mein Boot über das Wasser. Es ist früher Morgen, und kein Windhauch kräuselt noch die Oberfläche. In Ruhe kann ich die herrliche Umgebung auf mich wirken lassen – majestätische Berge, dunkle Wälder und dazu eine wohltuende Ruhe. Abrupt jedoch wird sie durch das Bimmeln meines Glöckchens unterbrochen. Ein Seesaibling hat angebissen und kommt bald an Bord. Kein Riese, aber eine Augenweide in seinem herrlichen Farbkleid!

Obwohl sie manchmal auch höhere Wasserschichten aufsuchen, ja gelegentlich sogar zur Oberfläche kommen, lieben **Seesaiblinge** doch die Tiefe. Als Fische des Nordens, die mit der letzten Eiszeit in die Alpenregion kamen, schätzen sie kühles und sauerstoffreiches Wasser. Die Bereiche zwischen 30 und 50 Metern sind ideal, und dort hat man auch die Chance, ein mehrpfündiges Exemplar, einen sogenannten Wildfangsaibling, an den Haken zu bekommen.

Dank einer speziellen **Technik** lassen sich die Fische auch in größeren Tiefen bis 70 Meter erreichen. Die Hilfsmittel sind einfach: Eine **Schlepprolle**, die auf den ersten Blick einer großen Ankerwinde ähnelt. Darauf sind rund 100 Meter **Stahldraht** oder eine **dicke geflochtene Leine** aufgespult. Ans Ende der Montage kommt ein 1,5 bis 2 Kilogramm schweres **Bleigewicht**.

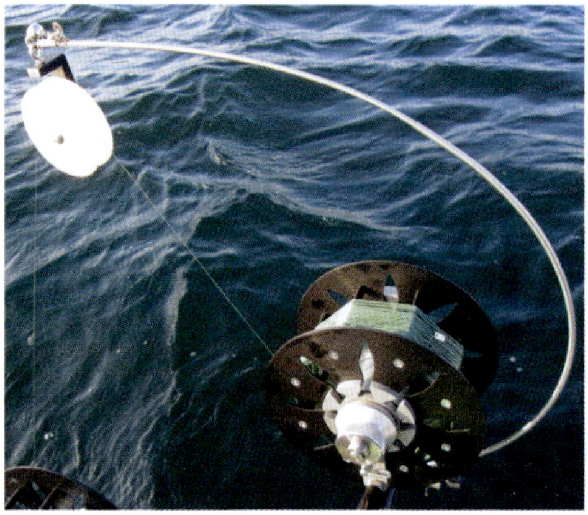

Foto: Bernd Taller

Klassisches Gerät – die Tiefschlepprolle

Die untersten zwei Meter sollten aus **Monofil** bestehen, als Sollbruchstelle bei einem schweren Hänger. An Dreierwirbeln werden **4 bis 5 Meter lange Seitenarme**, die sogenannten **Zügel**, mittels Einhängewirbeln montiert. Sie bestehen aus monofiler Schnur der Stärke 0,25 Millimeter. Je nach Gewässer dürfen zwei oder mehrere dieser Zügel verwendet werden.

Als **Köder** kommen sehr dünne **Löffel** oder **Perlmuttblinker** zum Einsatz. Wichtig ist, dass sie auch bei langsamem Tempo verführerisch spielen.

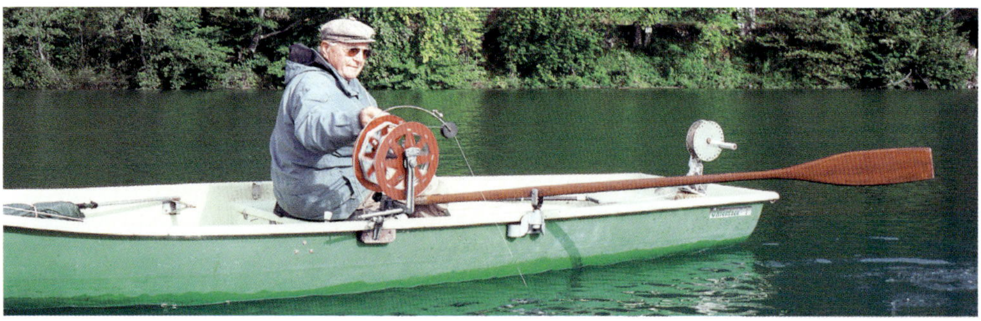

Foto: Bernd Taller

Behutsam wird der Fang nach oben gekurbelt.

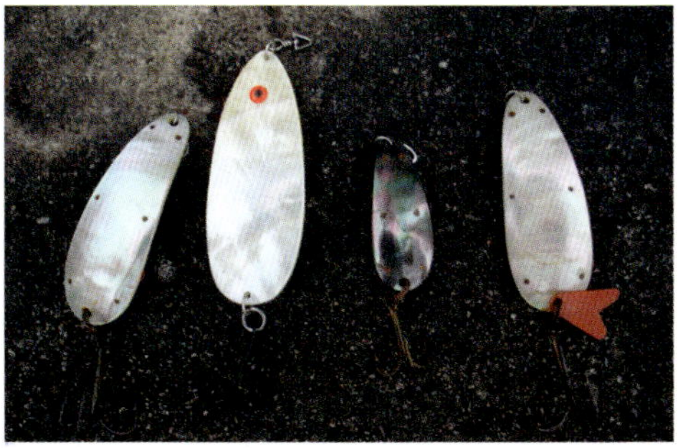

Foto: Bernd Taller

Auswahl an Perlmuttlöffeln

Der Handel bietet dünnblechige Löffel in verschiedener Form und Größe an. Die Farbskala erstreckt sich zumeist von Gold über Silber bis hin zu Kupfer. Ein sehr erfahrener Schleppfischer gab mir einmal den Rat, den Löffel halbseitig oder ganz mit rotem Nagellack einzufärben. Und in der Tat brachte mir dies an schwierigen Tagen den einen oder anderen Fisch. Sehr gerne verwende ich auch Perlmuttblinker. In steter Erinnerung ist mir ein ein Angeltag Anfang März geblieben. Am Walchensee herrschte am Vormittag dichter Nebel, und ich konnte die Seesaiblinge auf meinen Löffelköder erbeuten. Aber als am Nachmittag die Sonne zum Vorschein kam, erhielt ich nur noch auf Perlmutt Bisse. Und zum Abschluss des Tages sogar noch von einer Seeforelle!

Häufig werden **Drillingshaken** gegen **einzelne Haken** ausgetauscht. Gerade bei Untermaßigen hilft dies, den Fisch schnell und schonend vom Haken zu lösen.

Vom fahrenden Boot aus lässt man die Montage zu Wasser und achtet peinlich genau darauf, dass es zu keinen Verwicklungen kommt. Dann sucht man eine Region, wie Seesaiblinge sie lieben: Felsgestade, Rinnen, Kanten, Untiefen, Inseln und die Einmündung von Bächen.

An der Tiefschlepprolle ist ein Bügel befestigt. Über ihn läuft der Draht oder die Leine, und außerdem dient er der Bisserkennung. Wenn er deutlich ruckartig ausschlägt, hat ein Seesaibling den Köder genommen und ist bereits gehakt. Akustisch lässt sich das Ganze noch durch Anbringen eines Glöckchens verfeinern.

Es empfiehlt sich, nach dem Biss einige kräftige Ruderschläge zu machen und erst dann mit dem Hochkurbeln zu beginnen. Es gibt zwei Versionen, um den Fisch hochzukurbeln. Einige Spezialisten versuchen, den gehakten Fisch möglichst schnell nach oben zu bringen. Andere wiederum kurbeln sehr langsam, um den Druckausgleich zu erleichtern. In jedem Fall ist es entscheidend, darauf zu achten, dass der Fisch nicht mit einem geblähten Bauch zur Wasseroberfläche kommt.

Wenn ein großer Seesaibling angebissen hat, ist es nützlich, im Boot eine **Rute** parat zu haben. Dorthin wird der Fisch umgehängt und kann entsprechend gefühlvoller gedrillt werden als an der Tiefschlepprolle.

Wenn der Bügel ganz tief nach unten gezogen wird, dann hat wahrscheinlich ein **Hecht** oder eine **Seeforelle** den Köder genommen. Dann gilt es, ganz besonders behutsam zu drillen.

Sehr gut funktioniert das Tiefschleppen im Zweierteam. Einer rudert, der andere drillt, und nach einem Fang wird gewechselt. Lebenslängliche Freundschaften sind dabei schon entstanden, denn das Fischen mit der Tiefschlepprolle ist etwas Besonderes.

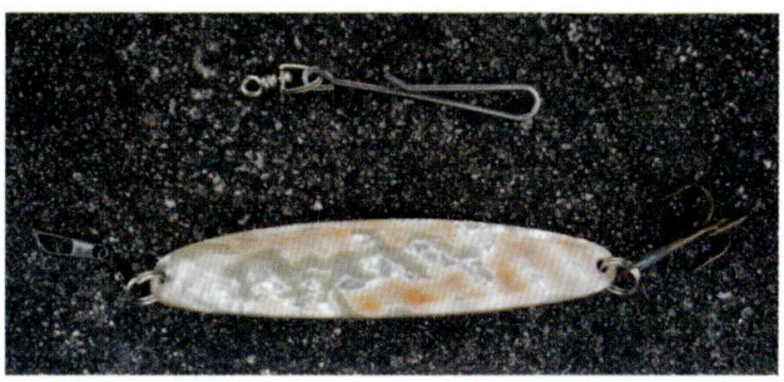

Foto: Bernd Taller

Perlmuttlöffel und Einhängewirbel

KOMBISCHLEPPEN AUF SEESAIBLINGE

Im ersten Tageslicht zieht es mich bereits auf den See hinaus. Das kleine Dorf ruht noch, und über dem Wasser liegt eine faszinierende Stille, die nur sanft durch den Taktschlag meiner Ruder unterbrochen wird. Wie sehr ich mich doch auf diesen Tag gefreut habe! Die Stunden auf dem Alpensee sind stets ein ganz besonderes Erlebnis. Als die Sonne ihre ersten Strahlen über das Wasser schickt, verleiht sie allem einen goldenen Glanz.

Lange muss ich rudern, bis meine Rutenspitze vibriert. Auf Höhe des alten Bootshauses gelingt mir der erste Fang. Ein Seesaibling, knapp ein halbes Kilogramm schwer, herrlich anzuschauen mit seinem orangeroten Bauch und olivgrünen Rücken. Und als das Mittagsgeläut herübertönt, liegt ein halbes Dutzend dieser Juwelen der Tiefe in meinem Boot.

Besonders wenn die Schwärme in großen Tiefen umherziehen, gilt das **Schleppfischen** als aussichtsreiche Methode. Und seit das **Konvoisystem**, das seit langem in den skandinavischen Ländern und der Schweiz benutzt wird, auch bei uns bekannt wurde, hat es viele Anhänger gefunden. Es besteht aus mehreren hintereinander geschalteten **Spinnerblättern**, die einen Kleinfischschwarm imitieren sollen. Am Ende des Systems befindet sich ein **Einfachhaken**, der mit Maden oder Wurm versehen wird. Der große Vorteil dieser Methode besteht darin, dass nahezu jede **2,5 bis 3,5 Meter lange Rute** geeignet ist. Von Vorteil ist allerdings eine sensible Spitze, die jeden Biss anzeigt. Als Rolle kann sowohl eine **Stationär-** als auch eine **Multirolle** eingesetzt werden.

Wer sich seine **Schleppmontage** lieber selbst bauen möchte, nimmt einen schlanken, sehr dünnen Löffel von 10 bis 12 Zentimetern Länge und tauscht den Drilling gegen ein Vorfach mit einem Einzelhaken der Größe 4 oder 6 aus. Manche Spezialisten benutzen extra scharfe Haken in Nr. 8 oder 10. Sie setzen darauf, dass sich die Seesaiblinge selbst haken. Ein Anschlag ist dann nicht mehr notwendig, es genügt einzukurbeln. Um Fehlbissen vorzubeugen, sollte der Abstand zwischen Blinker und Haken nicht mehr als 10 bis 15 Zentimeter betragen. Als Gewicht dient ein Birnenblei von 60 bis 80 Gramm, das etwa 2 Meter entfernt in einen großen Wirbel eingehängt wird. Wer nicht zu tief fischt, dem genügen auch 30 Gramm.

Durch einige kräftige Ruderschläge wird das Boot in Fahrt gebracht und das System gleichmäßig abgesenkt. Dies geschieht durch Rückwärtskurbeln der Rolle, und wenn man sich die Zahl der Umdrehungen einprägt, findet man die gewünschte Tiefe sehr leicht wieder. Natürlich kann man auch Markierungen auf der Schnur anbringen oder ein vom Fachhandel angebotenes Zählgerät einsetzen.

Seesaiblinge ziehen oft in großen Schwärmen umher, und wenn einer gefangen ist, gesellen sich bald auch andere dazu. Der versierte Schleppfischer rudert niemals planlos umher. Er kennt die tiefen Rinnen, Sandbänke und Erhebungen, die er konzentriert absucht. Dabei wechselt er zwischen ufernahen Bereichen und der Seemitte, wobei im Herbst die felsi-

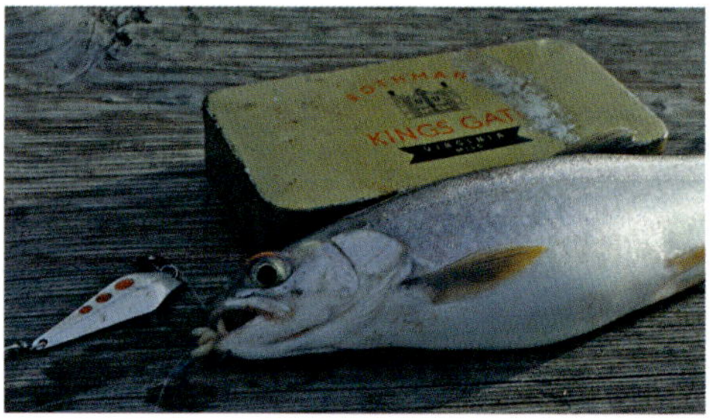

Foto: Bernd Taller

Das Kombisystem brachte Erfolg.

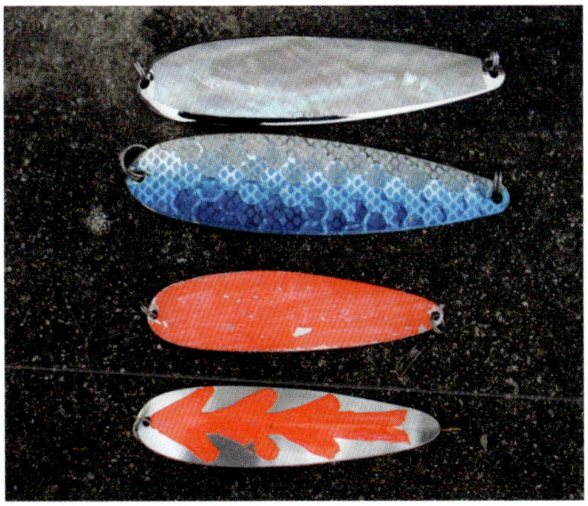
Foto: Bernd Taller

Sehr dünne Schlepplöfel

gen Steilufer sehr interessant sein können. Auch Inseln und Einmündungen von Bächen oder Flüssen sollten stets beachtet werden.

Zu Saisonbeginn, wenn das Wasser noch sehr kalt ist, muss man die Seesaiblinge gelegentlich in großen Tiefen bis 70 Meter suchen. Sobald die Frühlingssonne ihre wärmenden Strahlen schickt, kommen sie herauf und sind dann überwiegend im Bereich zwischen 20 und 40 Metern anzutreffen. Speziell im Mai lohnt es sich, auch einmal sehr flach zu schleppen, genau wie an windstillen Tagen mit Nieselregen, wo zarte Ringe an der Oberfläche davon künden, wie hoch sie gelegentlich ziehen.

Entscheidende Bedeutung kommt dem **Schlepptempo** zu. Es sollte variabel sein, die meisten Bisse bekommt man aber bei langsamem Tempo. Besonders über Untiefen empfiehlt es sich, mit dem Rudern aussetzen und die Montage in Grundnähe sinken lassen. Auch **Barsche** fallen auf das Schleppsystem herein und manchmal auch eine **Renke**. Aber wenn sich die Rute ganz tief verneigt, dann hat eine **Seeforelle** gebissen, und dem Petrijünger steht ein ganz heißer Tanz bevor. Deshalb sollte man bei der Vorfachstärke nicht unter 0,22 mm gehen.

Es ist immer wieder faszinierend, wenn eine vibrierende Rutenspitze den Biss ankündigt. Der Anhieb sollte frühzeitig gesetzt werden, um das Schlucken des Hakens zu vermeiden. Sollte dies doch einmal geschehen, ist tunlichst darauf zu verzichten, den tiefsitzenden Haken herauszuoperieren. Die sensiblen Seesaiblinge besitzen eine sehr viel größere Überlebenschance, wenn das Vorfach abgetrennt wird. Es sollte selbstverständlich sein, dass man den Untermaßigen mit nasser Hand anfasst und schonend zurücksetzt. Noch besser ist es, wenn dies außerhalb des Bootes geschieht und man den Fisch so wenig wie möglich berührt. Jeder Druck auf den Körper kann Schaden anrichten. Spezialisten in diesem Metier kurbeln die Seesaiblinge möglichst schnell nach oben. Damit soll verhindert werden, dass die Fische einen geblähten Bauch bekommen. Sollte das jedoch nicht zu vermeiden sein, ist es unabdingbar, die überschüssige Luft sanft unter Wasser herauszupressen. Aus dem Fischmaul entweichen dann Blasen, und man lässt den Fisch erst wieder los, wenn er sich spürbar in der Hand bewegt. Ohne diesen Druckausgleich treiben die Tiere hilflos umher und gelangen nicht mehr in die Tiefe. Bitte denken Sie immer daran: Jeder Seesaibling ist ein kostbares Juwel unserer Alpenseen!

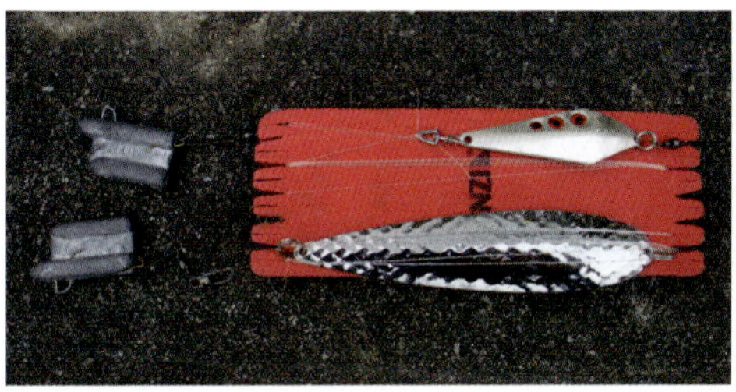
Foto: Bernd Taller

Komplette Montagen

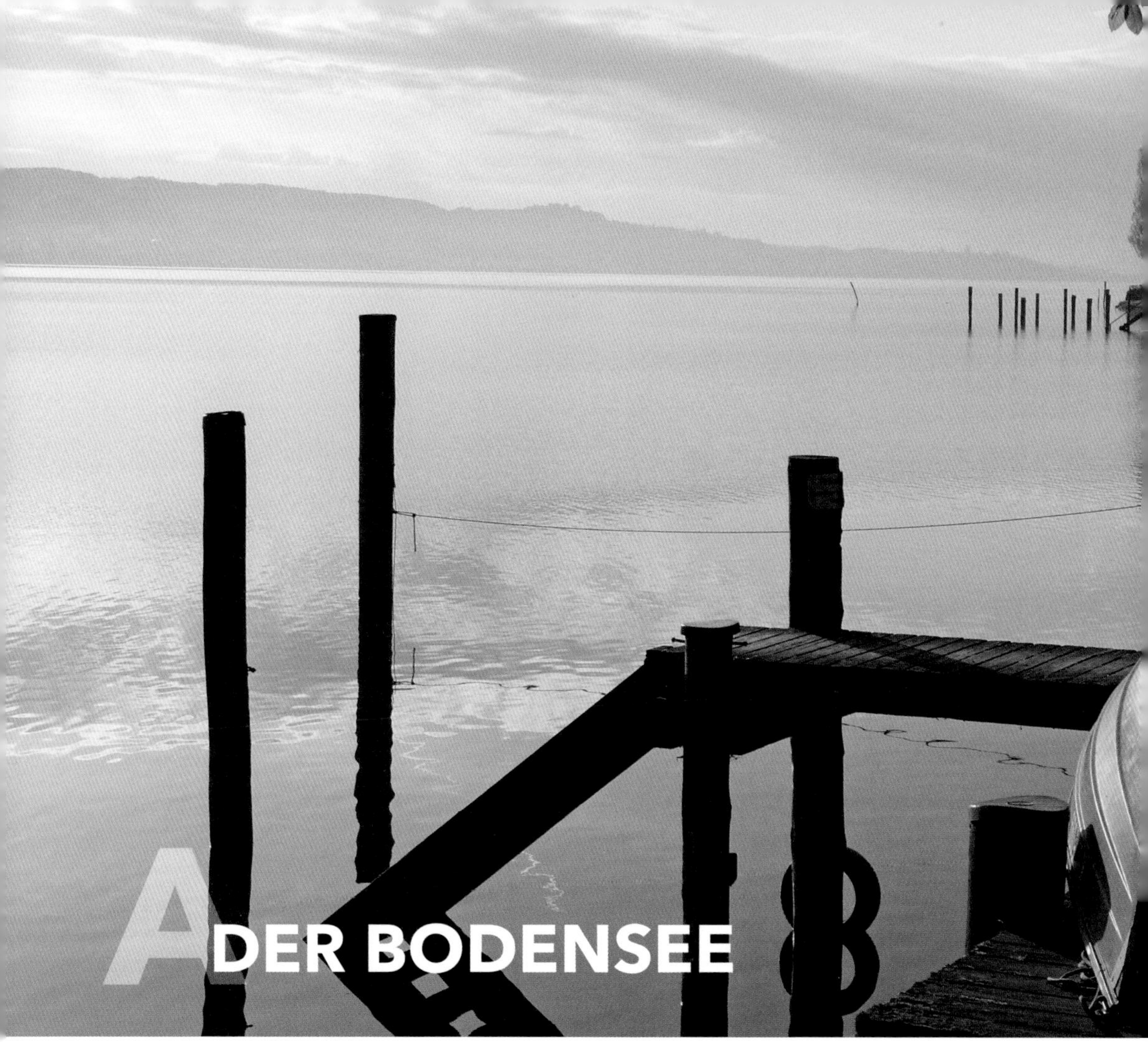

A DER BODENSEE

Am 63 Kilometer langen und 14 Kilometer breiten Bodensee haben drei Staaten Anteil: Deutschland (Baden-Württemberg, Bayern), Österreich (Vorarlberg) und die Schweiz (Thurgau). Er liegt 395 Meter über dem Meeresspiegel und hat eine Fläche von 536 Quadratkilometern. Seine maximale Tiefe beträgt 251 Meter. Der drittgrößte See Mitteleuropas teilt sich in Ober- und Untersee auf. Der Obersee ist der größere der beiden und reicht vom österreichischen Bregenz bis Bodman-Ludwigshafen. Seine Fläche von 472 Quadratkilometern ist aufgegliedert in Überlinger See, Bregenzer Bucht und Konstanzer Trichter. Der Untersee umfasst 64 Quadratkilometer und ist aufgeteilt in Markelfinger Winkel, Zeller See, Gnaden- und Rheinsee. Hauptfischarten sind Renke, Barsch und Hecht.

Da die Ufer des Bodensees überwiegend flach verlaufen, wird häufig vom Boot aus gefischt. Damit ist man flexibel, kann verschiedene Stellen und diverse Angelmethoden ausprobieren. Allerdings müssen an einem solch großen See die Sicherheitshinweise strengs-

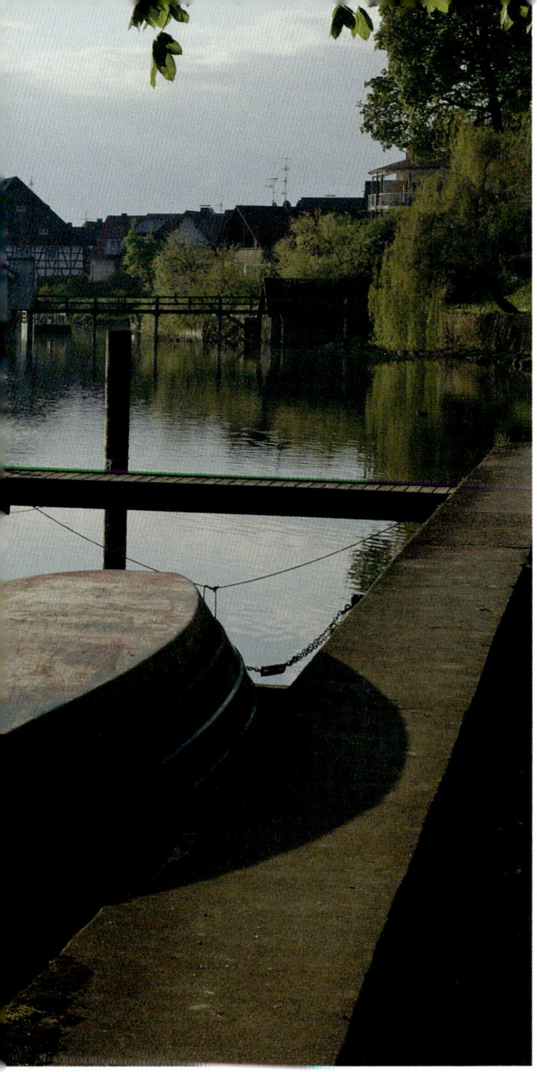

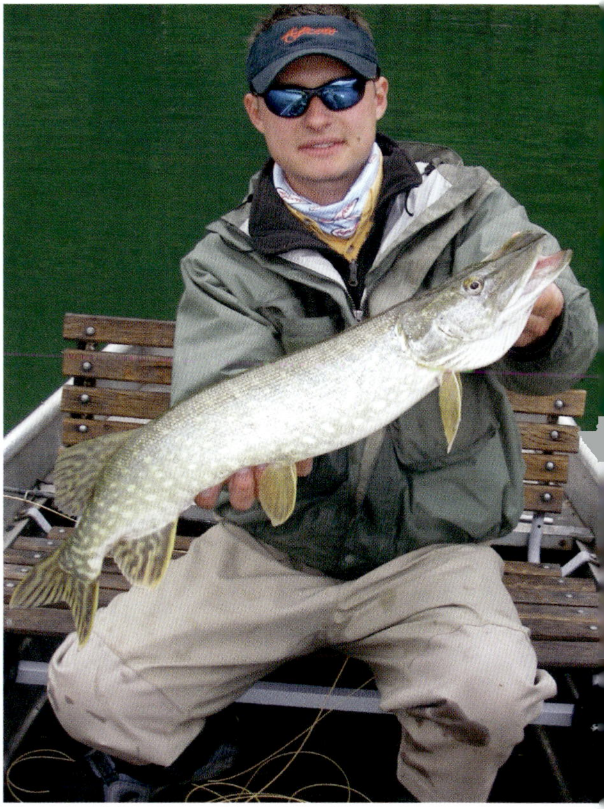

Der Bodensee ist ein prima Hechtrevier (oben)
Foto: Gerd Wolpert

Still ruht der Bodensee (links)
Foto: Gerd Wolpert

tens beachtet werden. Der Bodensee ist sehr gewitteranfällig. Dann setzt zumeist auch in kürzester Zeit starker Wind ein. Es empfiehlt sich deshalb stets ein Auge auf den Horizont zu werfen und beim Aufzug dunkler Wolken das Wasser schnellstmöglich zu verlassen. Auch ein Blick auf die Warnleuchten sollte obligatorisch sein. Um den See herum sind mehr als dreißig Stück verteilt. Zuverlässig signalisieren sie eine drohende Sturmgefahr. Auch ist es sicherer, zu zweit ins Boot zu steigen. Und das Tragen einer Schwimmweste sollte selbstverständlich sein!

Es ist Mitte Februar, Michael hat mich eingeladen, in seinem Boot mit auf Renkenpirsch zu gehen. Mit klammen Fingern, aber heißem Herzen hebe und senke ich eine dünn gebundene Hegene. Immer in Erwartung eines Bisses, der bei dieser Kälte natürlich entsprechend zart ausfallen wird. Am Ufer zieht eine Kapelle vorbei, kostümierte Menschen füllen die Promenade. Es ist Fastnachtszeit. „Sitzen die wahren Narren nicht im Boot?", fragt mein guter Freund. Als der raue Wind abflaut, setzt leichter Schneefall ein. Das Echolot zeigt immer wieder vorbeiziehende Schwärme oder Einzel-

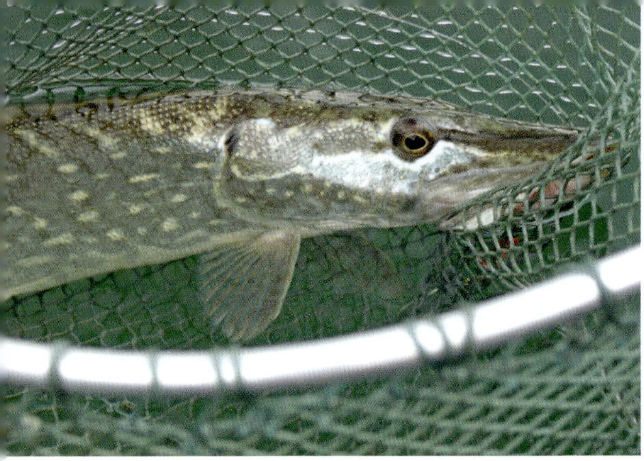

Sicher im Kescher!
Foto: Gerd Wolpert

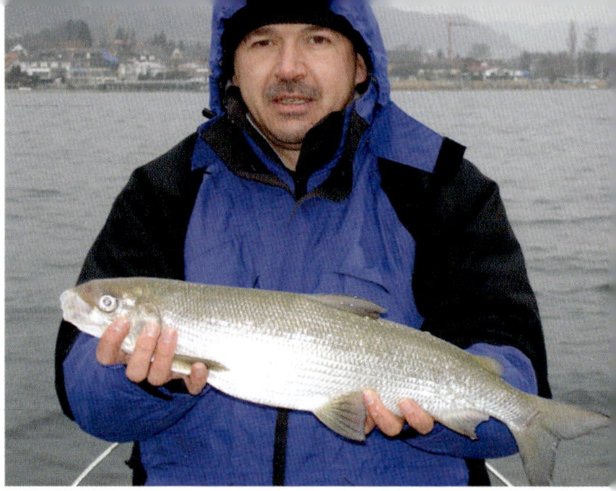

Ein schönes Winterfelchen
Foto: Bernd Taller

fische, aber an unseren Ruten tut sich erstmal nichts. Gut Ding braucht Weile, so ist es auch an diesem Tag. Aber am Nachmittag liegen drei Renken zwischen 42 und 54 Zentimetern im Boot. Der Wintertag auf dem Bodensee ist ein Erlebnis der ganz besonderen Art!

Der Brotfisch der Bodenseeangler ist die **Renke**, die hier Felchen genannt wird. Am 10. Januar beginnt um 12 Uhr die Saison am Obersee, und viele fiebern diesem Termin entgegen. Im Überlinger See, dem westlichen Teil des Obersees, ankern die Boote zwischen Bodman und Ludwigshafen. Sehr gut geeignet ist das Mündungsgebiet der Stockacher Aach, die dem See stets Nahrung zuführt. Um diese Zeit befinden sich die Fische im Grundbereich in 30 bis 40 Metern Tiefe. Bis Ende März bleiben die Felchen in dieser Region, um dann im April den Bereich rund um die Insel Mainau aufzusuchen. Ab Mai verteilen sich dann die Schwärme und ziehen im gesamten Obersee umher.

Im östlichen Teil des Obersees hat man in der Bregenzer Bucht im Januar und Februar gute Chancen auf große Renken, die sogenannten Sandfelchen. Man findet sie in Tiefen von 10 bis 20 Metern, gelegentlich ziehen sie ins Flache und sind dann in 4 bis 5 Metern anzutreffen. Der März bringt eine schlechtere Phase, aber im April und Mai steigen die Fänge dann wieder. Im Sommer leistet ein Echolot hilfreiche Dienste, denn nun können die Schwärme auch vor Wasserburg und Friedrichshafen zu finden sein. Oft in 20 bis 40 Metern Tiefe, manchmal an Stellen, die zwischen 80 und 100 Meter messen.

Am Untersee beginnt die Felchensaison bereits am 18. Dezember um 12 Uhr. Im Gnadensee sind Tiefen von 20 bis 25 Meter erfolgversprechend. Ab Mai sind sie flacher zu fangen, im Bereich von 6 bis 12 Metern. Bis Ende Juni dauert diese gute Phase, danach erwärmt sich das Wasser, und die Renken verlassen den Gnadensee. Von Mitte September bis Mitte Oktober lohnt sich dann wieder ein Versuch.

Zweitwichtigster Fisch der Bodenseeangler ist der **Flussbarsch**, der hier Kretzer genannt wird. Je nach Jahreszeit, Wasserstand und Temperatur kann man die Schwärme in den verschiedensten Tiefen antreffen. Im Obersee stehen sie im Januar und Februar bei 50 bis 55 Metern, im März und April bei 35 bis 40 und im Sommer bei 5 bis 10 Metern. Immer in Abhängigkeit vom Nahrungsangebot, das von Plankton über Stichlinge bis hin zu Krebsen reicht. Ein Echolot leistet auch hierbei unschätzbare Dienste. Zumeist werden die Haken der **Hegene** noch mit einer **Made** bestückt. Im Gnaden- und Zellersee wurden an verschiedenen Stellen sogenannte Fischreiser installiert. In 6 bis 7 Metern Tiefe wurden Pfähle in den Grund geschlagen und darin altes, knorriges Holz von Obstbäumen versenkt. Diese Reiser ziehen Jungfische und in ihrem Gefolge die Barsche an.

Der gesamte Bodensee ist auch ein hervorragendes **Hechtrevier**. Im Uferbereich und über Krautfeldern finden sich die kleineren Exemplare, die mit Spinner und Twister überlistet werden. Wer es auf Großhechte abgesehen hat, schleppt mit totem Köder- oder Gummifisch am System. Auch Wobbler leisten gute Dienste – manchmal in nur 2 bis 3 Metern Tiefe, ein andermal im Grundbereich.

Nicht wenige Spezialisten haben ihr Augenmerk auf den **Seesaibling** gerichtet. Er gedeiht allerdings nur im Obersee. Wer es mit der **Hegene** versuchen möchte, findet die Schwärme von Januar bis März in 40 bis 50 Metern Tiefe, im Sommer bei 30 bis 35 Metern. Natürlich lassen sich auch beim **Kombischleppen** gute Resultate erzielen. Im Herbst lohnt sich ein Versuch vor Überlingen, zwischen Ludwigshafen und Wallhausen oder vor Meersburg und Hagnau. Ideal sind die Steilkanten, wo sich die Seesaiblinge langsam zum Laichgeschäft sammeln.

Immer öfter hört man von Fängen großer **Welse**. Im Bereich zwischen Friedrichshafen und Lindau lohnt sich das **Schleppfischen**, aber nur, wenn sich das Bodenseewasser auf 14 Grad erwärmt hat. Das ist ab Mai der Fall, dann sind Waller ab 1,20 Metern an der Tagesordnung. Und wer Glück hat, darf auf einen Kapitalen bis 2,50 Meter und darüber hoffen. Auch am Untersee häufen sich die Fänge von Welsen mit Längen um 1,70 Meter.

Nicht unerwähnt bleiben soll die **Seeforelle** – der Traumfisch schlechthin. Für den Erhalt dieser wundervollen Salmoniden wird am Bodensee viel getan. In den Zuflüssen werden Laichfische gefangen und abgestreift. In an-

Hier hat auch der Uferangler eine Chance. Foto: Gerd Wolpert

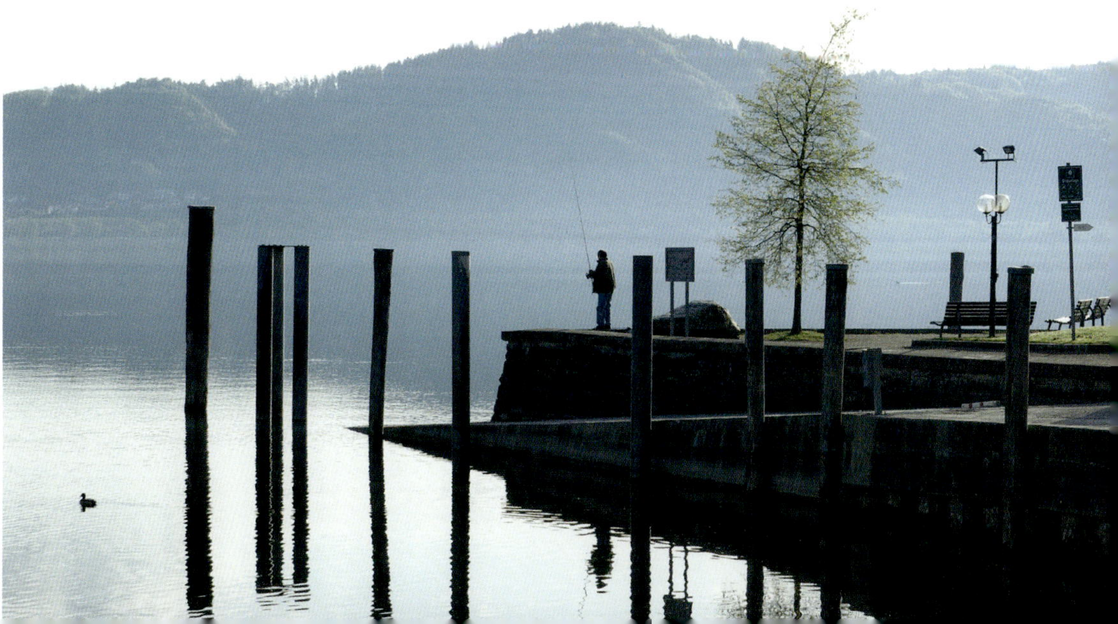

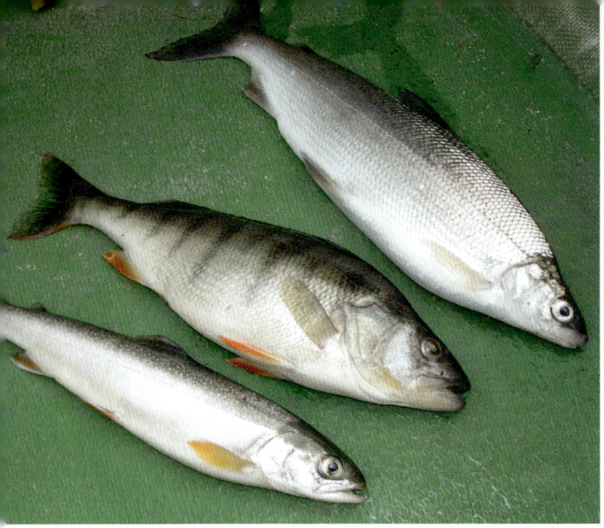

Bunte Bodenseepalette
Foto: Bernd Taller

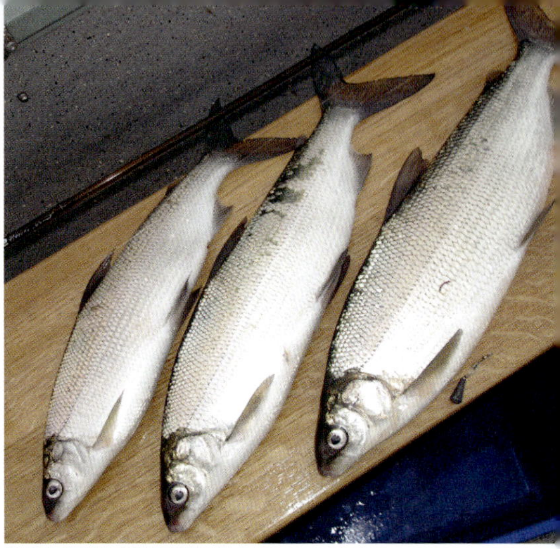

Drei Renken auf einen Streich
Foto: Bernd Taller

deren Projekten wird der natürliche Aufstieg zu den Laichplätzen gefördert. Entsprechend steigen die Fangzahlen kontinuierlich an. Wer es also beim **Schleppfischen** versuchen möchte, wird vielleicht mit einem silbernen Geschenk belohnt werden.

An vielen Bereichen verläuft das Ufer so flach, dass eine sinnvolle Fischerei ohne **Boot** unmöglich ist. Stege und Schiffsanlegeplätze stellen deshalb eine willkommene Chance dar. Am Konstanzer Trichter lohnt sich jedoch das **Uferangeln**, denn hier wird es relativ schnell tief. Genauso wie am Mainauwasser zwischen dem Freibad Horn und Litzelstetten. In Friedrichshafen, im Bereich des Gondelhafens, hat man nach tagelangem Anfüttern die Möglichkeit, einen **Karpfen** zu fangen. Am Meersburger Strand, rechts vom Fährhafen, kann man sein Glück speziell auf **Barsch** versuchen. Der Bodensee ist ein riesiges Angelrevier. Deshalb kann es zu Anfang eine Hilfe sein, auf die Erfahrung eines Einheimischen zu setzen und eine Guidingtour zu buchen. Im Informationskasten finden sich die Kontaktdaten.

ANGELINFORMATIONEN

Saison: 1. Januar bis 31. Dezember

Bezüglich der Mindestmaße und Schonzeiten besteht am Bodensee eine Sondersituation. Nicht nur drei Staaten grenzen an den See, in Deutschland haben wir es noch mit den beiden Bundesländern Baden-Württemberg und Bayern zu tun. Die Regelungen sind unterschiedlich. Auch können sich von Saison zu Saison die Vorgaben ändern.

OBERSEE

Mindestmaße: Renke 30 cm, Forelle 50 cm, Seesaibling 25 cm, Zander 40 cm, Karpfen 25 cm, Schleie 20 cm, Aal 40 cm

Entnahme: 12 Renken und 30 Barsche pro Tag, für Hechte besteht eine Entnahmepflicht

Schonzeiten: Renke: 15. Oktober bis 10. Januar; Forellen: 1. November bis 10. Januar; Seesaibling: 1. November bis 31. Dezember; Zander: 1. April bis 31. Mai; Barsch: 20. April bis 10. Mai

UNTERSEE

Mindestmaße: Renke 30 cm, Hecht 40 cm, Forelle 35 cm, Äsche 30 cm

Entnahme: 10 Renken, 3 Hechte und 50 Barsche pro Tag

Schonzeiten: Renke: 15. Oktober bis 18. Dezember; Hecht: 1. April bis 30. April; Barsch: 25. April bis 15. Mai; Forelle: 1. Oktober bis 31. Dezember; Äsche: 1. Februar bis 30. April

BADEN-WÜRTTEMBERGISCHER BEREICH

Lizenzen: Uferangeln 20 €/Monat (Jugendliche 10 €), 40 €/Jahr (Jugendliche 20 €), Boots- und Uferangeln 40 €/Monat (Jugendliche 20 €), 80 €/Jahr (Jugendliche 40 €), Zusatzkarte für Konstanzer Fischwasser 20 €/Jahr (Jugendliche 10 €)
Ausgabestelle: Landratsamt Bodenseekreis, Mainaustr. 211, D-78464 Konstanz, Tel.: 0049(0)7531/8020241, www.vba-konstanz.de

BAYERISCHER BEREICH

Lizenzen: 10 €/Tag, 30 €/Monat, 60 €/Jahr (Jugendliche mit Jugendfischereischein dürfen kostenlos mitangeln)

Ausgabestellen:
Tourist-Info Nonnenhorn, Seehalde 2, D-88149 Nonnenhorn, Tel.: 0049(0)8382/8250, www.nonnenhorn.eu

Tourist-Info Wasserburg, D-88142 Wasserburg, Tel.: 0049(0)8382/887474, www.wasserburg-bodensee.de

Campingplatz Lindau, Fraunhoferstr. 20, D-88131 Lindau, Tel.: 0049(0)8382/72236

ÖSTERREICHISCHER BEREICH

Lizenzen: 10 €/Tag, 30 €/Monat

Ausgabestelle: Anglermarkt, Paulinenstr. 59, D-88045 Friedrichshafen, Tel.: 0049(0)7541/954100

SCHWEIZER BEREICH

Lizenzen: Uferangeln 90 CHF/Monat, 180 CHF/Jahr Bootsangeln 60 CHF/Woche, 180 CHF/Monat, 360 CHF/Jahr (Jugendliche 40 CHF)

Ausgabestellen:
Stadtverwaltung Rorschach, Hauptstr. 29, CH-9401 Rorschach, Tel.: 0041(0)71/8442131

Jagd- und Fischereiverwaltung des Kantons Thurgau, Staubeggstr. 7, CH-8510 Frauenfeld, Tel.: 0041(0)52/724-25, www.jfv.tg.ch

LEIHBOOTE

Hotel Bad Schachen, Tobias Hechelmann, Bad Schachen 1, D-88131 Lindau, Tel.: 0049(0)8382/2980

Angelzentrum Bodensee, Christian Willam, Seeweg 1 c, D-78476 Allensbach, Tel.: 0049(0)7533/6211 oder Tel.: 0049(0)162/6612058

GUIDINGTOUREN

Angelcenter Bodensee, Dirk Schirra, Hattnauerstr. 4 b, D-88142 Wasserburg, Tel.: 0049(0)8382/2732290, www.raidbait.de

Höll-Sport GmbH, Stephan Förg, Höllturmpassage 5, D-78315 Radolfzell, Tel.: 0049(0)7732/57709, www.sport2000-shop.de

Angelzentrum Bodensee, Christian Willam, Seeweg 1 c, D-78476 Allensbach, Tel.: 0049(0)7533 6211 oder Tel.: 0049(0)162 6612058

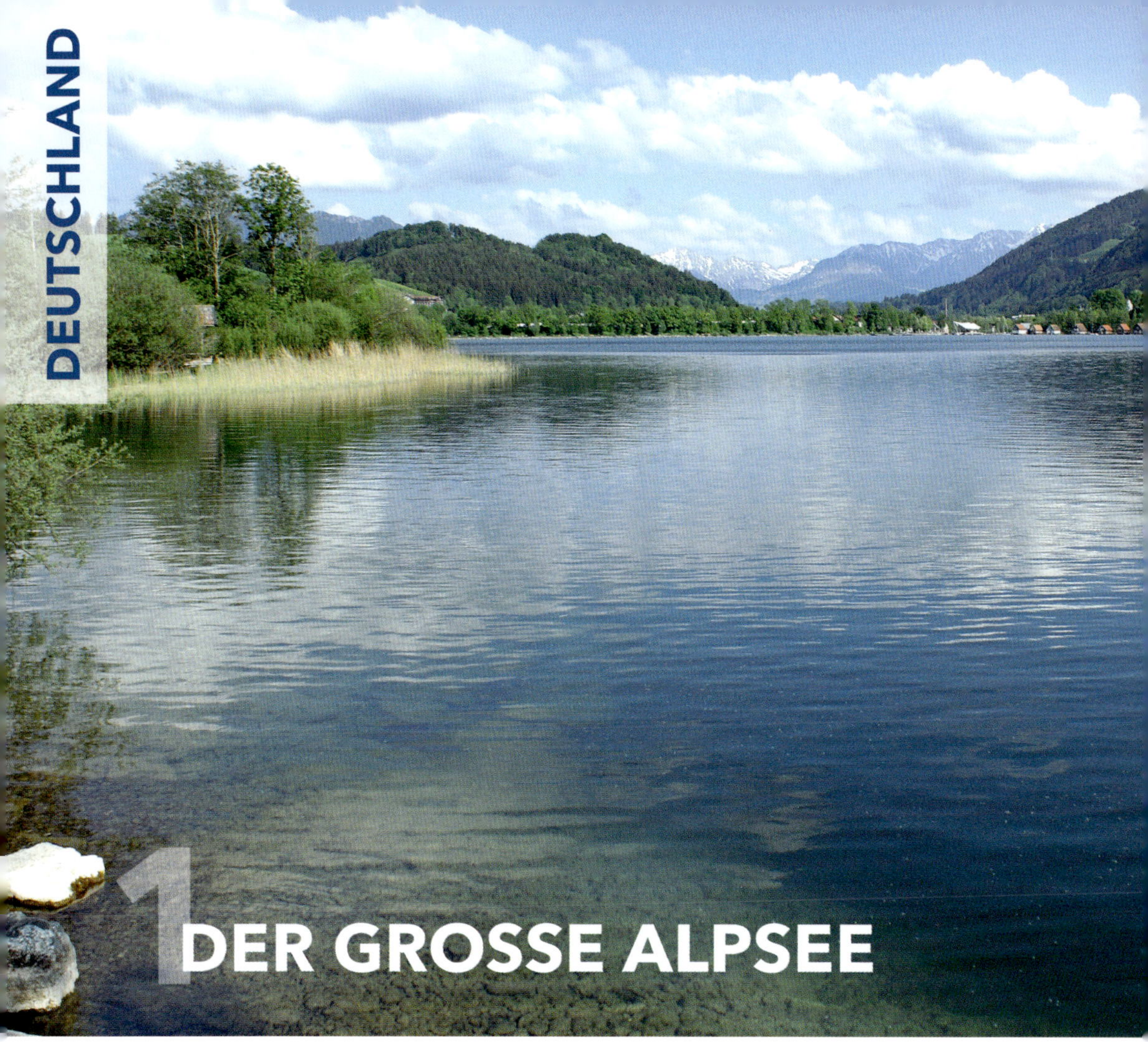

1 DER GROSSE ALPSEE

In den nördlichen Allgäuer Alpen, auf einer Seehöhe von 725 Metern, befindet sich der 3,3 Kilometer lange und 1 Kilometer breite Große Alpsee. Seine Fläche beträgt 2,5 Quadratkilometer, seine größte Tiefe 23 Meter. Hauptfischarten sind Hecht, Zander und Barsch.

Mein langjähriger Freund Gerd hat mich eingeladen, einen Tag mit ihm am Alpsee zu verbringen. Obwohl er in Stuttgart lebt, ist dies sein Lieblingssee. Hier hat er viele besonders schöne Angelstunden verbringen dürfen. Heute wollen wir mit der Fliegenrute den Hechten zu Leibe rücken. Ein Könner am Bindetisch hat mir einige wundervolle Streamer gebunden – heute sollen sie zum ersten Mal zum Einsatz kommen. An Schilfkanten und Seerosenfeldern werfen wir aus, immer wieder dasselbe Spiel: einstrippen, Rückschwung, Wurf. Ein heftiger Schwall signalisiert den Biss, und bald ist ein schönes Exemplar im Boot. Noch einige weitere Hechte bringt uns der Tag, bis ein aufziehendes Gewitter diesen schönen Stunden ein plötzliches Ende bereitet.

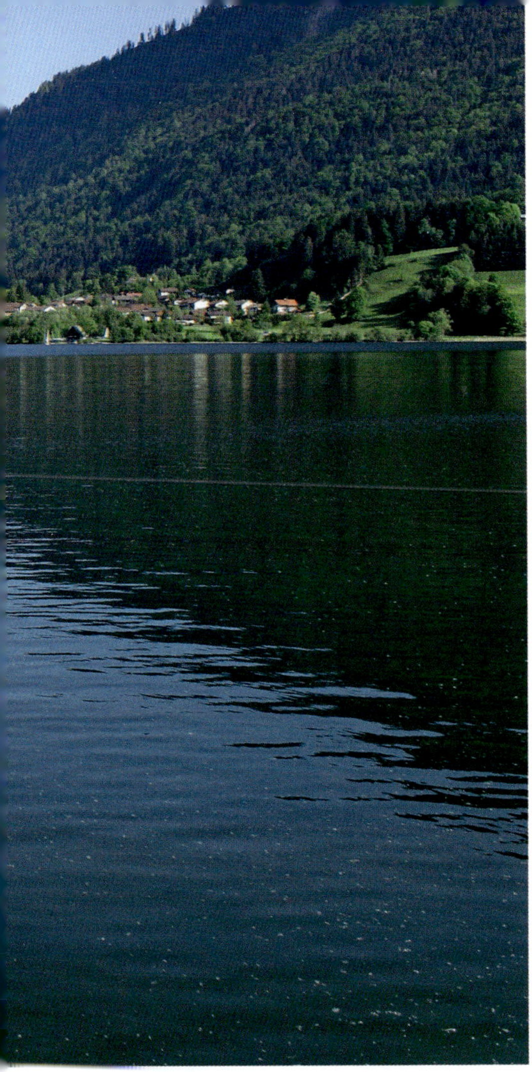

Der Große Alpsee ist der größte Natursee im Allgäu. Eingebettet zwischen Wiesen und Bergen bietet er einen Anblick wie aus dem Bilderbuch. Wer mit dem Boot hinausfährt, hat eine kleine weiße Flagge zu hissen. Dann aber steht dem Angelabenteuer nichts mehr im Wege. Und das **Schleppfischen** kann hier durchaus zum Abenteuer ausarten, denn der Hechtbestand darf als ausgezeichnet angesehen werden.

Die Seeform ähnelt einer Wanne. Der Randbereich mit einer Tiefe von drei bis vier Metern ist etwa 50 Meter breit, danach fällt der Grund stetig ab. Ganz klar, dass an dieser Kante die **Hechte** auf Beute lauern. An der Ostseite befindet sich eine rund 170 Meter breite Flachwasserzone, da heißt es aufpassen, um nicht allzu viele Hänger zu riskieren.

Die üblichen Köder sind auch am Alpsee angebracht – **Wobbler**, **Gummifisch** oder noch besser ein **frisch getöteter Weißfisch** am System. Besonders sei auf den **Castaic** hingewiesen. Diese Fertigmontage mit großer Realitätsnähe ist für den Fang unzähliger Esox verantwortlich. Und wer den Mut hat, einen Castaic in der Länge von 30 Zentimetern zu montieren, darf durchaus auf einen Großhecht hoffen.

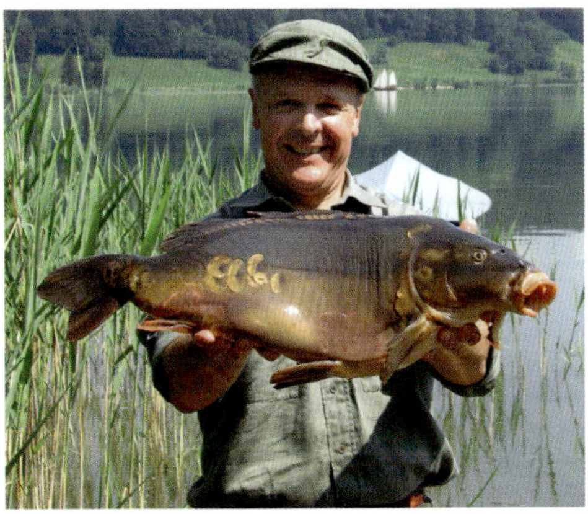

In jeder Saison werden zwischen 300 und 400 Exemplare als Fang gemeldet – eine imposante Zahl. Und da sind immer welche mit 14 Kilogramm und darüber dabei. Seltener hört man vom Fang eines **Zanders**, aber für Spezialisten bestehen durchaus reelle Chancen. Und natürlich darf man die **Barsche**

Ein Juwel inmitten der Allgäu-Berge (oben)
Foto: Gerd Wolpert

So ein schöner Karpfen lässt strahlen … (links)
Foto: Gerd Wolpert

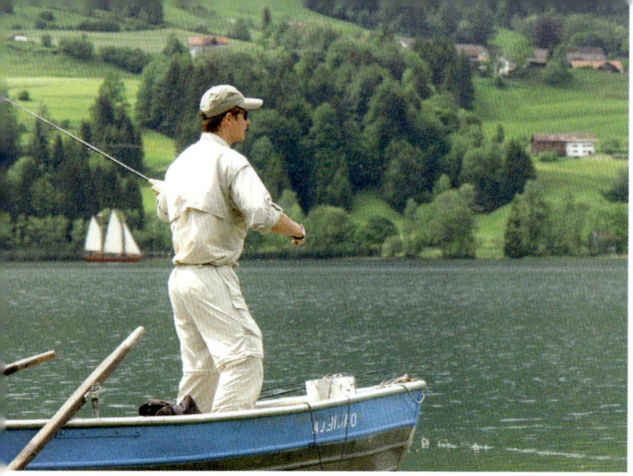

Die Fliegenrute …

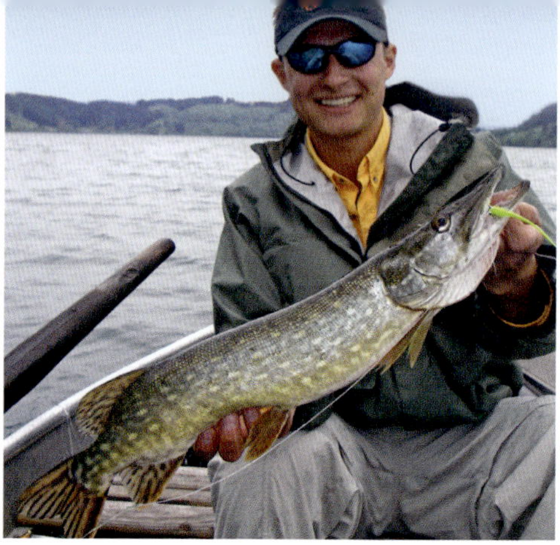

… hat einen schönen Hecht gebracht.
Fotos: Gerd Wolpert

nicht vergessen. Auch da lohnt sich ein Versuch.

Gerade im Frühjahr könnte sich die **Fliegenrute** als erfolgsversprechend erweisen. Nach der Laichzeit stehen die Hechte noch im Flachen, oft zwischen den Unterwasserpflanzen. Ein flach geführter **Streamer** ist dann das Erfolgsrezept schlechthin.

Dem **Uferangler** sei die Nordseite empfohlen. Schilfgürtel, Bäume und Pflanzenbewuchs sorgen für gute Unterstände. Und davon profitieren natürlich die **Aal- und Karpfenangler**. Das Westufer ist aus Naturschutzgründen gesperrt.

Für nicht so versierte Angler bietet sich die Fischerei auf **Döbel** und **Brassen** an. Vom Ufer aus, mit der **Stipp- oder Rollenrute**, wird sicher bald die Pose untergehen. Als Köder kommen **Maden**, **Würmer** und **Mais** zum Einsatz. Ein wenig **Lockfutter**, verfeinert mit unserem Köder, das sollte die Friedfische schon an den Angelplatz bringen.

Und es ist nicht ausgeschlossen, dass auch ein **Karpfen** unsere Rute zu tiefen Verbeugungen zwingt. Wer gezielt auf die Rüssler ansitzen möchte, verwendet natürlich eine entsprechende Ausrüstung und benutzt eine stärkere Leine. Als Köder sind **Boilies an der Haarmethode** sehr zu empfehlen.

Bootshäuser vor der Bergkulisse Foto: Gerd Wolpert

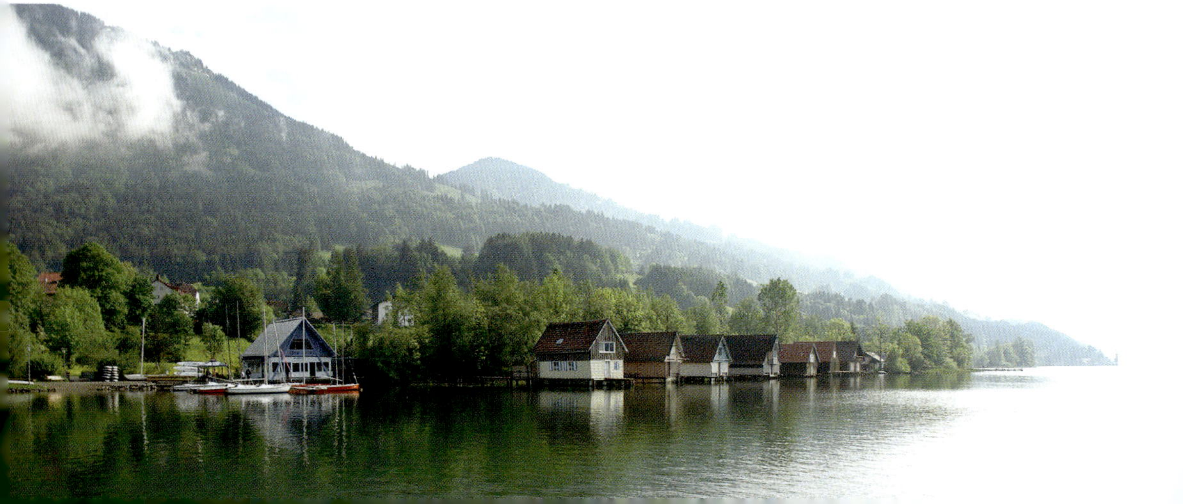

ANGELINFORMATIONEN

Saison: 1. Mai bis 30. November

Lizenzen: 12 €/Tag

Ausgabestellen:
Fischerstadl, Julius-Kunert-Str. 13, D-87509 Immenstadt, Tel.: 0049(0)8323/987796

Anglertreff, Sonthofener Str. 46, D-87509 Immenstadt, Tel.: 0049(0)8323/95192

Leihboote: Bootsverleih Heindl, Am Bootshafen Bühl, D-87509 Immenstadt, Tel.: 0049(0)8323/914176

Mindestmaße: Hecht 50 cm, Zander 50 cm, Renke 30 cm, Aal 40 cm, Seeforelle 60 cm, Karpfen 35 cm, Bachforelle 40 cm, Regenbogenforelle 30 cm

Entnahme: es liegt keine Fangbegrenzung vor

Schonzeiten: Renke: 15. Oktober bis 31. Dezember; Seeforelle: 1. Oktober bis 31. Dezember; Bachforelle: 15. September bis 31. Dezember; Regenbogenforelle: 15. Dezember bis 30. April

Besonderheiten: Die Schongebiete sind strikt zu beachten. Am Boot muss eine weiße Fahne befestigt sein.

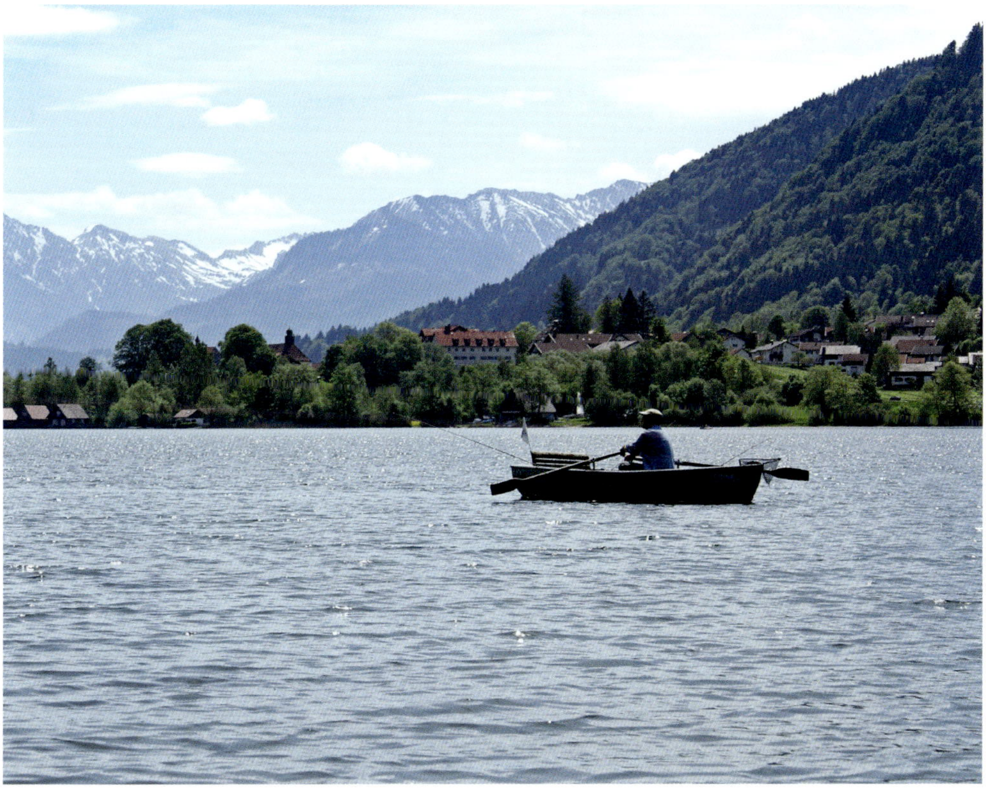

Er versucht sein Glück beim Schleppfischen. Foto: Gerd Wolpert

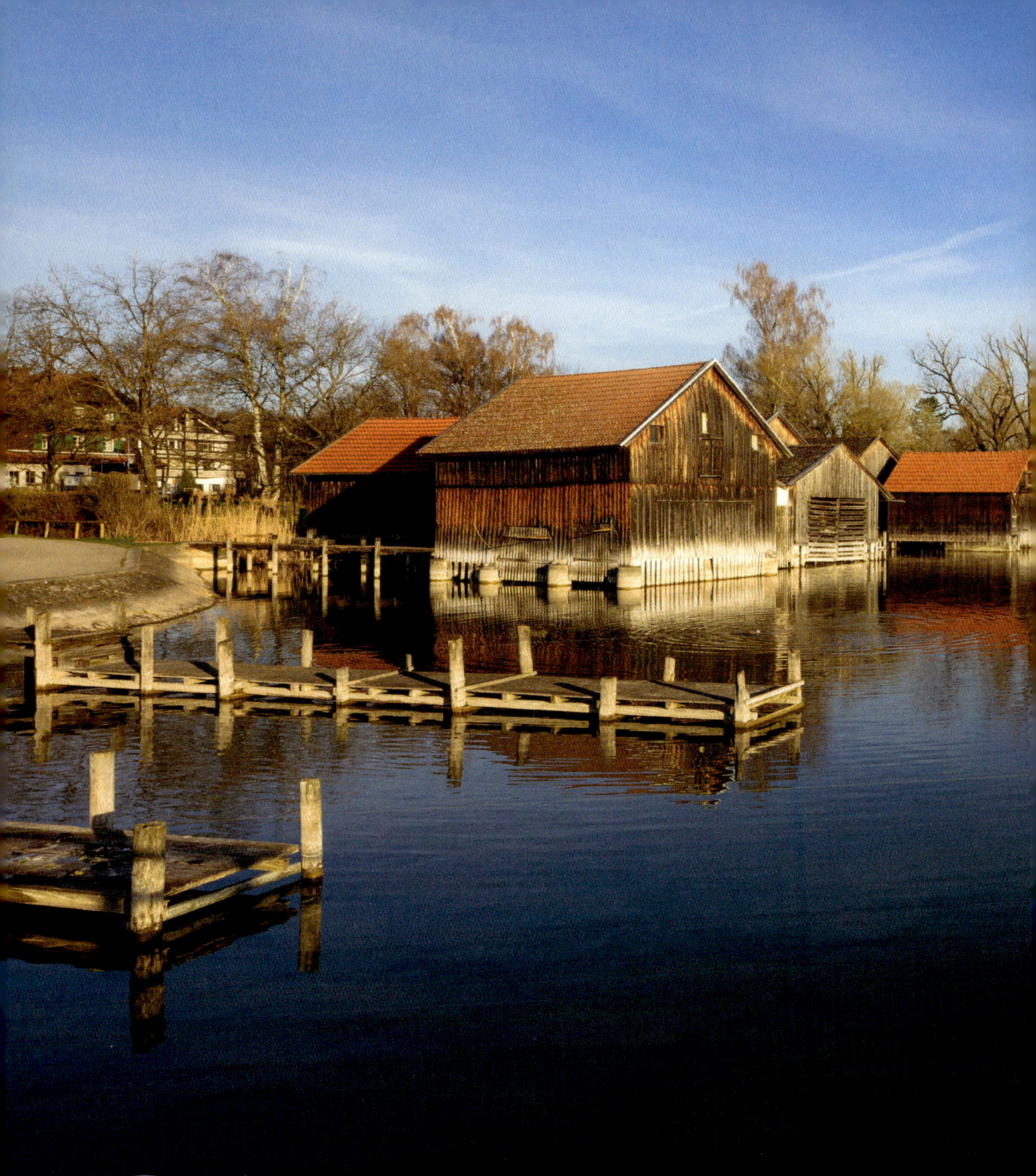

2 DER AMMERSEE

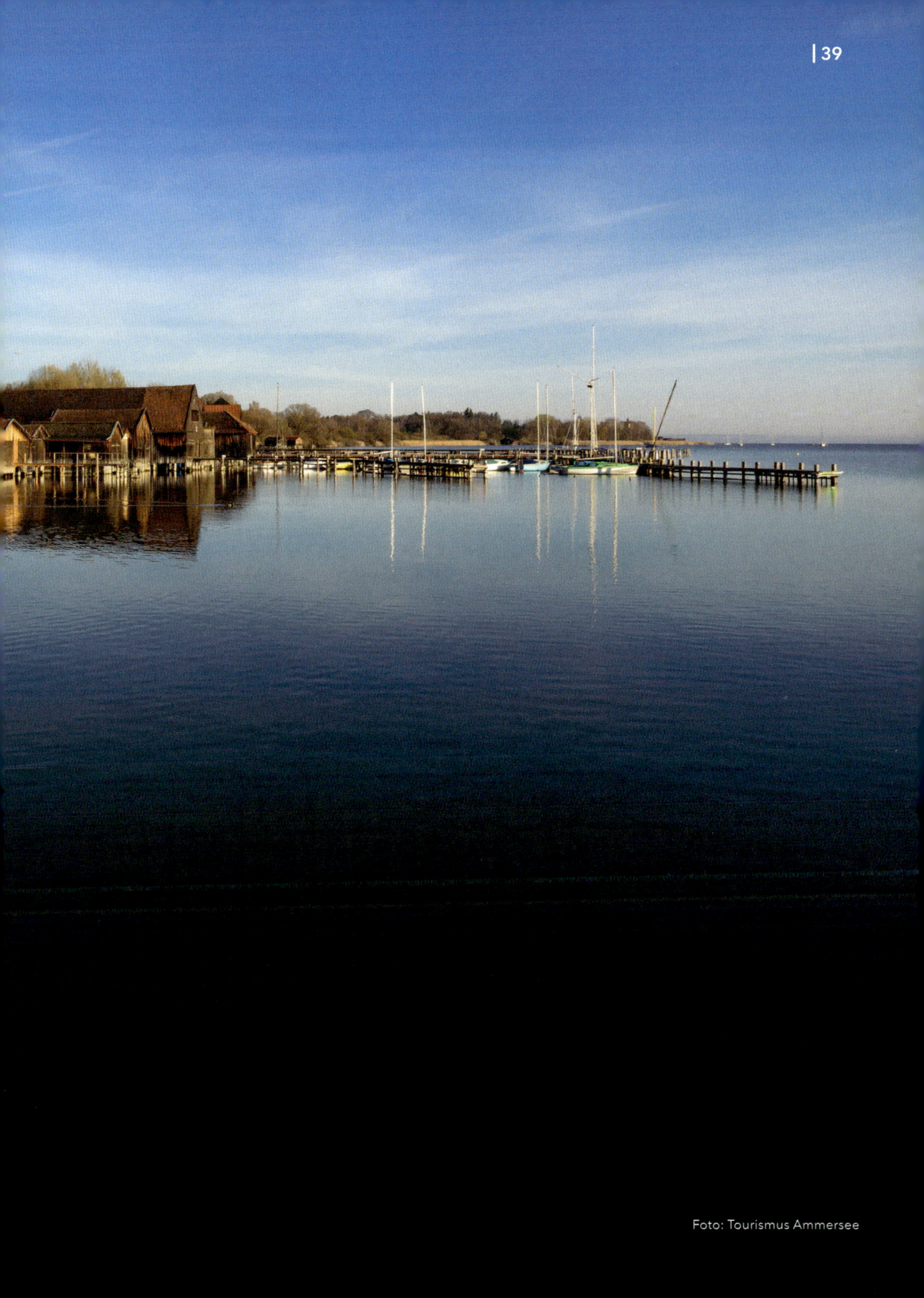

Foto: Tourismus Ammersee

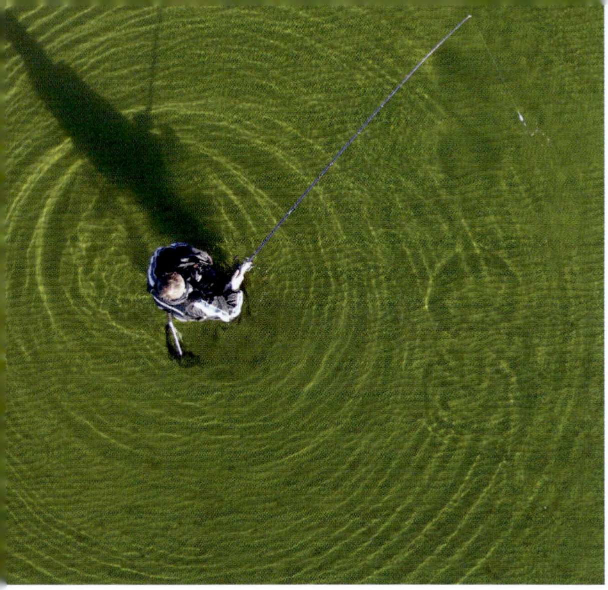

... in der Mitte des Rings
Foto: Jochen Liedtke

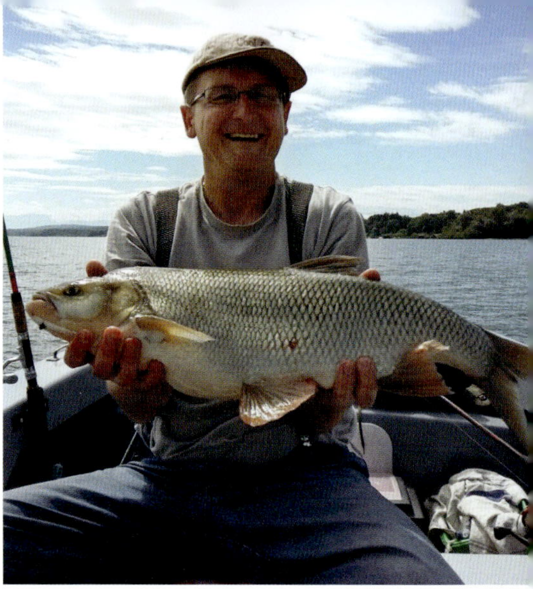

Freude über einen Rapfen
Foto: Jochen Liedtke

Zwischen den Landkreisen Landsberg und Starnberg befindet sich auf einer Höhe von 533 Metern der Ammersee. Er ist 15 Kilometer lang und 5 Kilometer breit. Mit seiner Fläche von 46,6 Quadratkilometern handelt es sich um den drittgrößten See Bayerns. Die maximale Tiefe liegt bei 81 Metern. Hauptfischarten sind Renke, Hecht und Rapfen.

Mitte Januar, die Saison hat am Ammersee gerade begonnen. Jockl und ich zwängen uns in unsere Wathosen. Nach der Weihnachtszeit sitzen sie besonders eng. Doch das soll uns nicht davon abhalten, den Seeforellen unsere Aufwartung zu machen. Unzählige Male werfen wir die Mozzi-Blinker Richtung Horizont. Bei jeder Kurbelumdrehung könnte es passieren. Der Biss einer Seeforelle kommt zumeist hart und unerwartet. Doch an diesem Tag mit Schneeschauern und böigem Wind bleibt der Kescher trocken …

Im Mai sind wir wieder am See. Dieses Mal mit dem Boot, nun soll es auf Renken gehen. Wir lassen unsere Hegenen in das rund zehn Meter tiefe Wasser sinken, und schon bald erfolgt der erste Biss. Und als wir die Posenmontage ins Flache werfen, kommt mit 39 Zentimetern die schönste Renke des Tages!

Auch im Hochsommer zieht es uns an den Ammersee. Sehr früh rudern wir hinaus, denn tagsüber müssen wir den See mit Seglern, Surfern und Badegästen teilen. Das Schleppfischen beschert uns drei Hechte. Keine Riesen, aber mit 55 bis 60 Zentimetern ideal für die Küche. Ein Zander ist uns nicht vergönnt, aber Schorsch, den wir am Steg treffen, hat einen prächtigen Stachelträger erwischt.

Wenn am Ammersee noch winterliche Verhältnisse herrschen, stehen die Chancen ganz gut, eine Seekönigin zu fangen. Die Kleinfische halten sich am Grund versteckt und meiden das Freiwasser oder gar die Oberfläche. Da hat die **Seeforelle** keine Möglichkeit, auf Raubzug zu gehen. Auch die Auswahl an Insekten und deren Larven ist nicht besonders groß. Und ein hungriger Fisch vergisst dann seine angeborene Vorsicht! Ein frisch getöteter **Kleinfisch am Planseesystem** ist als Köder unschlagbar. Eine **Elritze**, ein **Barsch** oder ein **Döbel**, damit sind schon vor Jahrzehnten die silbernen Kraftpakete überlistet worden. Wer nur auf gefrorene Fische zurückgreifen kann, sollte den Barschen den Vorzug geben. Wegen ihrer festen Haut halten sie länger am System. Spezialisten legen sich im Herbst einen entsprechenden Vorrat an. Einen Nachteil besitzt jedoch das **Planseesystem** – ganz weite Würfe erlaubt es nicht. Ein **Blinker** mit genügend Eigengewicht ist da eine gute Alternative.

Alltagsfisch ist der **Barsch**. An der feinen **Dropshotmontage** ist es nicht schwer, Erfolg zu haben. Zwischen 20 und 30 Zentimeter beträgt die Durchschnittsgröße – genau richtig, um feine Filets zu gewinnen. Spezialisten fangen vom Ufer aus **Karpfen**, genau dort, wo Seerosen und Schilfgürtel den Ammersee säumen.

Ein Wort noch zu den **Brassen**, die man in Bayern **Brachsen** nennt. Ihr Bestand ist gigantisch, beangelt hingegen werden sie kaum. Doch wer jemals einen dieser Weißfische in geräucherter Form probiert hat, denkt vielleicht bald um …

Bitte gestatten Sie mir noch eine persönliche Bemerkung. Am Ammersee ist meine Angelleidenschaft entflammt. Das war im Sommer 1967. Einige Lauben kamen ganz nah ans Ufer, und mein Herz schlug bis zum Hals. Am nahe gelegenen Kiosk durfte ich mir eine Fertigangel kaufen. Der Haken war allerdings viel zu groß, und ich hatte keine Fangchance. Aber mit dem Angelvirus, dem starken, lebenslänglichen, war ich von Stunde an infiziert!

ANGELINFORMATIONEN

Saison: 1. Januar bis 31. Dezember

Lizenzen: 18 €/Woche, 48 €/Monat, 139 €/Jahr

Ausgabestellen:

Martha Perchthold, Seestr. 1, D-82211 Breitbrunn, Tel.: 0049(0)8152/6324

Fischerei Mastaller-Gastl, Fischerei 42, D-86911 Dießen, Tel.: 0049(0)8807/8495

Fischerei Stummbaum, Summerstr. 22, D-82211 Herrsching, Tel.: 0049(0)8152/1375

Fischerei Schlamp, Seestr. 41, D-82211 Herrsching, Tel.: 0049(0)8152/969533

Fischerei A. Ernst, An der Point, D-86938 Schondorf, Tel.: 0049(0)8192/219

Fischerei Ernst, Ludwigstr. 11, D-86919 Utting, Tel.: 0049(0)8806/7661

Fischerei N. u. M. Marx, Seestr. 17, D-86919 Utting, Tel.: 0049(0)8806/7704

Leihboote:

Fischerei Stummbaum, Summerstr. 22, D-82211 Herrsching, Tel.: 0049(0)8152/1375

Fischerei Perchthold, Seestr. 1, D-82211 Herrsching, Tel.: 0049(0)8152/6324

Hannelore Marx, Seestr.17, D-86919 Utting, Tel.: 0049(0)8806/7704

Mindestmaße: die in Bayern gültigen

Entnahme: 10 Renken, 3 Saiblinge und 2 Zander pro Tag

Schonzeiten: die in Bayern gültigen

Besonderheiten: Ein Echolot ist nicht erlaubt, während des Angelns darf kein Motor verwendet werden.

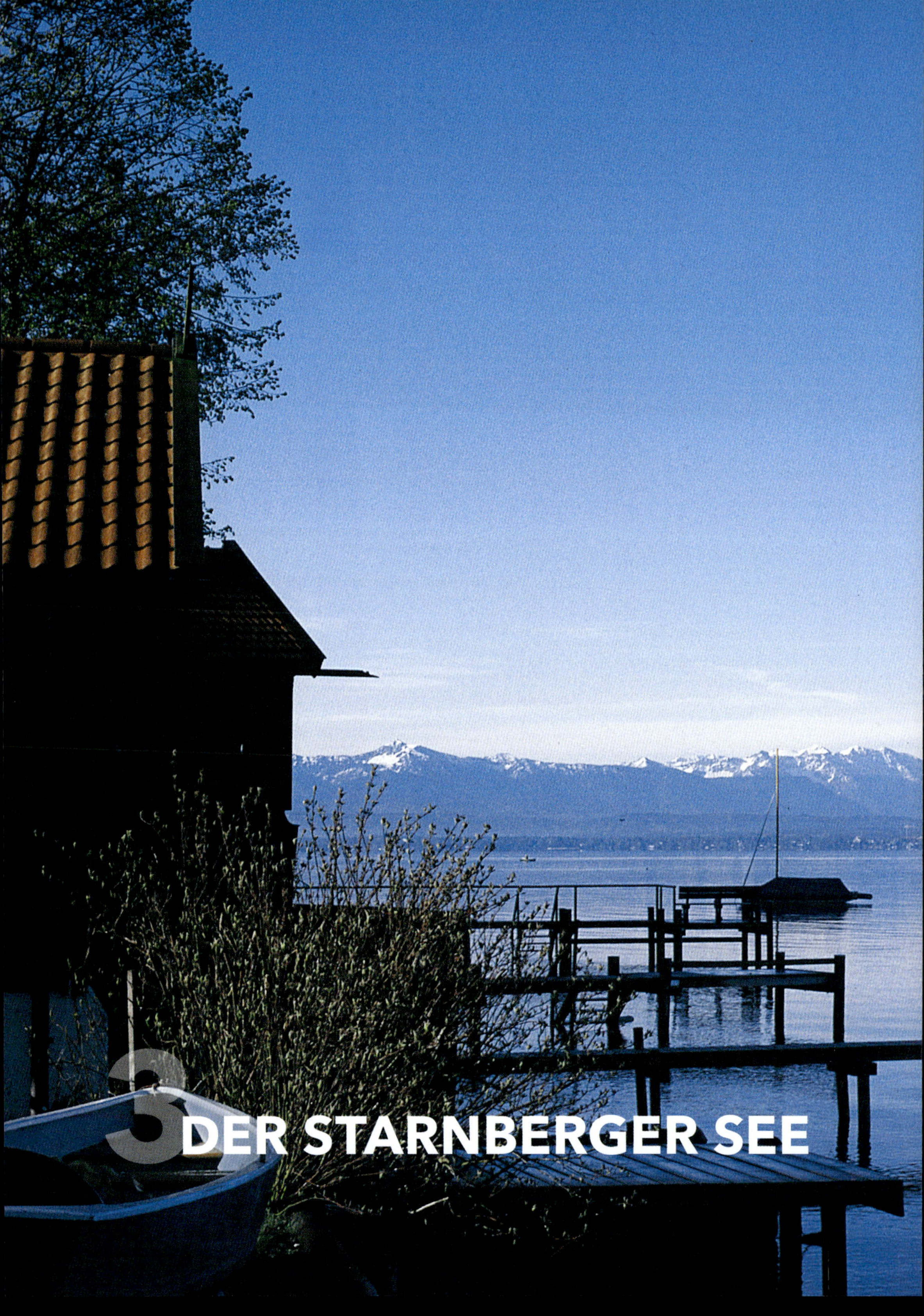

3 DER STARNBERGER SEE

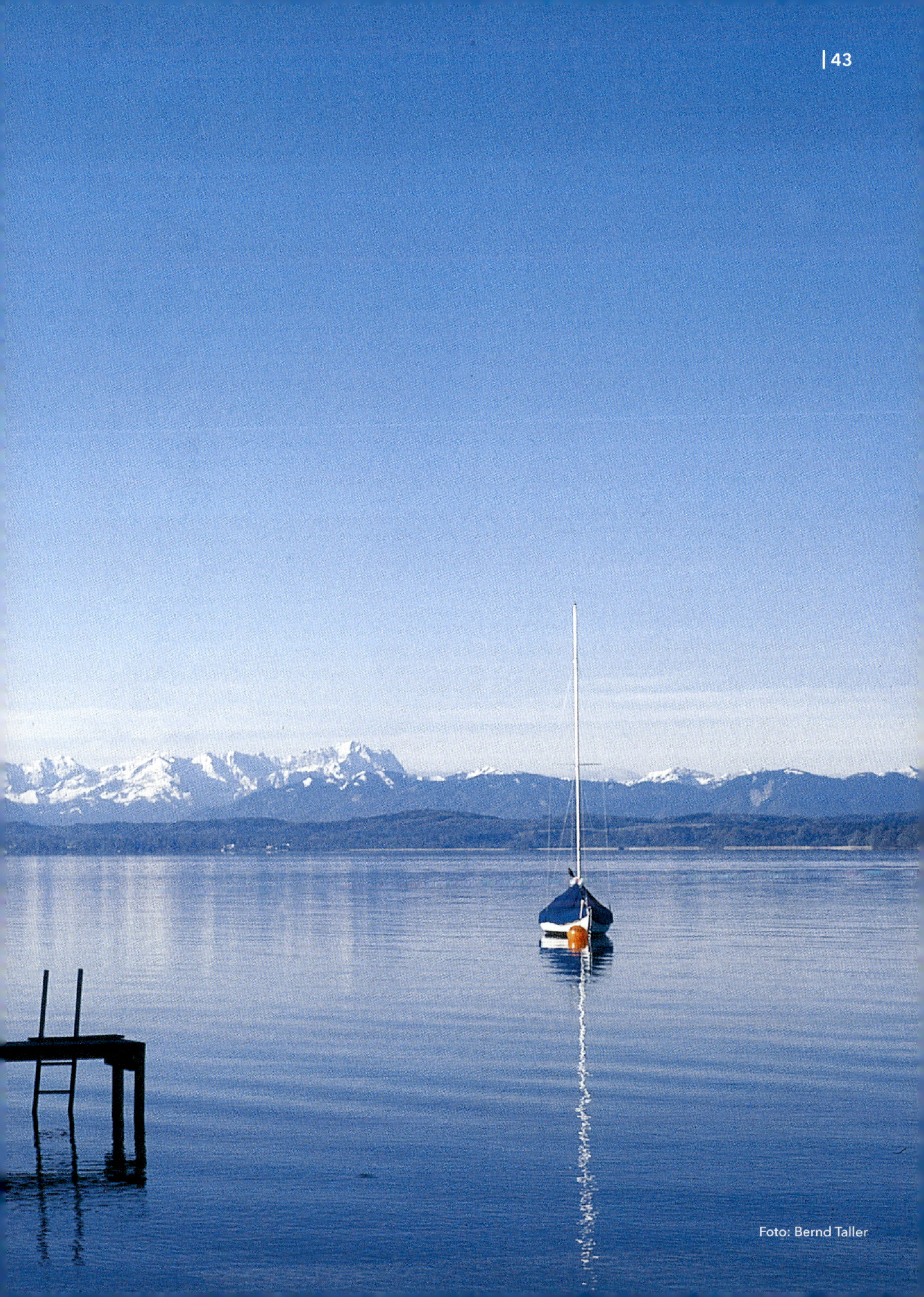

Foto: Bernd Taller

Rund 25 Kilometer südwestlich von München befindet sich auf einer Seehöhe von 584 Metern der 19,5 Kilometer lange und 4,7 Kilometer breite Starnberger See. Bei einer Fläche von 56 Quadratkilometern ist er bis zu 128 Meter tief. Hauptfischarten sind Renke, Seesaibling, Hecht und Seeforelle.

Die Sonne schickt bereits ihre ersten Strahlen über die Berge, als ich mich mit Christian treffe. Sein Boot liegt am Ostufer, und bald haben wir es mit unseren Utensilien beladen. Nun kann uns nichts mehr aufhalten! Vor uns liegt ein langer Angeltag am herrlichen Starnberger See. Sanft gleiten wir Richtung Ammerland, wo wir das Elektroboot in 12 Metern Tiefe verankern. „Hier, nimm mal diese magentafarbene Hegene. Mit der habe ich zumeist Erfolg." Das sagt mir mein Angelkamerad, der den See seit langem befischt. Und tatsächlich dauert es nur einige Minuten, bis die erste Renke an Bord kommt. Dann fangen wir einen Seesaibling, dann wieder eine Renke. Noch bevor das Mittagsgeläut herübertönt, hat jeder das Limit von vier Salmoniden erreicht.

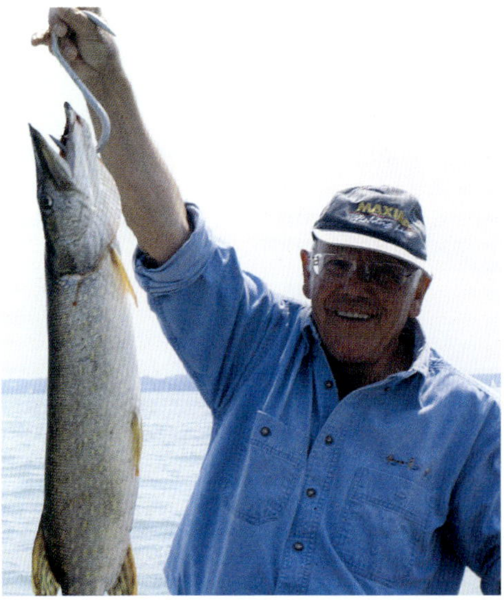

Dieser Hecht krönte einen herrlichen Sommertag. Foto: Bernd Taller

Am Nachmittag ist Schleppfischen angesagt. Immer schön am Ufer entlang, aber natürlich immer in gebührendem Abstand. Einen Wobbler an der einen, einen Gummifisch an der anderen Rute, so suchen wir eine beträchtliche Strecke ab. Aber kein Esox interessiert sich für unsere Köder. Und so beenden wir diesen wundervollen Angeltag, der Hitze, Sonnenschein und eine schöne Beute bestehend aus drei Saiblingen und fünf Renken gebracht hat.

Am Starnberger See kommen insgesamt etwa 25 Fischarten vor. Da sollte jeder Angler sein Glück finden! Den sichersten Fang garantiert das Angeln mit der **Hegene**. Entscheidend ist lediglich das Finden der richtigen Tiefe. Abhängig von der Jahreszeit ziehen die Schwärme ihre Bahnen mal flacher und mal tiefer. Wie überall lohnt sich im Mai ein Versuch in geringer Tiefe, während man es mit fortschreitender Saison immer einige Meter tiefer versuchen sollte. Etwa 12 bis 15 Meter – das sollte als grobe Orientierung dienen. Im Hochsommer gibt es Phasen, in denen die Planktonwolken so dicht sind, dass es der Angler mit seinen **Nymphenimitationen** schwer hat. Aber im Herbst geht dann die Hegene wieder ganz gut.

Vor Jahren hat man nahezu ausschließlich mit einem leichten Löffel an der **Tiefschlepprolle** sein Glück versucht. Ein schweres Bleigewicht brachte den Köder auf die gewünschte Tiefe, die meist bei 20 bis 40 Metern lag. Damals waren gewichtige **Seesaiblinge** an der Tagesordnung. Zuletzt ließen Zahl und Abwachsen der „Ritter der Tiefe" zu wünschen

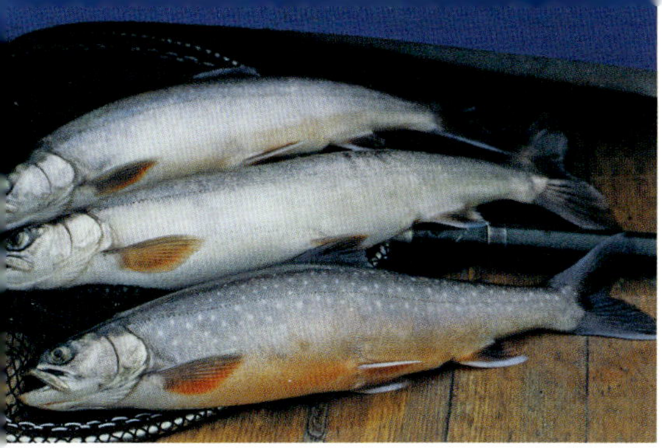

Freude über ein Saiblingstrio ...

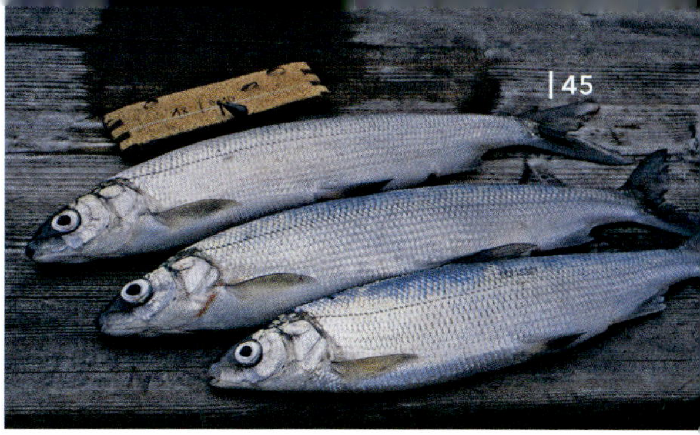

... und ein Renkentrio.
Fotos: Bernd Taller

übrig. Entsprechend wurde umgestellt, und nun versucht man sein Glück beim **Kombischleppen**. Mit einer einfachen Rute und einem Bleigewicht von 30 Gramm wird bei sehr langsamem Tempo der gewünschte Bereich abgesucht.

Nach wie vor sehr gut ist der **Hechtbestand**. Mit großen **Gummifischen**, **Wobblern** oder einem **Fisch am Stockersystem** lässt sich mit Glück ein kapitaler Räuber überlisten. Der Grandseigneur des Starnberger Sees, Rainer Bouterwek, hat in seinem langen Anglerleben einige Esox, die deutlich über der Metermarke lagen, erbeutet. Gemütlich in seinem Boot sitzend, nahezu geräuschlos angetrieben vom Elektromotor, so hat er unzählige Stunden auf seinem Haussee zugebracht.

Das **Uferangeln** gestaltet sich schwierig. Sehr viele Seegrundstücke befinden sich in Privatbesitz, so dass es nur wenige frei zugängliche Stellen gibt. Als Alternative bieten sich die Dampferstege an. Allerdings sollte die Zeit vor und nach dem Bootsbetrieb genutzt werden.

ANGELINFORMATIONEN

Saison: 1. April bis 1. November

Lizenzen:
Bootsangeln: 13 €/Tag, 30 €/Woche, 50 €/Monat, 155 €/Jahr
Uferangeln: 18 €/Woche, 30 €/Monat (Jugendliche 17 €), 85 €/Jahr (Jugendliche 42 €)

Ausgabestellen:
Waltraud Hubel, An der Mühle 1, D-82347 Bernried, Tel.: 0049(0)8158/1313
Gabriele Wenzel, Ludwigstr. 1, D-82319 Starnberg, Tel.: 0049(0)8151/12195
Mathias Sebald, Nördl. Seestr. 22, D-82541 Ammerland, Tel.: 0049(0)8177/9132
Andreas Lidl, Hauptstr. 10, D-82402 Seeshaupt, Tel.: 0049(0)8801/1258
Hans Lettner, Graf-Vieregg-Str. 16, D-82327 Tutzing, Tel.: 0049(0)8158/8323

Leihboote: siehe Ausgabestellen

Mindestmaße: die in Bayern gültigen

Entnahme: 4 Renken und Saiblinge (zusammen) pro Tag

Schonzeiten: die in Bayern gültigen

Besonderheiten: Das Schleppfischen ist auch mit dem Elektromotor erlaubt.

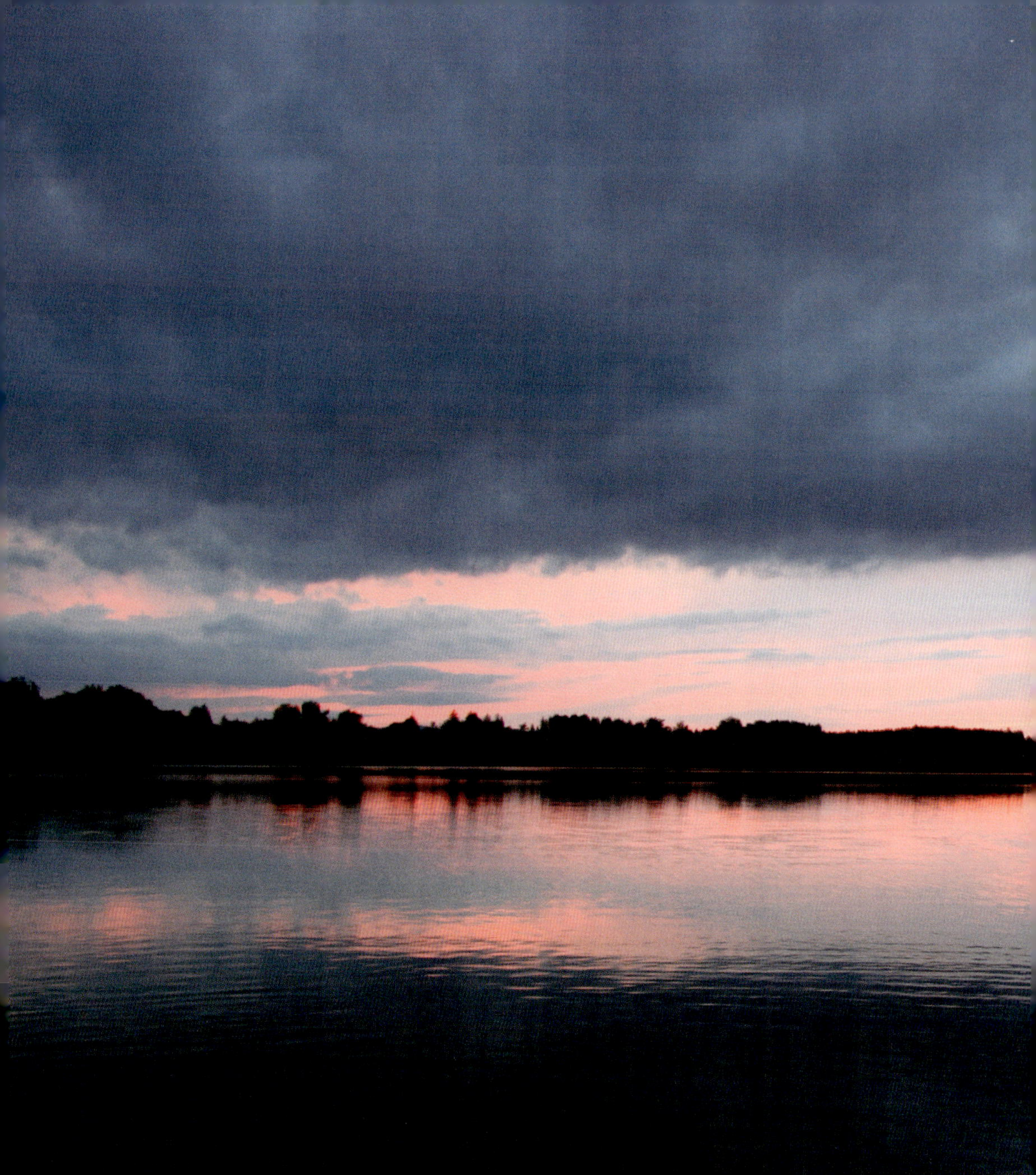

4 DER RIEGSEE

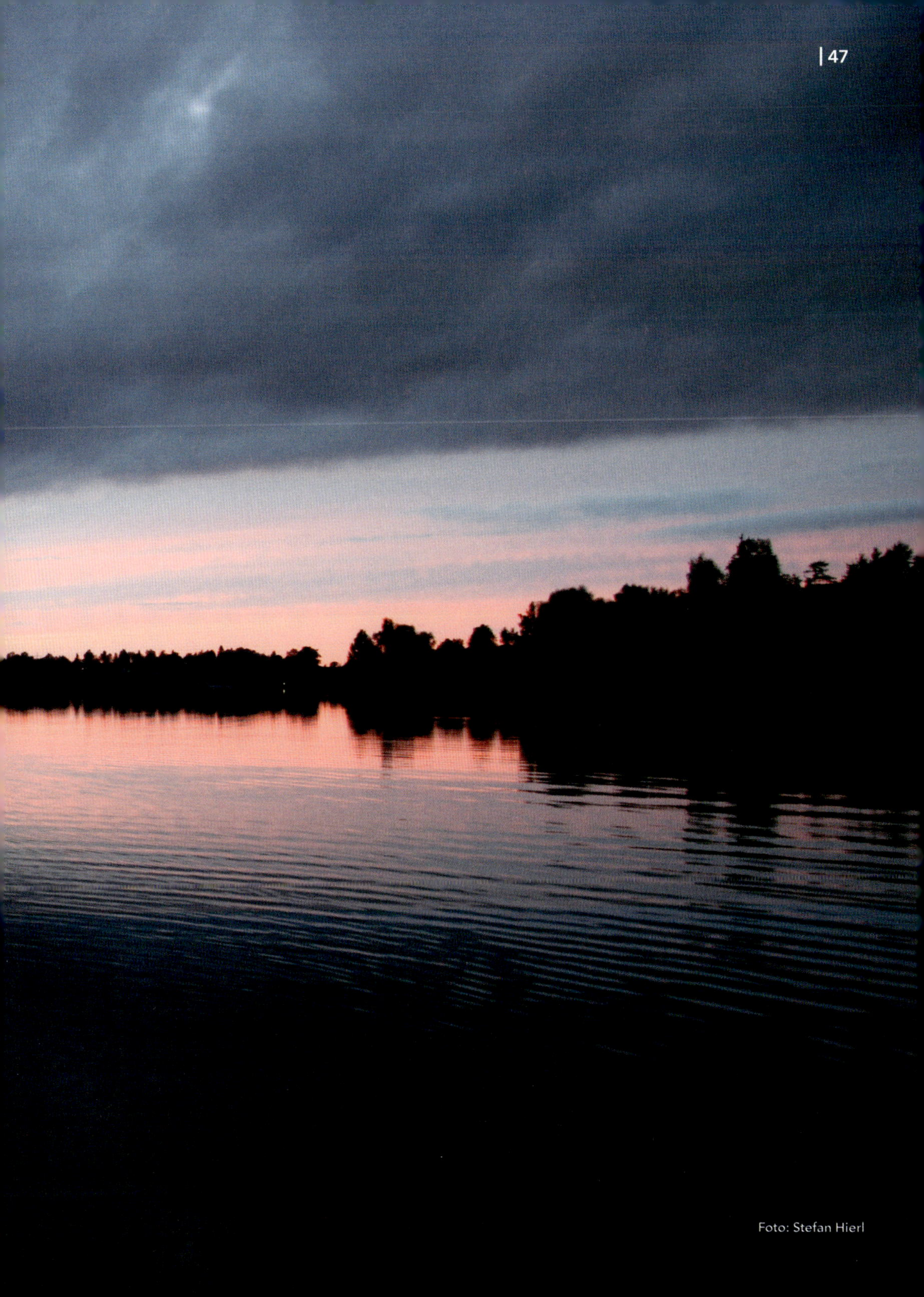

Foto: Stefan Hierl

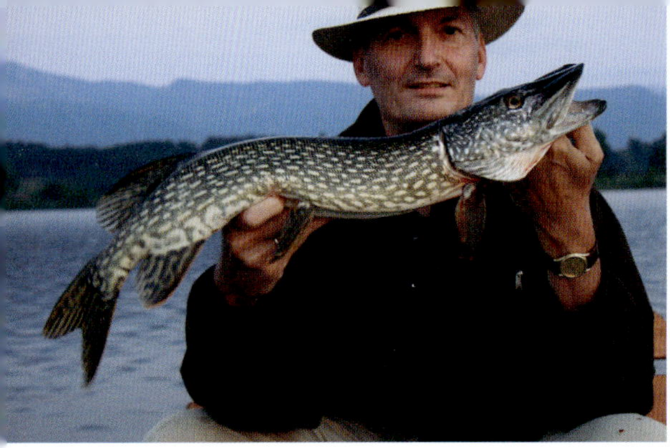

Schön gezeichneter Hecht
Foto: Stefan Hierl

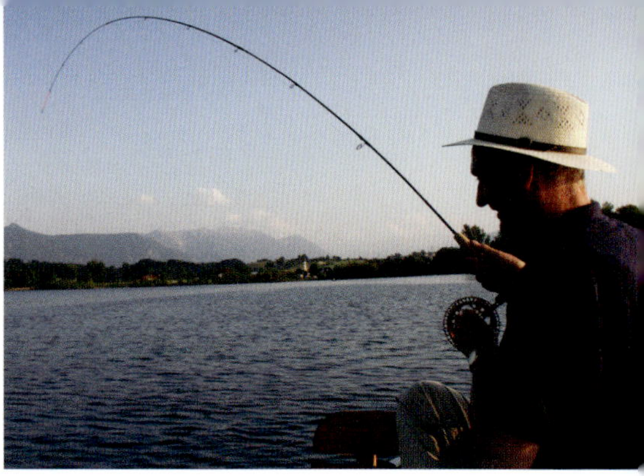

Im Renkendrill
Foto: Stefan Hierl

Nordöstlich von Murnau, im oberbayerischen Landkreis Garmisch-Partenkirchen, befindet sich der 3,3 Kilometer lange und 0,6 Kilometer breite Riegsee. Er liegt auf einer Höhe von 660 Metern und ist knapp 2 Quadratkilometer groß. Mit einer Tiefe von nur 15 Metern zählt er zu den flachsten Voralpenseen. Hauptfischarten sind Renke, Hecht und Barsch.

Der Sommer nähert sich schon seinem Ende, als Sebastian und ich unser Boot ins Wasser schieben. Der kühle Morgen kündet vom nahen Herbst, und noch einmal wollen wir unser Glück beim Renkenfang versuchen. Wir steuern die Stellen an, die uns im Frühjahr gute Fänge beschert haben. Aber heute können wir die Schwärme nicht finden. Gott sei Dank haben wir unsere Spinnruten an Bord. Zuerst fangen wir einige Barsche, und dann krönt ein schöner Hecht diesen Angeltag.

Am häufigsten wird im Riegsee den **Renken** nachgestellt. Im flachen und nährstoffreichen Wasser gedeihen diese besonders gut. Trotzdem ist es nicht einfach, konstante Erfolge auf die Coregonen vorzuweisen. Tage mit sehr guten Fängen wechseln mit Zeiten, in denen es sehr schwer ist, einen Silberling an den Haken zu bekommen. Aber stetige Mühe wird auch an diesem Voralpensee belohnt, und nicht selten kann ein glücklicher Angler den Fang einer Bodenrenke präsentieren. Fische mit 50, wenn nicht gar 60 Zentimetern sind nicht einmal so selten. Wenn man im Flachen ankert, wirft das Boot eventuell einen Schatten. Dann ist die **Methode des Hebens und Senkens** nicht so von Erfolg gekrönt. Da empfiehlt sich vielmehr der Einsatz einer **Überwasser-** oder **Unterwasserpose**.

Besonders gut eignet sich der Riegsee auch zum **Hechtfischen**. Genügend Futterfische sind ja vorhanden, und so wachsen die Räuber schnell ab. Zumeist wird das **Schleppfischen** praktiziert. Ein **frisch getöteter Weißfisch** am **Stockersystem** dürfte am erfolgversprechendsten sein. Aber auch ein **Gummifisch** oder **Wobbler** sollte seinen Abnehmer finden. Immer wieder passiert es, dass beim **Hegenenfischen** ein Esox eine Renke an der Angel attackiert. Und gar nicht so selten landet nach einem aufregenden Drill der Räuber dann auch im Boot!

Zander und **Welse** kommen ebenfalls im See vor. Sie sind jedoch etwas für die Spezialisten, die reichlich Angelerfahrung aufweisen können. Der **Karpfenbestand** im Riegsee ist als gut zu bezeichnen, und immer häufiger wird darauf gefischt.

Nicht zuletzt kommt der **Aalangler** am Riegsee auf seine Kosten. Zumeist wird in der Nähe des Bootshauses mit den Leihbooten auf die Schlängler gefischt. Während der Sommerzeit darf man bis 1 Uhr nachts sein Glück versuchen, in der übrigen Zeit bis Mitternacht.

Der Riegsee weist einen sehr guten **Barschbestand** auf. Sie finden genügend Kleinfische und wachsen entsprechend gut ab. Man kann mit dem **Twister** sein Glück versuchen oder es so machen wie der einheimische Topspezialist Stefan: Er verwendet Kleinbarsche und montiert sie auf ein **Planseesystem**. Nun zupft er vor Seerosenfeldern oder an Untiefen. Und nicht selten kann er einen Stachligen über 40 Zentimeter vorweisen.

Bei der geringen Wassertiefe erwärmt sich der See schnell. Das bewirkt, dass man schon im Frühjahr mit einer guten Fischerei rechnen kann. Nicht nur auf Raubfische, sondern auch auf Karpfen, Schleien und Aale. Zu erwähnen wäre noch, dass es sich beim Riegsee um den größten bayerischen See ohne oberirdischen Zu- oder Abfluss handelt. Er wird nur durch starke Unterwasserquellen gespeist.

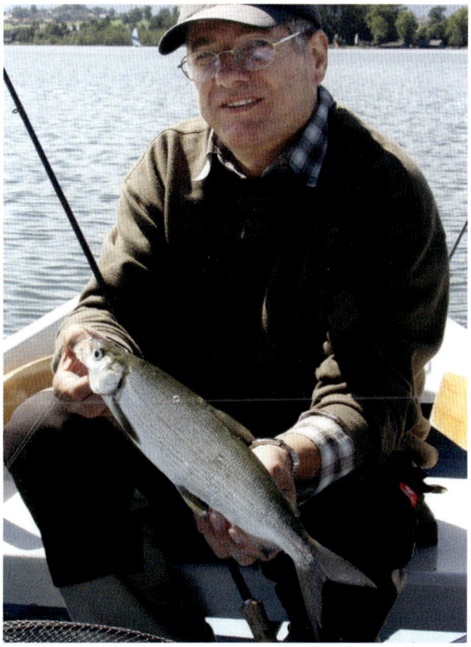

Der Riegsee – ein gutes Renkenrevier
Foto: Stefan Hierl

ANGELINFORMATIONEN

Saison: 1. März bis 30. November

Lizenzen: 12 €/Tag, 8 €/Halbtageskarte (gültig ab 16 Uhr), 260 €/Jahr (130 € für Jugendliche)

Ausgabestellen:

Kartenautomat Neu-Egling (Automat kann nicht wechseln oder Scheine annehmen)

Angel-Zoo Rösch, Grüngasse 12, D-82418 Murnau, Tel.: 049(0)8841/5302

Angelgeräte Egner, Hauptstr. 17, D-82386 Huglfing, Tel.: 0049(0)8802/1332

Leihboote: können per Automat entliehen werden

Mindestmaße: die in Bayern gültigen; abweichendes Schonmaß beim Hecht: 60 cm

Entnahme: insgesamt 6 Stück pro Tag von folgenden Fischarten: Aal, Hecht, Karpfen, Renke, Schleie und Zander; davon dürfen maximal 2 Hechte oder Zander sein; pro Jahr nicht mehr als 30 Aale, 30 Hechte oder Zander und 100 Renken

Schonzeiten: die in Bayern gültigen; abweichende Schonzeit beim Zander: 15. März bis 15. Mai

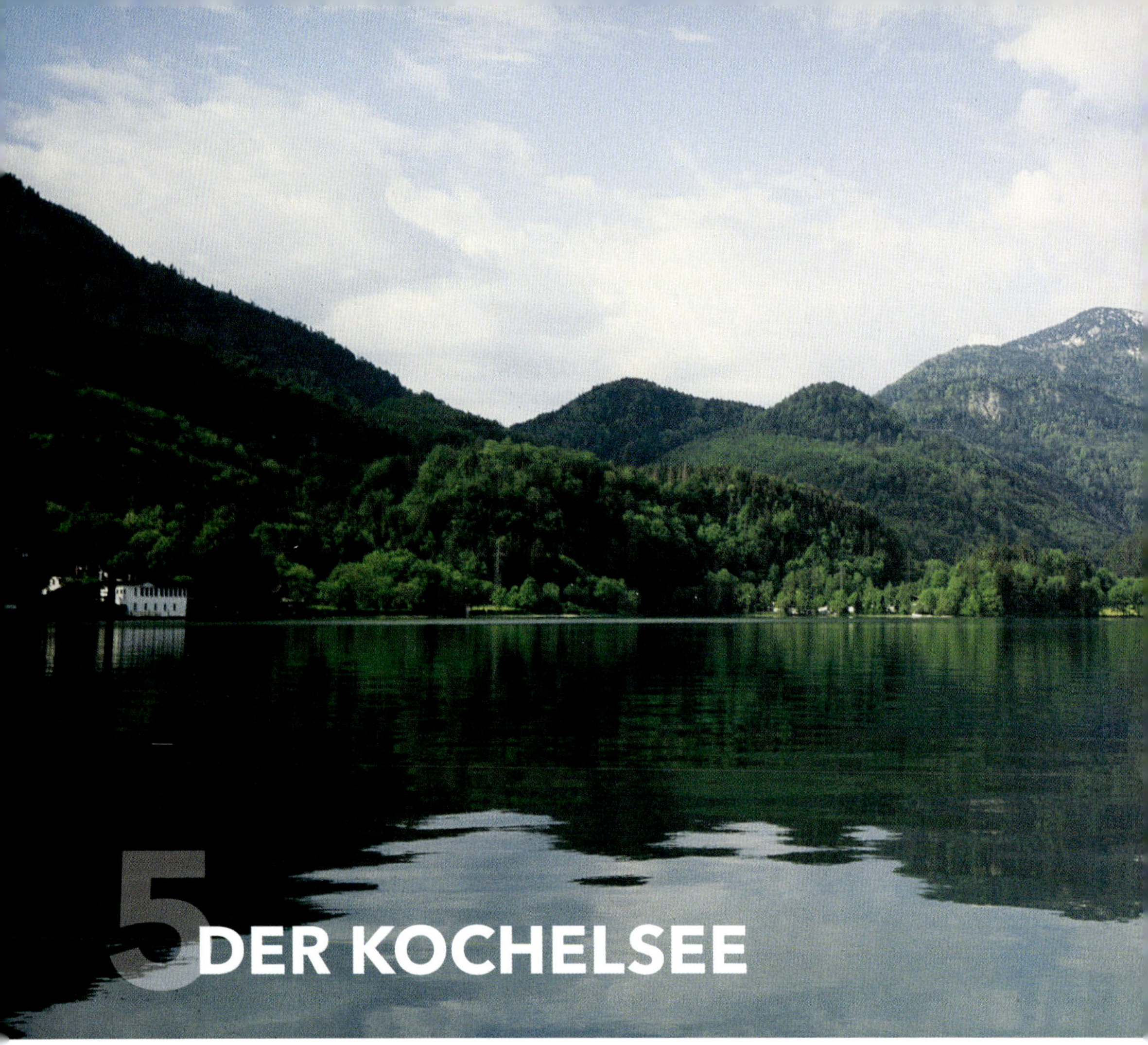

5 DER KOCHELSEE

Rund 70 Kilometer südlich von München befindet sich der 3,5 Kilometer lange und 3,4 Kilometer breite Kochelsee. Er liegt auf einer Seehöhe von 600 Metern, und seine Fläche beträgt 5,9 Quadratkilometer. Die maximale Tiefe liegt bei 66 Metern. Hauptfischarten sind Renke, Hecht und Barsch.

Als ich sehr früh am Morgen das Haus verlasse, weht kein Lüftchen. Aber je näher ich meinem Ziel komme, desto stärker wird der Wind. Im ersten Tageslicht treffe ich am Bootshaus den Berufsfischer Kneidl. Er macht ein besorgtes Gesicht – die Wetteraussichten sind alles andere als günstig. Eine Schlechtwetterfront ist im Anmarsch, und der Wind soll im Tagesverlauf gar Sturmstärke erreichen. Meine Fangchancen schätzt er als äußerst niedrig ein. Es ist nicht einfach, ein einigermaßen geschütztes Plätzchen zu finden, aber in fünf Metern Tiefe verankere ich das Boot. Und siehe da, gleich beim ersten Anheben meiner Hegenenmontage erfolgt ein Biss. Es ist eine Renke, und die erlaubte Zahl von vier Fischen kann ich in-

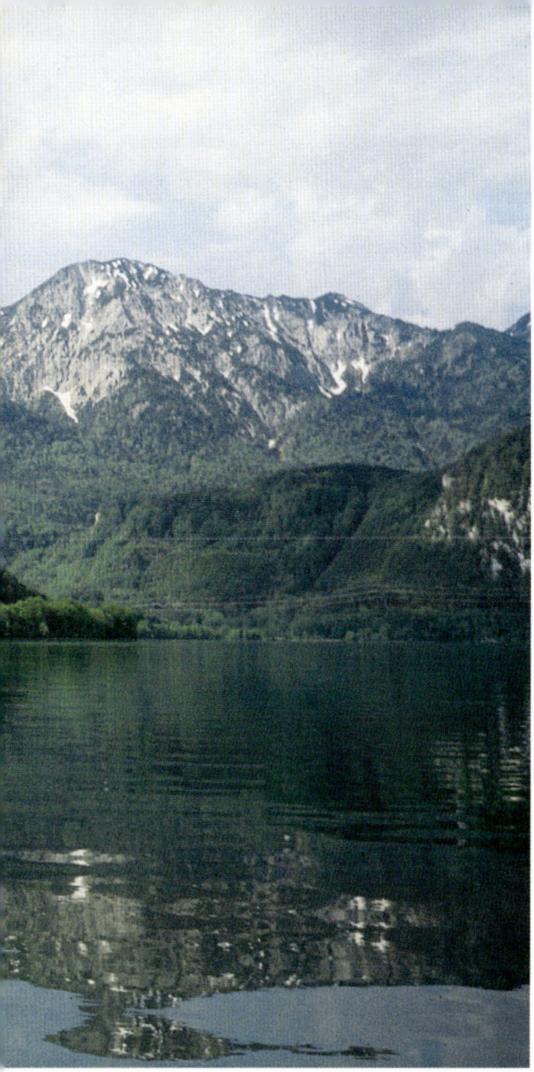

nerhalb einer Stunde fangen. Gerne hätte ich mich noch den Barschen zugewandt, doch in Anbetracht der Wetteraussichten beende ich diesen kurzen Angeltag doch lieber schnell.

Was den Kochelsee so einzigartig macht, ist die Kombination aus Alpensee und Flachlandgewässer. Der südliche Teil grenzt an imposante Berge und weist steil abfallende Ufer auf. Dort liegt vor allem das Revier der **Seeforellen**. Doch wie überall ist der Fang dieser heimlichen Räuberin nicht einfach, und wenn wir eine Maßige in Händen halten, dann darf dies schon mit roter Tinte ins Fangbuch eingetragen werden ...

Auch für große **Hechte** ist dieser See bekannt. Und so mancher Fang kommt recht kurios zustande. So wie einer von Christian Sebald. Er fischte mit der **Hegene**, aber die Renke, die an seiner Angel hing, schnappte sich ein

Still ruht der See (links)

Gut, wenn man so einen Papa hat. (unten links)

Diese Renken waren sehr schlank (unten rechts)

Fotos: Bernd Taller

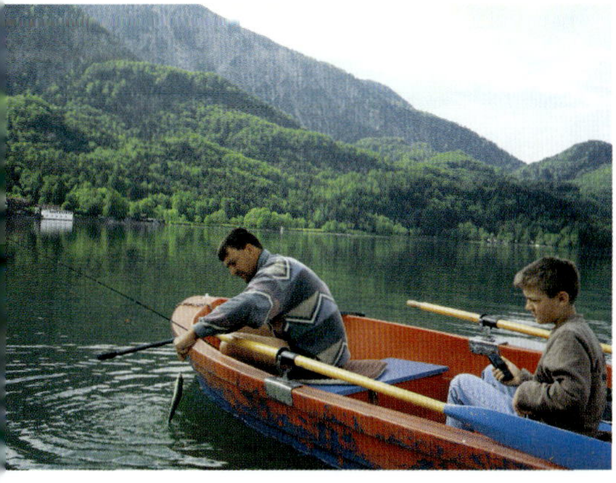

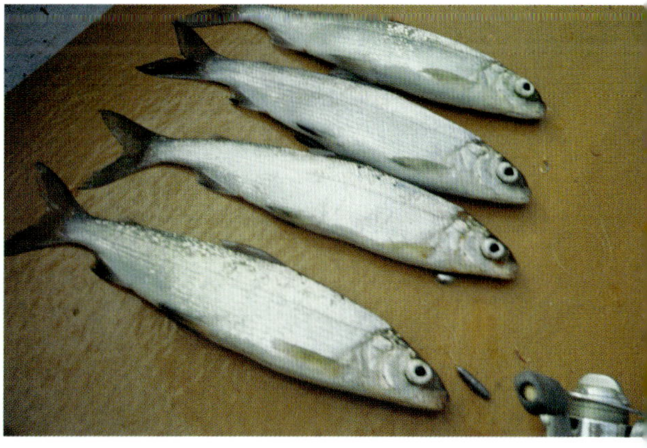

10 Kilogramm schwerer **Esox**. Und der gab sich erst nach eineinhalb Stunden geschlagen. Das muss ein toller Drill am 20er Vorfach gewesen sein! Da jeglicher Einsatz von Köderfischen verboten ist, hier noch ein kleiner Insidertipp: Um gezielt Hechte zu überlisten, sollte ein **Tauwurmbündel** an der **Posen-** oder **Grundmontage** angeboten werden.

Im Kochelsee kommen auch **Zander** vor, sie werden jedoch wenig beangelt. Genauso wie die **Quappe**. Wenn die Loisach nach Starkregen jede Menge Nahrung in den See spült, bringt das natürlich die marmorierten Räuber auf den Plan. Das wäre in jedem Fall einen Versuch wert.

Der nördliche Seeteil trägt ein ganz anderes Gesicht. Ausgedehnte Flachwasserzonen mit Bäumen, Büschen, Schilfgürteln und Seerosenfeldern – Idylle pur! Hier darf man mit Friedfischen wie **Rotaugen**, **Brassen**, **Karpfen** und **Schleien** rechnen. Natürlich nutzen auch **Hechte** und **Barsche** dieses Revier zur Nahrungssuche.

Wer gezielt auf **Schleie** und **Karpfen** fischen möchte, dem sei der Einlauf der Loisach empfohlen. In diesem Gebiet haben sich kleine Altwasser gebildet. Zum Uferangeln kann auch der Bereich um das Hotel „Grauer Bär" genutzt werden. Da die **Renke** in Schwärmen umherzieht, kann sie an diversen Stellen im See angetroffen werden. Die Region rund um das Strandbad „Trimini" sollte jedoch immer im Auge behalten werden.

Ein Frühlingstag wie aus dem Bilderbuch Foto: Bernd Taller

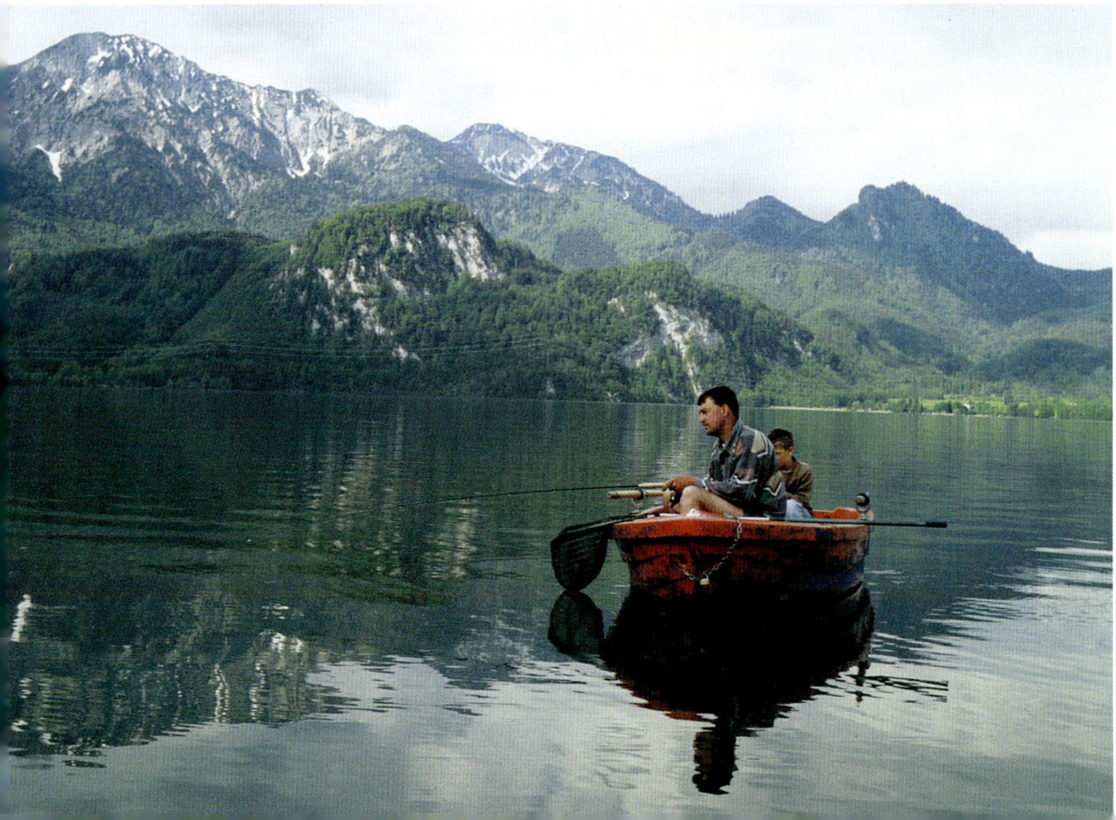

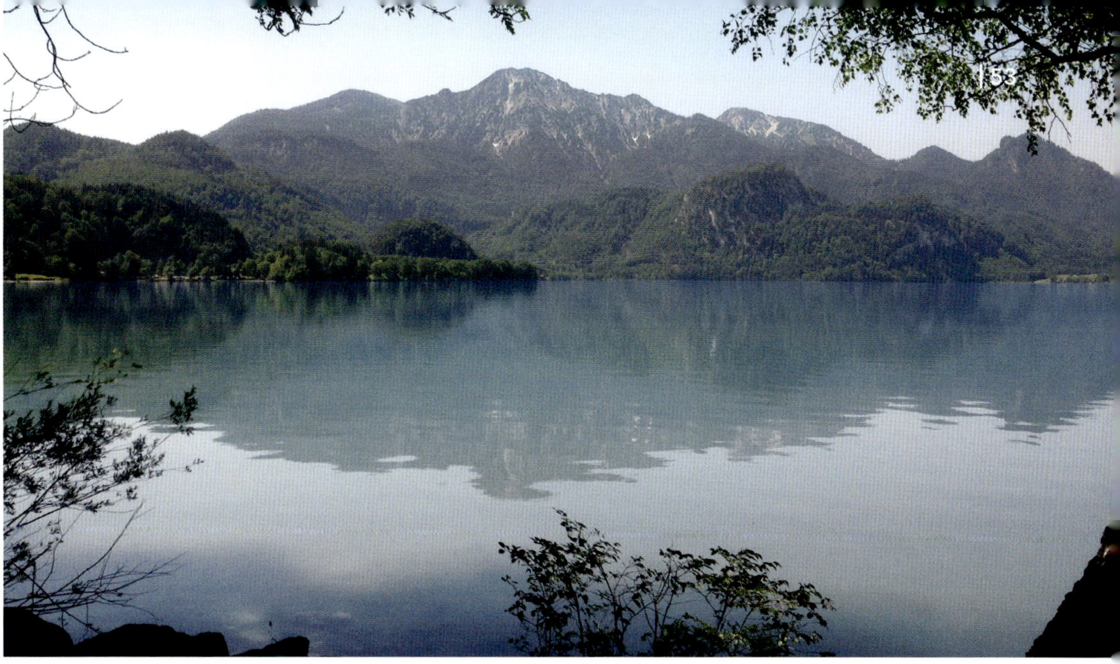

Verträumter Blick auf den Kochelsee Foto: Veronika Holz

ANGELINFORMATIONEN

Saison: 1. Mai bis 30. September

Lizenzen: 11 €/Tag, 25 €/Woche, 38 €/Zweiwochenkarte, 50 €/ Dreiwochenkarte, 65 €/Monatskarte , 180 €/Jahreskarte

Ausgabestellen:

Touristeninformation, Kalmbachstr. 11, D-82431 Kochel, Tel.: 0049(0)8851/338

Campingplatz Renken, Mittenwalderstr. 106, D-82431 Kochel, Tel.: 0049(0)8851/615505

Fischermeister Schretter, Seestr. 20, D-82444 Schlehdorf, Tel.: 0049(0)8851/1345

Lorenz Schnieringer, Seestr. 14, D-82444 Schlehdorf, Tel.: 0049(0)8851/369

Fam. Perkmann, Campingplatz Kesselberg, Altjoch 2, D-82431 Kochel, Tel.: 0049(0)8851/464

Leihboote: Fam. Perkmann, Campingplatz Kesselberg, Altjoch 2, D-82431 Kochel, Tel.: 0049(0)8851/464

Mindestmaße: Renke 28 cm, Saibling 25 cm, Seeforelle 60 cm, Aal 40 cm, Zander 55 cm, Hecht 60 cm, Karpfen 35 cm, Schleie 26 cm, Bach- und Regenbogenforelle 30 cm, Äsche 35 cm, Huchen 75 cm

Entnahme: 4 Edelfische (Renken, Forellen, Saiblinge, Äschen und Hechte) pro Tag

Schonzeiten: die in Bayern gültigen

Besonderheiten: Angeln nur von 6.00 Uhr bis 20.00 Uhr, Bootsangeln von Montag bis Donnerstag von 5.00 Uhr bis 14.00 Uhr, Freitag bis Sonntag (und an Feiertagen) 6.00 Uhr bis 20.00 Uhr; Schleppangeln und Blinkern vom Boot aus verboten; Spinnfischen vom Ufer aus nur auf der Strecke Seehof bis Felsenkeller erlaubt; Köderfische jeglicher Art sind verboten; zwei Ruten mit je einer Nymphe oder eine Rute mit zwei Nymphen

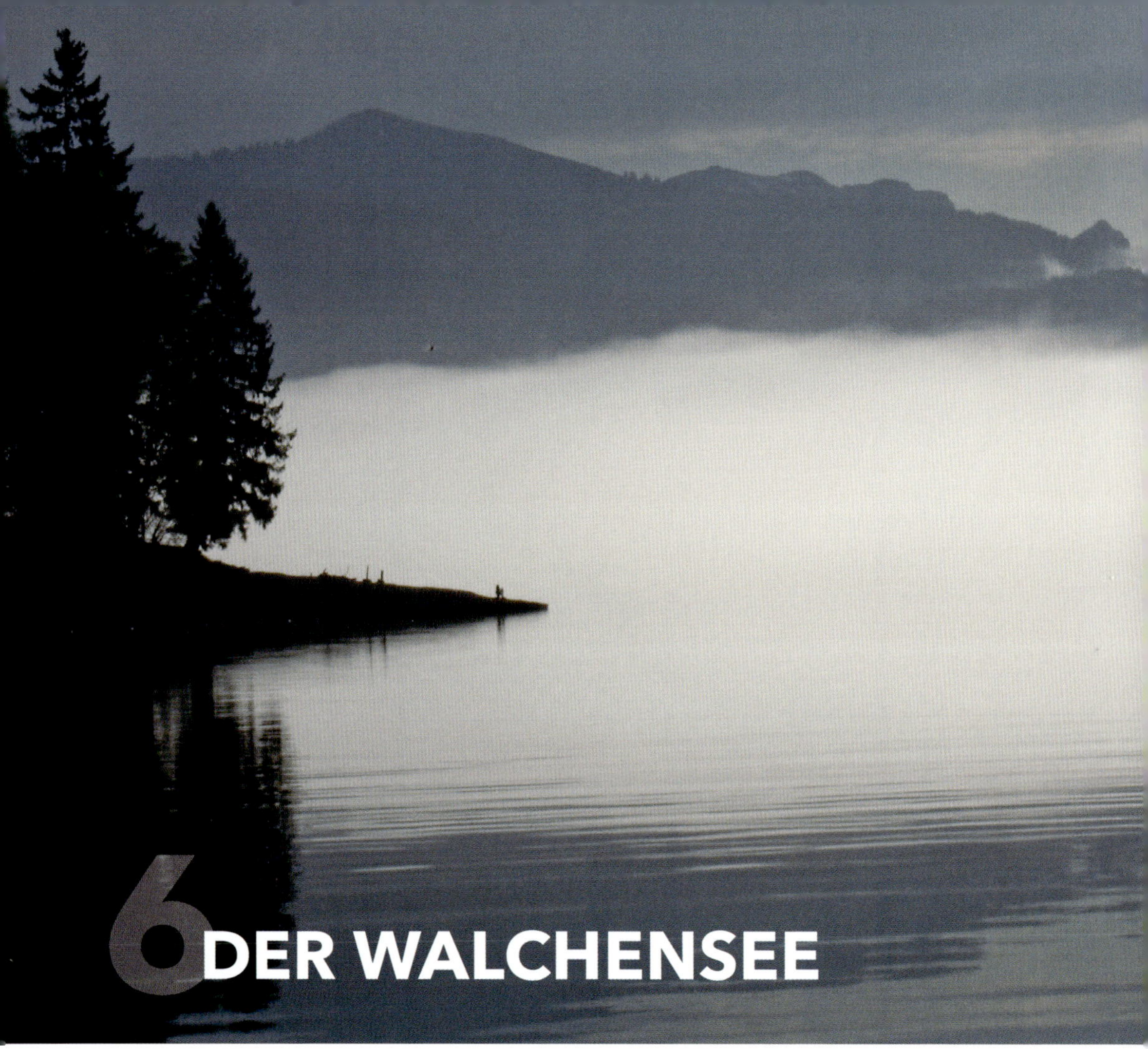

6 DER WALCHENSEE

Auf 800 Metern Seehöhe, 75 Kilometer südlich von München, befindet sich der 6,7 Kilometer lange und 4,9 Kilometer breite Walchensee. Bei einer Fläche von 16,2 Quadratkilometern beträgt seine tiefste Stelle 192 Meter. Hauptfischarten sind Renke, Seesaibling und Seeforelle.

Anfang März stehe ich am Ufer von Deutschlands tiefstem Alpensee. Ein heftiger Ostwind treibt mir Schneeflocken ins Gesicht. Es ist bitterkalt, aber die Aussicht, dass eine Seeforelle meinen Köder attackieren können, lässt mich stundenlang durchhalten. Doch an diesem ungemütlichen Tag ist mir keine Audienz mit einer „Seekönigin" vergönnt. Schließlich siegt die Vorfreude auf einen heißen Tee am Kaminfeuer über die Angelleidenschaft …

Zu Saisonbeginn sind die **Uferangler** noch klar im Vorteil. Im jetzt nahrungsarmen See suchen die Fische den Randbereich nach Insektenlarven und Kleinfischen ab. Auch der Ansitz mit der **Hegene** kann so manche

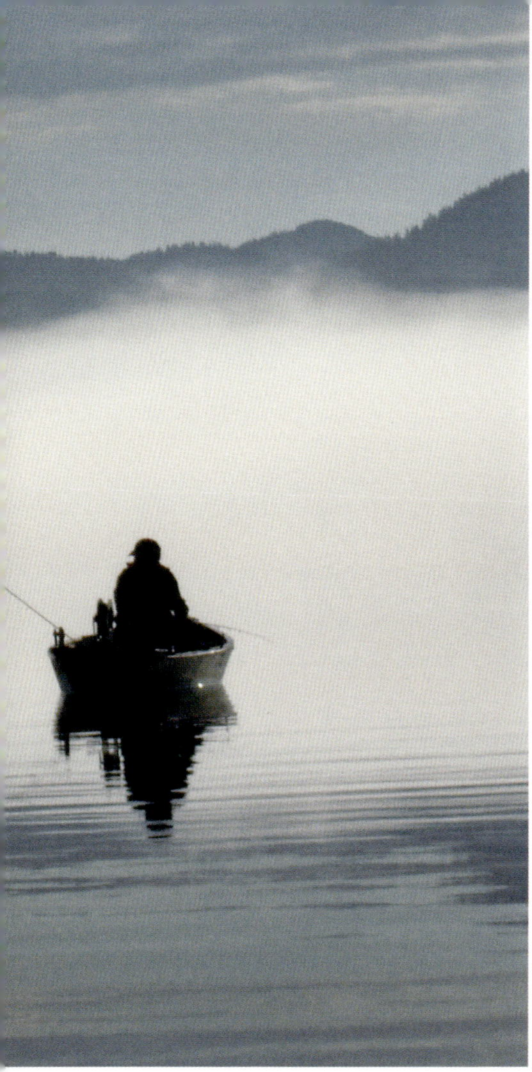

Renke und gelegentlich sogar einen **Seesaibling** bringen. Am Abend leuchten die Stirnlampen der **Ruttenfischer**. Jetzt ist ihre hohe Zeit, denn die **Quappe** ist besonders bei kaltem Wasser aktiv.

Spätestens ab Mai verändert sich die Angelsituation. Nun wird im Allgemeinen das Bootsfischen bevorzugt. Die **Schlepper** versuchen ihr Glück auf **Hecht**, **Seesaibling** und **Seeforelle**. Und die **Hegenenangler** ankern über Stellen, wo immer wieder Schwärme von **Seesaiblingen** und **Renken** vorüberziehen. Die Fangtiefe liegt dann oftmals nur bei 10 Metern, und wer eine **Pose** montiert hat, sollte sogar in den noch flacheren Bereich auswerfen. Oftmals bringt dies die gewichtigste Beute!

Auch der Hochsommer ist am Walchensee ein Erlebnis. Nun sollte man den kühlen Morgen nutzen, bevor bei schönem Wetter

Noch zieht der Nebel über den See ... (links)
Foto: Bernd Taller

48 cm – ihre erste große Renke (unten links)
Foto: Josef Niedermeier

Einsame Uferangler (unten rechts)
Foto: Bernd Taller

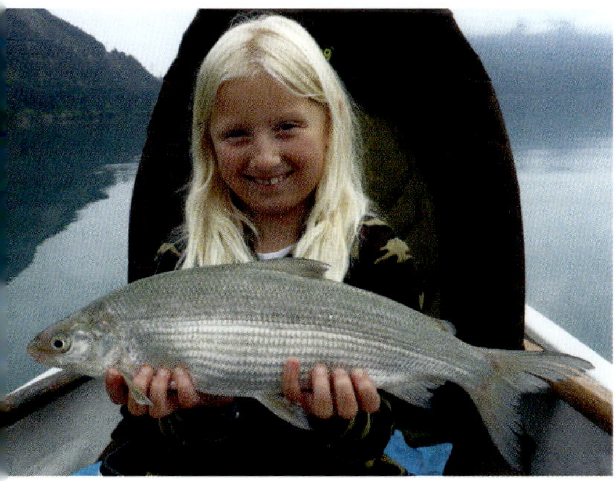

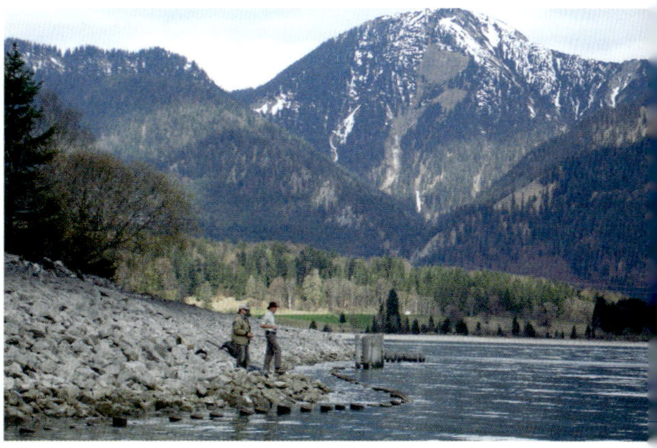

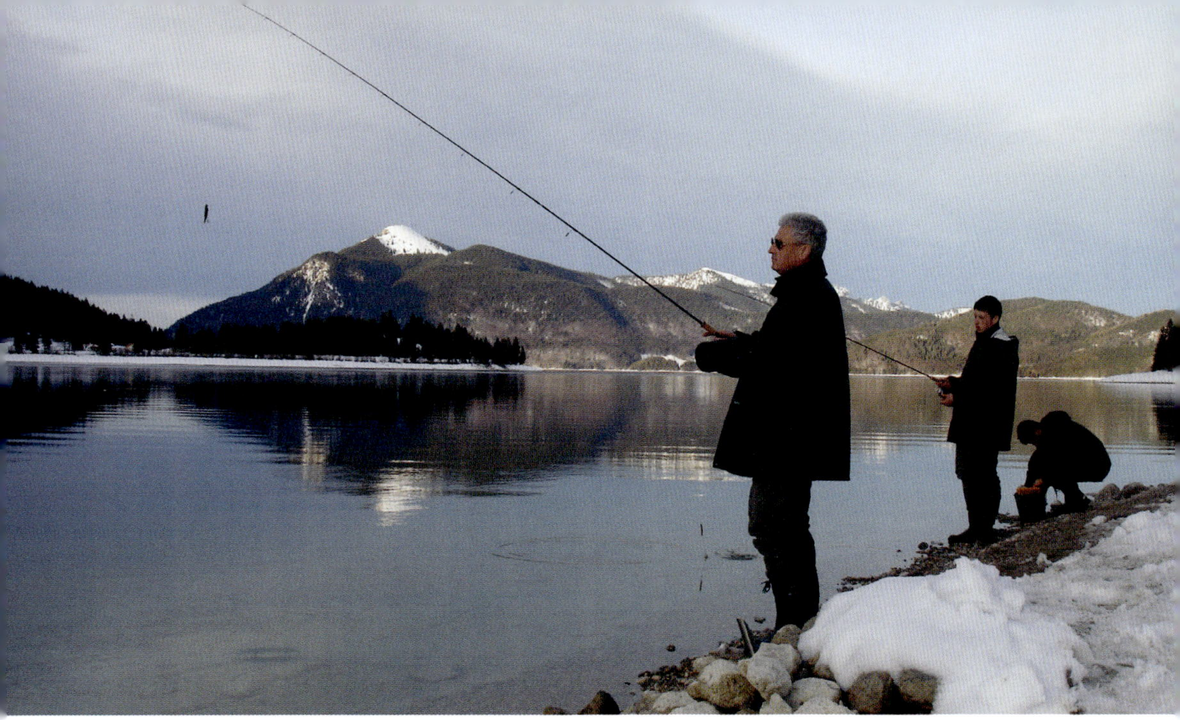

Wenn der Vater mit den Söhnen ... Foto: Bernd Taller

gegen 11 Uhr ein starker Wind die Surfer glücklich, die Angler hingegen unglücklich macht. Am Abend, wenn sich gegen 18 Uhr wieder alles beruhigt hat, kann man nochmals zum **Renkenfischen** hinausrudern. An der Klösterl- oder Margaretenspitze, in einer Tiefe von 12 bis 15 Metern, da sollte man schon auf die Coregonen treffen.

Auch zum **Hechtfischen** ist nun eine gute Zeit. Vom Ufer aus, z. B. an der Südseite, kann man mit Erfolgen rechnen. Und da die Walchenseehechte schnell abwachsen, sind bis zu 10 Kilogramm schwere Exemplare immer drin!

Im September lohnt sich auch ein Besuch im Oberland. Mit den ersten Nachtfrösten beginnen sich die Laubbäume zu verfärben und bilden einen herrlichen Kontrast zu Tannen und Fichten. Die Chance auf eine **Seeforelle** steigt wieder, am besten beim **Schleppen** mit einem **Wobbler**, **Gummifisch** oder einem **Köderfisch** am **Stockersystem**. In jeder Saison werden Seeköniginnen mit 7 Kilogramm und mehr erbeutet. In den Buchten sind die Chancen der **Hegenenangler** weiterhin gut. Größe 14 oder 16 sollten die Haken haben, und die klassischen Farben Schwarz, Rot und Violett sollten Erfolge bringen.

Seit einigen Jahren hat sich ein starker **Barschbestand** etabliert. Im Kleinfischstadium dienen sie den **Saiblingen** und **Seeforellen** als exzellente Nahrung, im fortgeschrittenen Alter sind sie dann eine begehrte Beute der Ufer- wie Bootsangler.

Grundsätzlich ist das **Bootsfischen** am Walchensee die gängige Methode. Leihboote sind in einer Vielzahl vorhanden und relativ preisgünstig. Aber auch der Uferangler hat die gesamte Saison über gute Fangchancen beim **Blinkern**, besonders aber mit der **Hegene**.

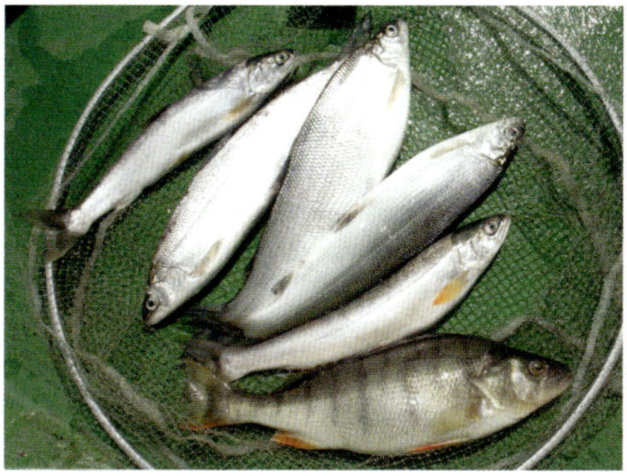

Bunte Beute – Renke, Saibling, Barsch
Foto: Bernd Taller

Die Einsiedelbucht ist hierfür vornehmlich zu empfehlen, aber auch in Urfeld und am Ostufer lohnt sich ein Versuch.

Der Walchensee ist etwas ganz Besonderes. Ein mystischer Ort, der seit jeher Maler und Schriftsteller angezogen hat. Der weltberühmte Lovis Corinth besaß ein kleines Haus hoch über Urfeld und malte dort wie besessen den See, der ihn so faszinierte.

ANGELINFORMATIONEN

Saison: 1. März bis 30. September

Lizenzen: 10 €/Tag, 38 €/Woche, 130 €/Monat, 250 €/Jahr (Jugendliche 60 €)

Ausgabestellen:

Helene Edlinger, Seestr. 15, D-82432 Walchensee, Tel.: 0049(0)8858/422

Karl Asenstorfer, Urfeld 27, D-82432 Urfeld, Tel.: 0049(0)8851/363

Angelgeschäft „Zum Isarfischer", Michael Sonnleitner, Lenggrieser Str. 24, D-83646 Bad Tölz, Tel.: 0049(0)8041/7979075

Leihboote: Helene Edlinger s. o.; Karl Asenstorfer s. o.

Mindestmaße: Renke 30 cm, Seesaibing 26 cm, Forellen jeglicher Art 60 cm

Entnahme: 5 Renken und 10 Seesaiblinge pro Tag

Schonzeiten: keine

Besonderheiten: Das Benutzen eines Echolots ist erlaubt.

Welch herrliche Seeforelle zur Saisoneröffnung! Foto: Josef Niedermeier

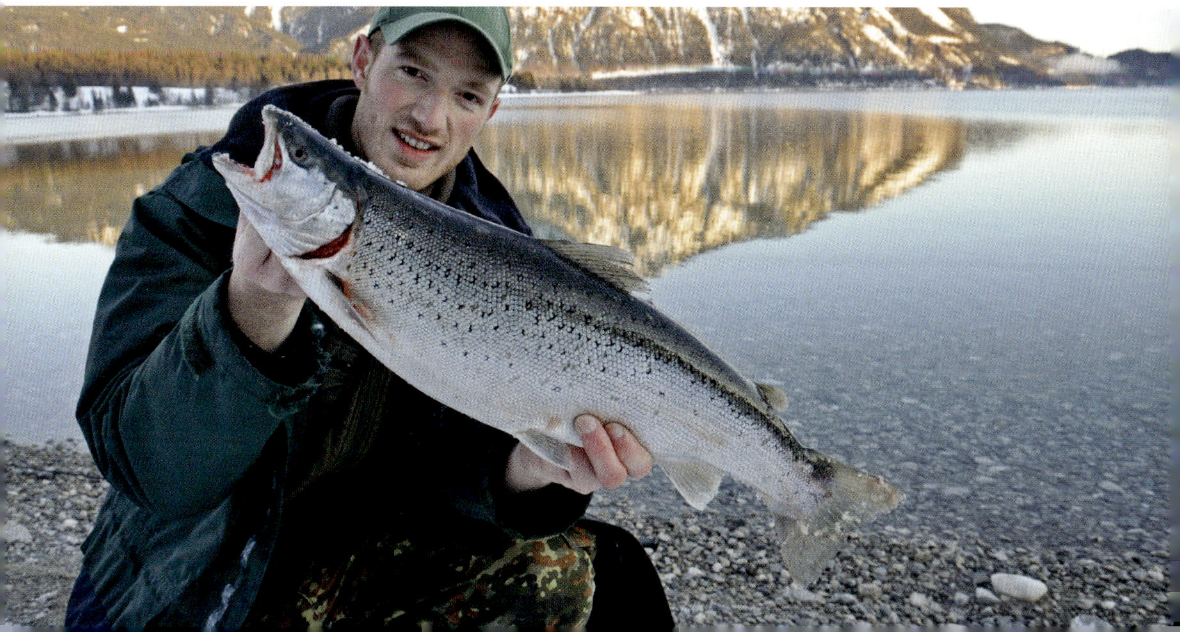

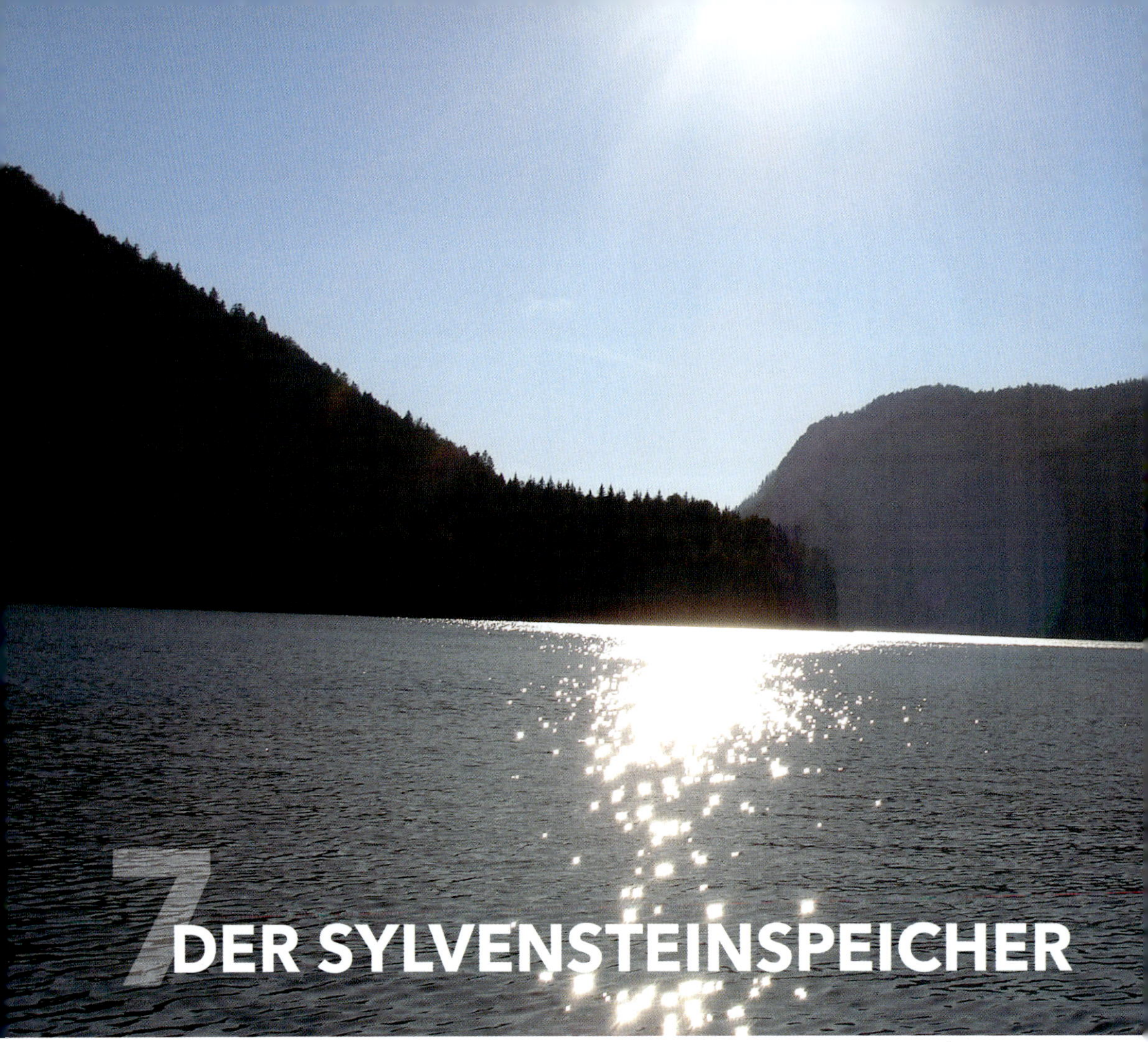

7 DER SYLVENSTEINSPEICHER

Auf einer Seehöhe von 767 Metern befindet sich dieser Stausee. Er liegt 12 Kilometer südlich der Gemeinde Lenggries. Der Sylvensteinspeicher ist 7 Kilometer lang und 2 Kilometer breit und weist eine Fläche von 3,9 Quadratkilometern auf. Hauptfischarten sind Forelle, Hecht und Renke.

Überraschend schnell ist wieder einmal eine Angelsaison vergangen. Und bevor Ende September der Vorhang fällt, möchte ich noch einmal „Sylvi", wie ich den Speichersee liebevoll nenne, meine Aufwartung machen. Die Laubbäume beginnen sich bereits zu verfärbern, aber die Herbstsonne wärmt die Luft noch einmal kräftig auf. Andreas rudert unser Boot, und ich habe nichts zu tun als gemütlich in die Landschaft zu schauen. Meine Rute steckt sicher in der Halterung, und der gelbgrüne Wobbler läuft ruhig und gleichmäßig. Zu erkennen ist es an der sanft wippenden Rutenspitze. Doch nach etwa zwei Stunden wird meine Angel jäh nach hinten gerissen. Eine Regenbogenforelle hat den Köder vehement genommen und kämpft nun temperamentvoll. Ein letzter Sprung, dann nimmt sie der Kescher sicher auf!

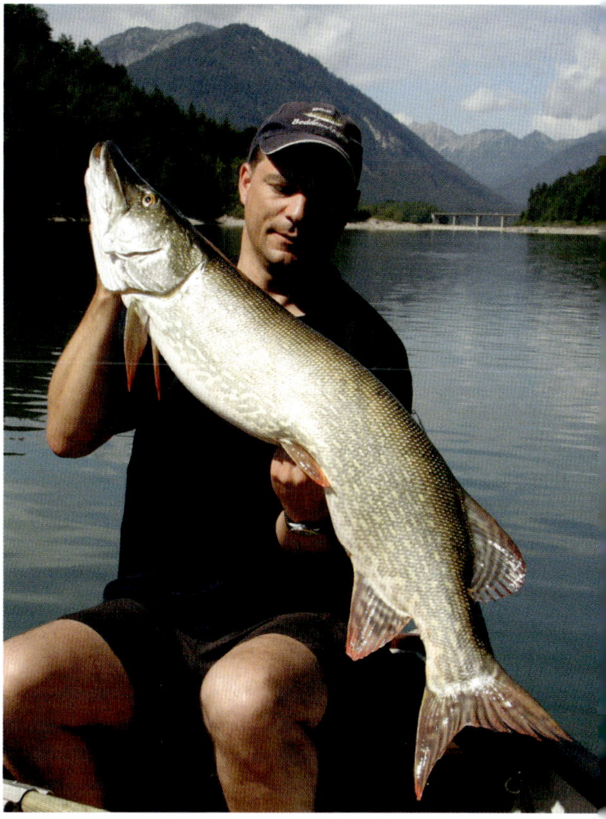

Kapitaler Hecht (oben)
Foto: Dori Baumgartner

Im Glanz der Sonne (links)
Foto: Bernd Taller

An den Sylvensteinspeicher verirren sich nur sehr wenige Angler. Gelegentlich ist ein Einheimischer mit seinem Boot auf Schlepptour, noch seltener ein Uferangler. Dabei bietet der Sylvenstein doch alles, was das Herz des Alpinanglers erfreut: eine herrliche Lage zu Füßen imposanter Berge, sehr sauberes, klares Wasser und einen hervorragenden Fischbestand.

Für die **Uferangler** ist die Walchenbucht wie geschaffen. Aus Österreich kommend bringt dieser Fluss immer wieder angetrübtes Wasser, trotzdem lassen sich hier wahre Sternstunden erleben. Mit der **Hegene** sollte immer ein Fang gelingen – **Weißfische**, besonders **Rotaugen**, die bis zu 50 Zentimeter lang sein können, vor allem aber **Renken**.

Selbst **Seeforellen** gehen hier gerne auf die Hegene, deshalb sollte die Schnur nicht unter 0,18 mm liegen. Und wenn ein **Barschrudel** vorbeizieht, wird auch da so manche stachlige Überraschung gelingen. Die Hegenehaken sollten in Größe 12 und 14 gewählt werden, die Farben eher auffällig, z. B. rot glitzernd oder multicolor.

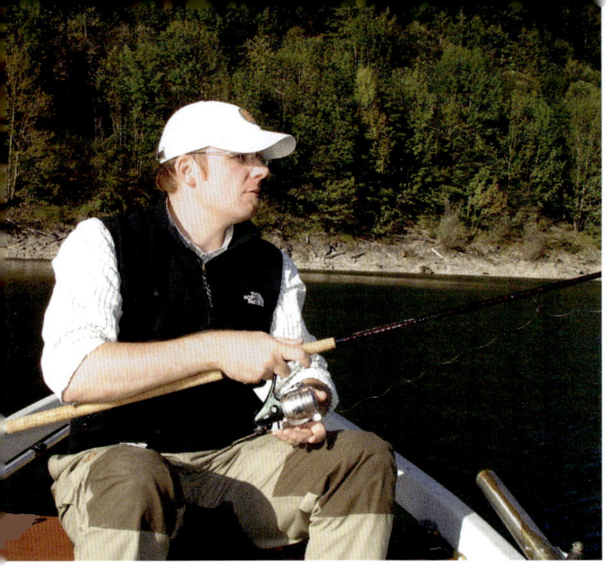

Konzentration ist alles
Foto: Bernd Taller

Natürlich lässt es sich in der Walchenbucht auch vortrefflich **blinkern**, und **Hechte** sowie **Regenbogen-** und **Seeforellen** können die Beute sein. Am Abend, wenn sich der Wind gelegt hat, kommen die Forellen zur Oberfläche. Wohl dem, der eine **Fliegenrute** mit sich führt! Mit einer **Trockenfliege (Sedge, Rehhaar oder CDC)** gelingt oftmals ein guter Fang.

Sehr markant ist ja die hoch über den See ragende Autobrücke. In der Nähe der Parkbucht führen Treppen zum Wasser, und dieser Bereich kann durchaus zum **Raubfischangeln** empfohlen werden. Spezialisten versuchen ihr Glück auf **Zander** (mit **totem Köderfisch** oder **Spinngerät**), und nicht selten packt dabei ein respektabler **Barsch** zu.

Da es am gesamten See derzeit keine Leihboote gibt, ist es ratsam, das eigene Wassergefährt mitzubringen. Am Wohnmobilparkplatz führt ein Forstweg zu einer betonierten Slipstelle. Danach muss das Auto allerdings

... wenn sich Berg und Wald im Wasser spiegeln ... Foto: Bernd Taller

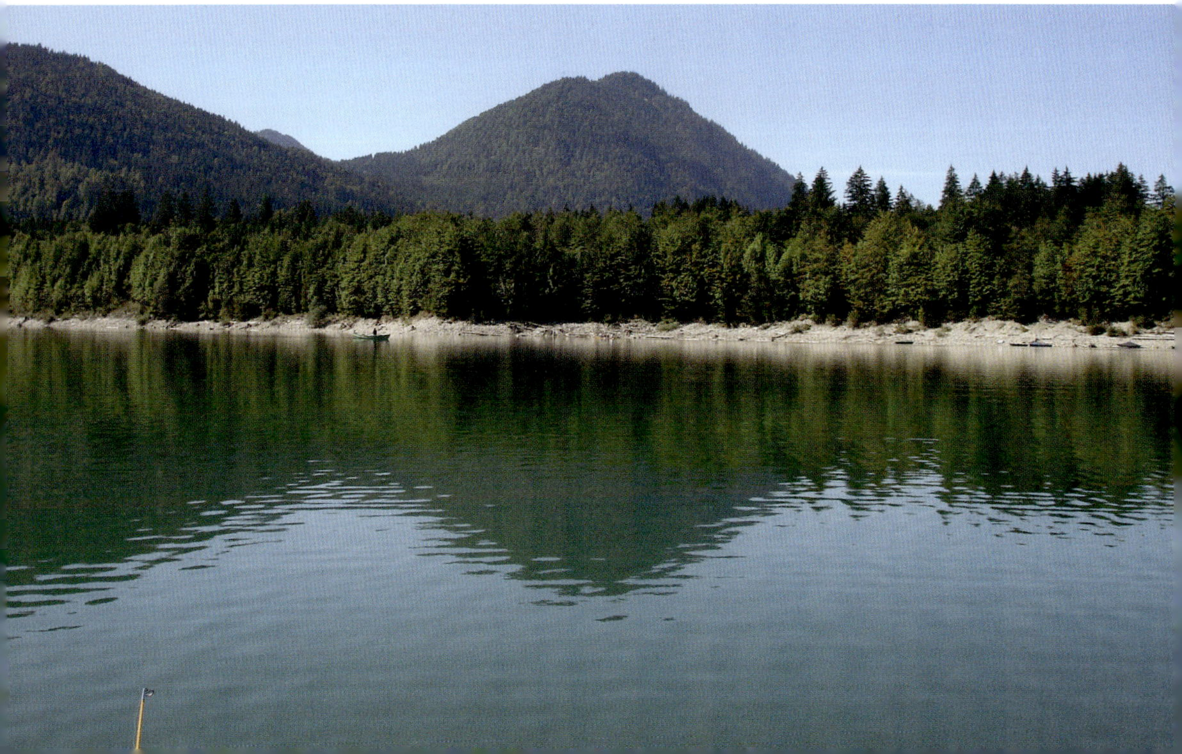

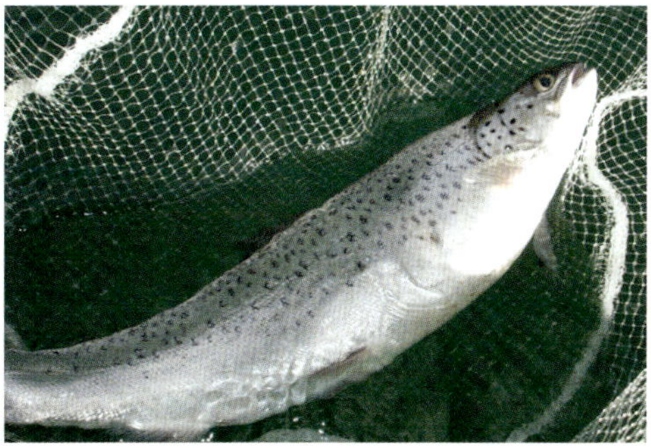

Diese Forelle darf wieder schwimmen.
Foto: Bernd Taller

wieder nach oben auf den offiziellen Parkplatz gebracht werden. Nun kann nach Herzenslust **geschleppt** werden – auf **Forellen** mit dem **Wobbler** und natürlich auf **Hecht**. Bei dem ausgezeichneten Bestand an Salmoniden findet Meister Esox natürlich einen reich gedeckten Tisch und wächst zu kapitalen Exemplaren heran. Ein **Gummifisch am Stockersystem** oder ein **Castaic**, so mancher konnte am Sylvensteinspeicher schon seinen Traumhecht landen.

Sehr schön ist es, zur Dürrachbucht zu rudern. Dieser Bach bringt zumeist klares Wasser, und nicht selten lassen sich wahrhaft kapitale Schuppenträger beobachten. Landschaftlich ist diese Bucht ein Traum, fjordhaft wirkend und mit herrlichen Kiesbänken ausgestattet. **Hechte**, **Zander** und **Barsche** sind hier zu finden, natürlich auch **Forellen**, und selbst **Seesaiblinge** lassen sich in der vom Bacheinlauf ausgespülten Rinne erbeuten. Allerdings ist Achtung geboten – eine Vielzahl alter Baumstümpfe bildet ein wahres Blinkergrab!

Als dritte Bucht verbleibt noch der Einlaufbereich der Isar. In dem flachen Wasser lassen sich immer wieder kapitale **Forellen** sichten – natürlich reagieren sie bei unbedachter Annäherung sehr scheu. Auch hier ist die **Hegene** universell einsetzbar. Vom Boot aus wird sie per Unterwasserpose an 5–6 Meter tiefen Stellen ausgeworfen. Aber auch der Uferangler darf mit dieser Montage auf Erfolg hoffen. Beim **Spinnfischen** darf man besonders mit **Hechten** rechnen, aber wer fein montiert hat, z. B. einen **silbernen Mepps 2 oder 3**, wird eventuell mit dem Anbiss einer Forelle belohnt.

An der Isarbucht kommen auch die Friedfischangler auf ihre Kosten. Auf **Wurm** lassen sich sehr schöne **Karpfen-** und **Schleienfänge** erzielen. Nur sehr wenige versuchen es, denn fast alles dreht sich am Sylvensteinspeicher um die Salmoniden oder Hechte.

ANGELINFORMATIONEN

Saison: 1. Juni bis 30. September

Lizenzen: 16 €/Tag, 70 €/Woche

Ausgabestellen:
Angelfachgeschäft „Zum Isarfischer", Michael Sonnleitner, Lenggrieser Str. 24, D-83646 Bad Tölz, Tel.: 0049(0)8041/7979075

Tourist-Info Lenggries, Rathausplatz 2, D-83661 Lenggries, Tel.: 0049(0)8042/5008-800

Hotel „Jäger von Fall", Ludwig Ganghofer Str. 8, D-83661 Lenggries, Tel.: 0049(0)8045/130

Mindestmaße: Es gelten die Schonmaße des Bundeslandes Bayern

Entnahme: 3 maßige Fische pro Tag

Schonzeiten: die in Bayern gültigen

Besonderheiten: Das Angeln unter Verwendung eines Echolotes ist nicht erlaubt.

Guiding: Dori Baumgartner, Tel.: 0049(0)171/6063465

8 DER TEGERNSEE

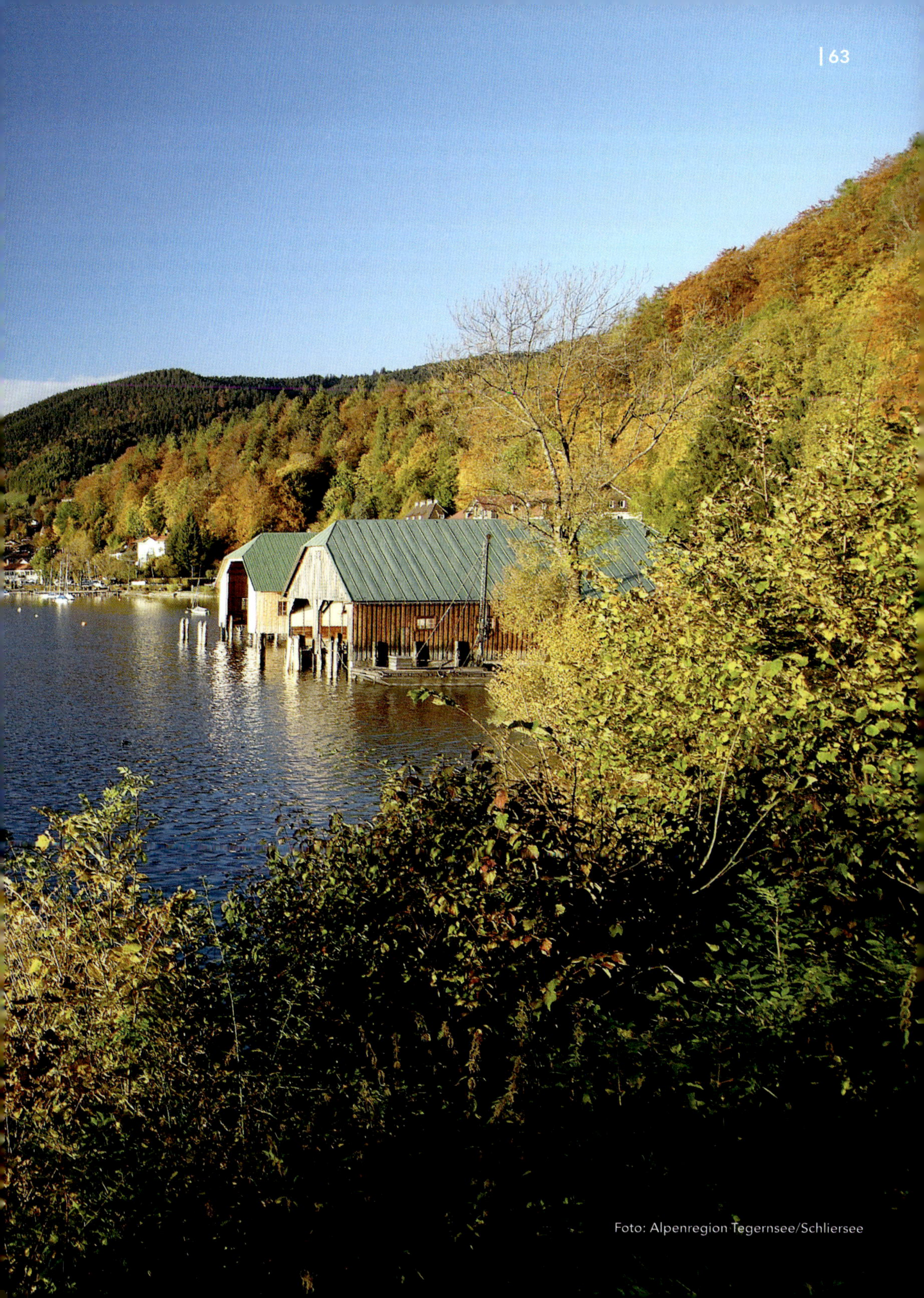

Foto: Alpenregion Tegernsee/Schliersee

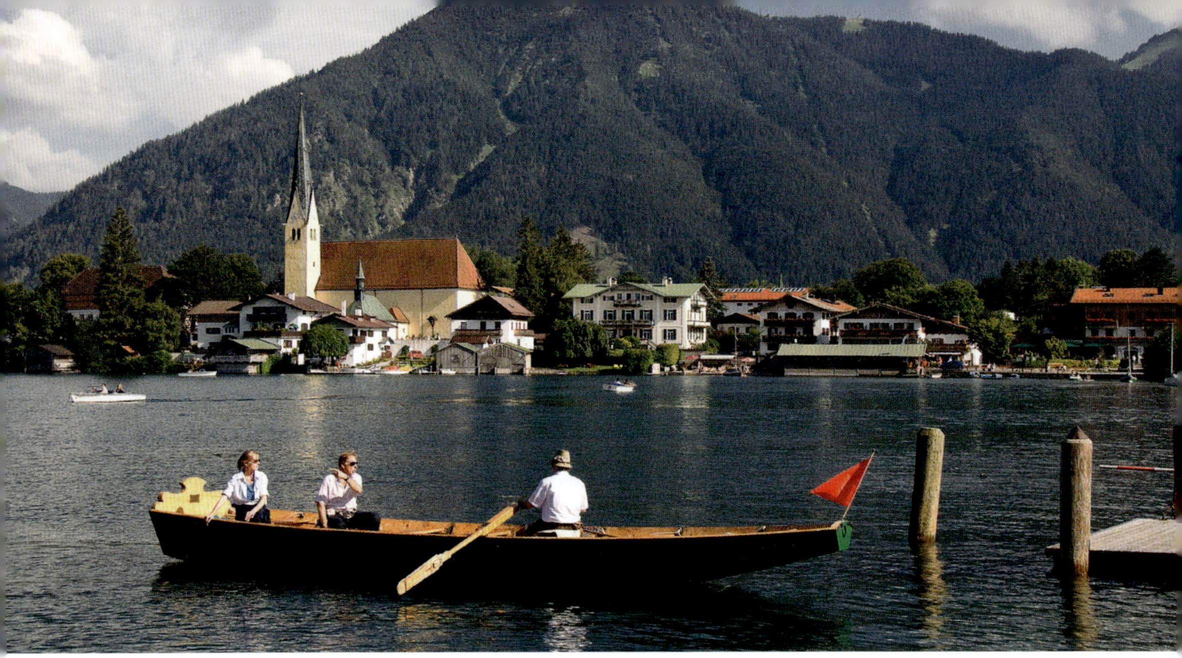

Unbeschwerter Sommertag am Tegernsee Foto: Alpenregion Tegernsee/Schliersee

Rund 50 Kilometer südlich von München befindet sich auf einer Seehöhe von 726 Metern der 5,7 Kilometer lange und 2,2 Kilometer breite Tegernsee. Seine Fläche beträgt 8,9 Quadratkilometer und die maximale Tiefe liegt bei 73 Metern. Hauptfischarten sind Renke und Seesaibling.

Es ist schon später Vormittag, als Frank und ich auf den See hinausrudern. Zum ersten Mal darf ich diesen schönen See im weithin bekannten Tegernseer Tal befischen. Mein Freund hingegen fährt so oft wie möglich von München heraus in diese Idylle. Der südwestliche Seeteil ist unser Ziel. In der Bucht des Ringsees, wie ein Teil des Tegernsees genannt wird, hat Frank schon des Öfteren Erfolge beim Hegenenangeln gehabt. Und nicht immer sind es nur Durchschnittsfische, die an den Haken gehen, nein, manchmal ist es eine Bodenrenke. Und während mir kein Erfolg beschieden ist, holt der Tegernseekenner eine Coregone mit über 60 Zentimetern an Bord!

Ganz sicher ist die **Renke** die am intensivsten befischte Art am See. Die gesamte Saison über darf man mit Erfolgen rechnen. Und jeder hat so seinen Geheimplatz – dort, wo er immer wieder auf Schwärme gestoßen ist. Zumeist ziehen die Silberlinge ja in Schulen gleicher Größe umher. Nur die Bodenrenken sind Einzelgänger. Sie ernähren sich nicht nur von Nymphen, sondern suchen den Gewässerboden nach Schnecken und Kleinmuscheln ab. Deshalb ist es von Vorteil, wenn sich Pflanzenbewuchs am Grund befindet.

Aber auch der **Seesaibling** stellt eine lohnende Alternative dar. Wenn man die **Hegene** tiefer als beim Renkenfischen anbietet (20 bis 30 Meter dürften perfekt sein), darf man getrost mit Anbissen rechnen. Da auch der Saibling in Schwärmen umherzieht, muss man geduldig sein, aber wenn einer gebissen hat, kommen oft noch Artgenossen hinzu. Wer nicht auf die Fische warten möchte, sondern sie sucht, kommt am **Schleppangeln** nicht vorbei. Mit der **Tiefschlepprolle**, dem **Downrigger** oder dem **Konvoisystem**, damit werden am Ende des Tages ganz sicher Seesaiblinge gelandet worden sein. Besonders weidgerecht handelt derjenige, der den Drilling gegen einen Einzelhaken austauscht. Wenn dann noch widerhakenlos gefischt wird, kann ein Untermaßiger außerhalb des Bootes problemlos gelöst werden. Mein guter Freund Uwe praktiziert dies seit langem!

Auch für die **Hechtspezialisten** stellt der Tegernsee ein attraktives Revier dar. Zu Saisonbeginn lohnt sich auch ein Versuch vom **Ufer**. Die Räuber ziehen in das sich erwärmende Wasser der Buchten, wo Kleinfische bereits aktiv sind. Nach der Laichzeit ist der Esox besonders hungrig und stürzt sich gierig auf alles Fressbare. Und in seiner Gier wird er auch **Spinner** oder **Wobbler** nicht verschmähen. Der Ringsee sowie die Egerer Bucht sind zu dieser Zeit erste Wahl.

Später im Jahr sind die **Bootsangler** klar im Vorteil. Dann sollte man sein Glück auf die großen **Renkenhechte** versuchen. Diese folgen den Coregonenschwärmen und können auch im Weitsee erbeutet werden. Bei der Fangtiefe lohnt es sich zu experimentieren. Manchmal bringt ein flach laufender Köder den Erfolg, ein andermal ist eine Tiefe von 15 Metern genau richtig. Es ist wie so oft beim Fischen – stures Festhalten ist weniger sinnvoll als der Mut zu Neuem und Ungewöhnlichem!

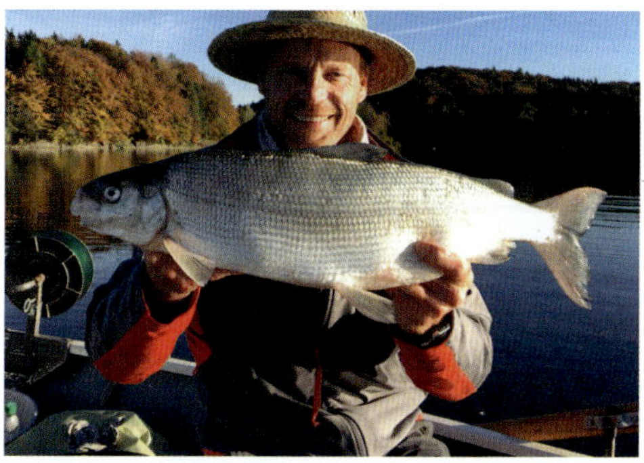

Traumrenke mit über 60 Zentimetern
Foto: Frank Meißner

Und dann ist ja da noch die **Seeforelle**. Wie überall nicht gerade einfach an den Haken zu bekommen. Aber Spezialisten können in jeder Saison eine oder mehrere Silberne in ihr Fangbuch eintragen. Und es werden immer mehr Fliegenfischer …

ANGELINFORMATIONEN

Saison: 1. März bis 30. November

Lizenzen: 10 €/Tag (Jugendliche bis 15 Jahre 6 €), 50 €/Woche (Jugendliche 15 €), 80 €/Monat (Jugendliche 30 €), 155 €/Jahr (Jugendliche 60 €)

Ausgabestellen:
Fischerei Tegernsee, Seestr. 42,
D-83684 Tegernsee,
Tel.: 0049(0)8022/1561

Zum Isarfischer, Laggrieser Str. 24,
D-83646 Bad Tölz,
Tel.: 0049(0)8041/7979075

Mindestmaße: Seeforelle 60 cm, Seesaibling 30 cm, Renke 28 cm; für die übrigen Fischarten gelten die in Bayern gültigen Schonmaße

Entnahme: 5 Renken und 5 Seesaiblinge pro Tag

Schonzeiten: die in Bayern gültigen

Besonderheiten: das Schleppfischen ist nur freitags, am Wochende sowie an Feiertagen gestattet

Guiding: kann am Tegernsee sehr empfohlen werden; Informationen: Tel.: 0049(0)171/9335730

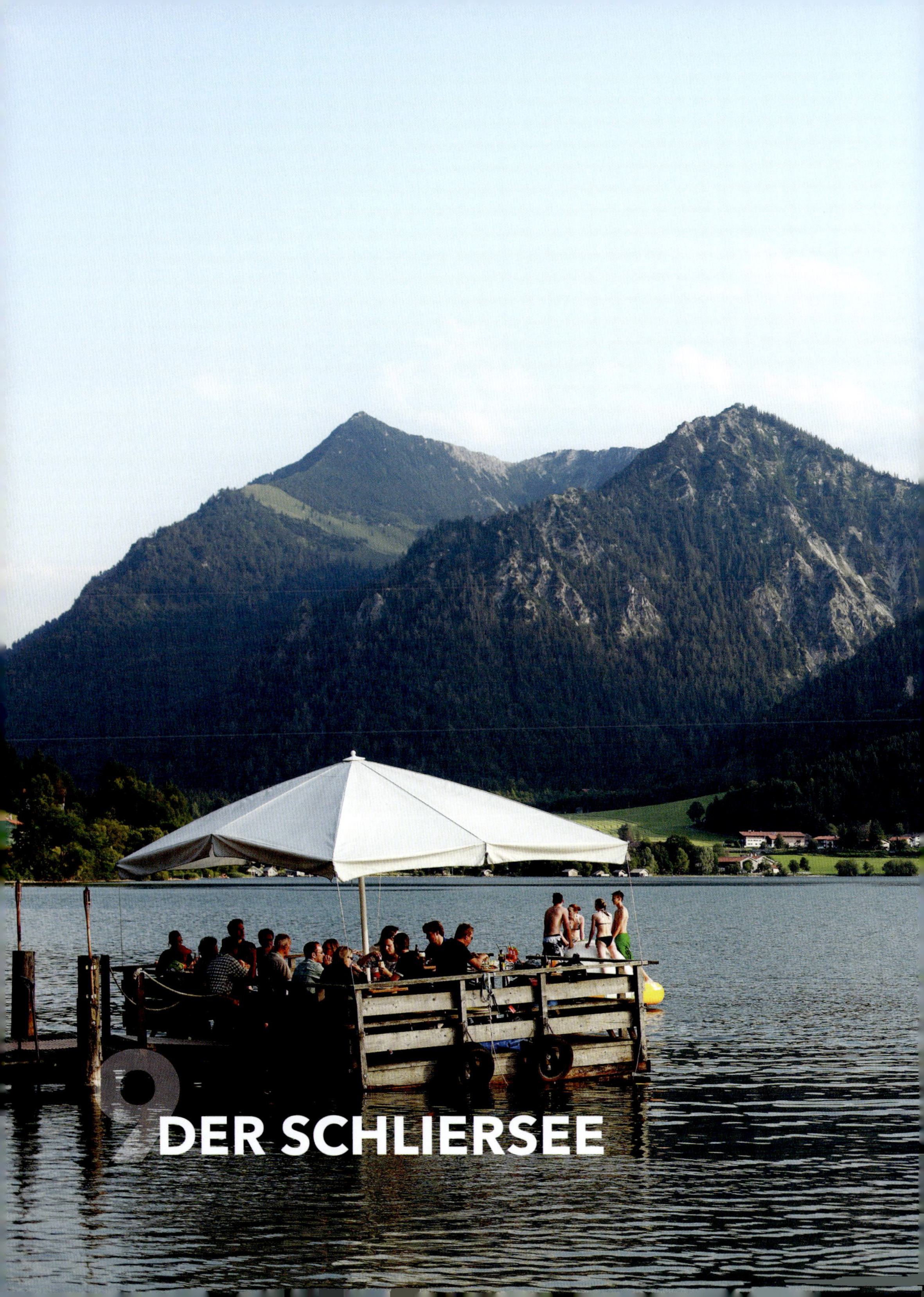

9 DER SCHLIERSEE

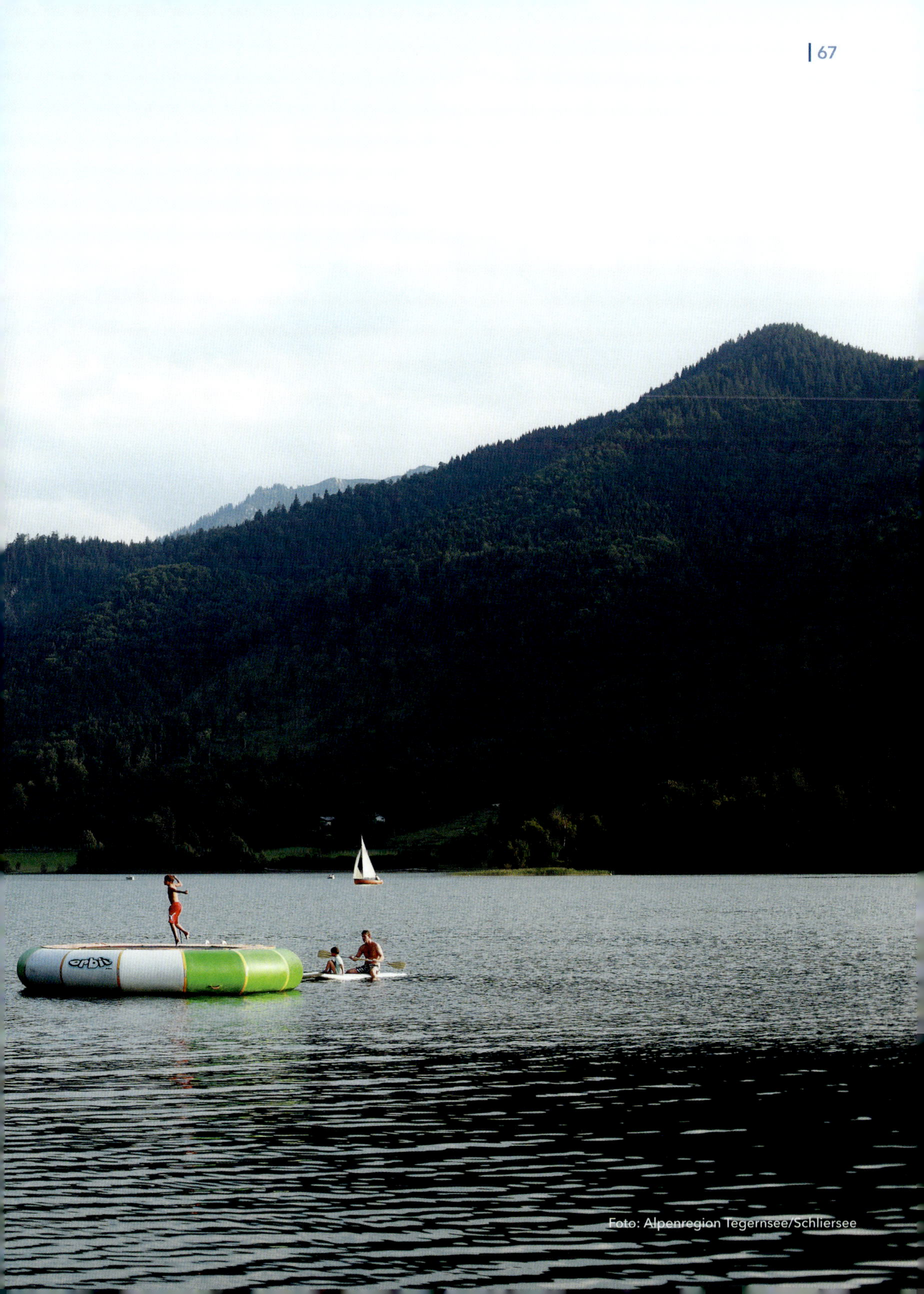

Foto: Alpenregion Tegernsee/Schliersee

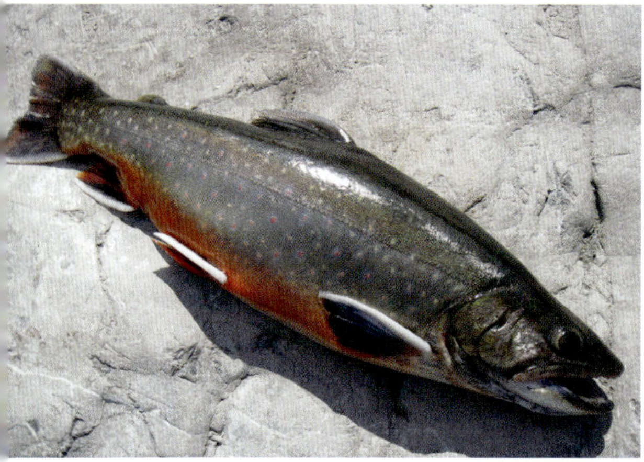

Prächtiger Elsässer Saibling
Foto: Bernd Taller

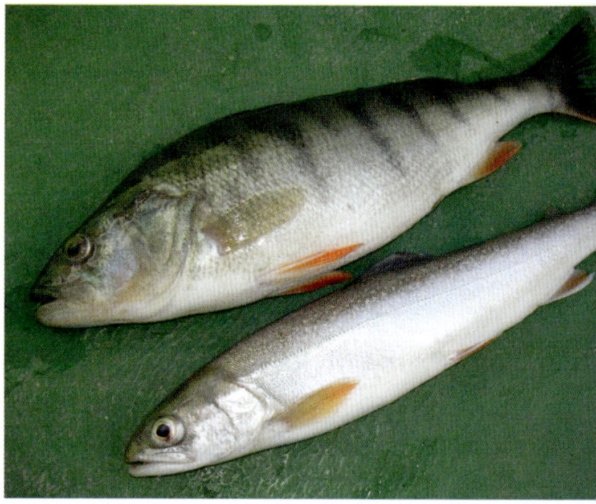

Doublette: Barsch und Seesaibling
Foto: Bernd Taller

Im Landkreis Miesbach, rund 50 Kilometer südöstlich von München, liegt auf einer Seehöhe von 785 Metern der 2,5 Kilometer lange und 1,3 Kilometer breite Schliersee. Mit einer Fläche von 2,2 Quadratkilometern gehört er zu den kleinen Alpenseen. Seine maximale Tiefe beträgt 40 Meter. Hauptfischarten sind Renke und Seesaibling.

Nachdem ich in den Tagen zuvor an großen Alpenseen zu Besuch war, tut es richtig gut, einmal an einem kleinen Gewässer die Angel auszuwerfen. Ich rudere Richtung Insel Wörth und verankere mein Boot in ca. 14 Metern Tiefe. Hier darf ich auf jeden Fall mit Renken rechnen. Aber mit Glück beißt auch noch ein Saibling! Und so ist es auch – nach zwei Renken am Morgen geht am späten Vormittag noch ein Saibling an die Hegene. Aber es ist weder ein Bach- noch ein Seesaibling. Es handelt sich um einen Elsässer, eine Kreuzung dieser beiden Rassen. Noch nie konnte ich solch einen farbenfrohen Fisch erbeuten. Entsprechend stolz und glücklich kann ich meinen Angeltag am Schliersee beenden …

Die etwa in Seemitte gelegene Insel Wörth wird von einigen flachen Stellen umgeben. Diese sogenannten Barschberge sind deutlich als helle Flecken zu erkennen. Natürlich sind sie Anziehungspunkt für **Hechte**, **Barsche** und **Zander**. Man kann dort mit **Blinkern**, **Spinnern** und **Wobblern** sein Glück versuchen. Oder, wie es viele hier tun, mit der **Schlepprute** seine Runden drehen. Die Chance auf Meister Esox ist recht groß. Der Bestand ist wegen der günstigen Laichmöglichkeiten und des guten Futterangebots als vielversprechend zu bezeichnen. Man sollte nicht vergessen, den Bereich der Seerosen und der Schilfgürtel abzufischen.

Die **Zander** sind nicht so häufig, wer aber diesem Fisch genügend Aufmerksamkeit schenkt, darf durchaus mit einem Fang rechnen. Interessant ist die Tatsache, dass in jeder Saison schöne Exemplare beim **Schleppfischen** im Freiwasser gefangen werden. Ein einheimischer Spezialist empfahl mir die östlich der Insel gelegene Sandbank. Er fischt dort mit **frisch getöteten Lauben am Sys-**

tem und konnte damit schon Exemplare bis 75 Zentimeter Länge erbeuten. Doch auch der Uferangler steht am Schliersee nicht auf verlorenem Posten. Gerade im Frühjahr darf man an der Hegene, einem kleinen Spinner oder einem Kleinfisch am Planseesystem auf Erfolge bei den Saiblingen hoffen. Und auch der Renkenfischer darf wegen der steil abfallenden Ufer mit Fängen rechnen.

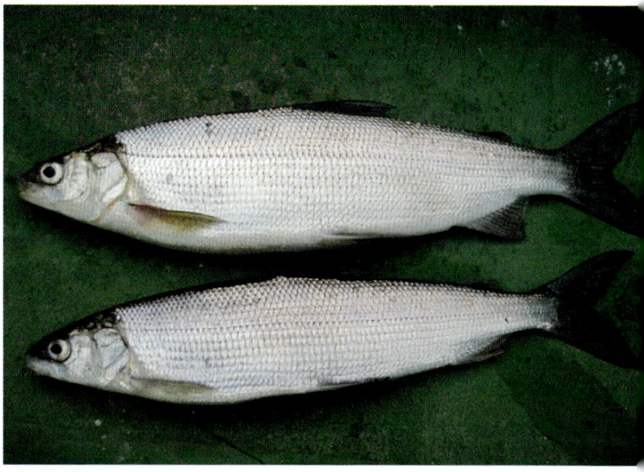

Zwei schöne Renken
Foto: Bernd Taller

Der Schliersee ist auch ein gutes Revier für Karpfen- und Schleienangler. Natürlich üben Seerosenfelder und Schilfgürtel die größte Anziehungskraft aus. Doch ohne tagelanges Anfüttern geht es auch an diesem schönen See im Tegernseer Tal nicht. Und während die einen auf Boilies setzen, verwenden andere Mais oder Wurm. Nicht vergessen sollte man die Aale. Wer nach einem anstrengenden Wandertag den Abend gemütlich am See ausklingen lassen möchte, sollte den Bereich des Seeauslaufs wählen. Hier sind die Chancen auf einen Schlängler besonders gut.

Immer wieder einmal lässt der Fang einer Seeforelle aufhorchen. Das sind aber Ausnahmefänge und stellen einen Höhepunkt im Fischerleben dar. Vom Ufer aus kann man es mit Blinker oder Spinner versuchen. Die Schleppfischer suchen besonders die Bacheinläufe ab. Nicht vergessen sollte man auch die Bootshäuser. Sie sind Anziehungspunkt für Kleinfische und in ihrem Gefolge natürlich die Seekönigin.

ANGELINFORMATIONEN

Saison: 1. Mai bis 30. September

Lizenzen: 15 €/Tag, (Jugendliche 8 €), 50 €/Woche, 75 €/Monat, 145 €/Jahr

Ausgabestellen: Fischermeister Josef Schrädler, Rotmaurergasse 2, D-83727 Schliersee, Tel.: 0049(0)8026/2171

Leihboote: Gästehaus Stöger, Maxlrainer Weg 3, D-83727 Schliersee/Fischhausen, Tel.: 0049(0)8026/6613

Mindestmaße: Saibling: 30 cm, Renke 30 cm, Zander 50 cm, Karpfen 35 cm, Schleie 30 cm, Forellen 60 cm

Entnahme: 3 Saiblinge, 10 Renken, 1 Zander, 3 Karpfen, 3 Schleien, 1 Forelle pro Tag

Schonzeiten: Saibling: 1. Oktober bis 15. Januar; Renke: 15. Oktober bis 31. Dezember; Zander: 15. März bis 10. April; Forelle: 1. Oktober bis 15. April

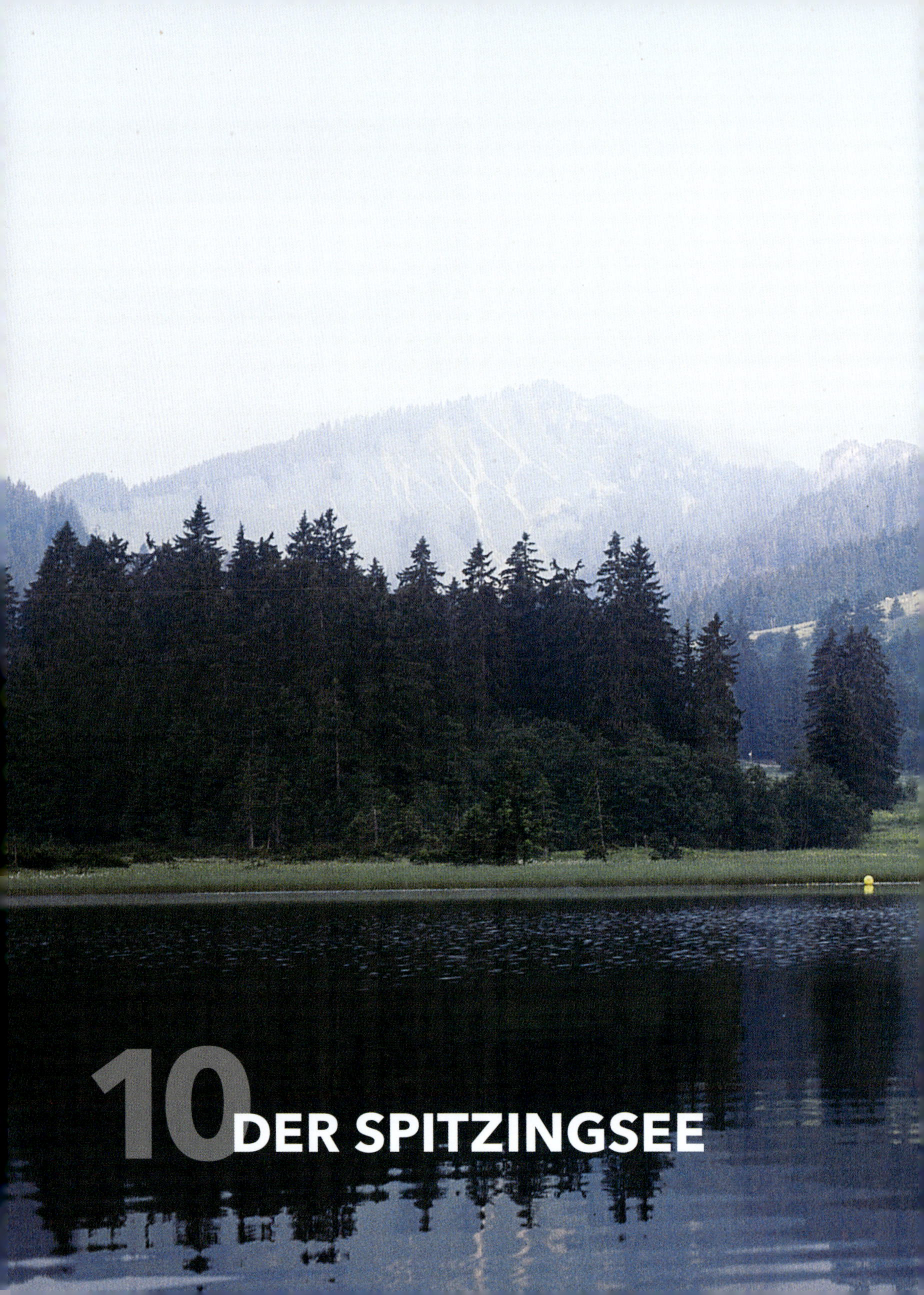

10 DER SPITZINGSEE

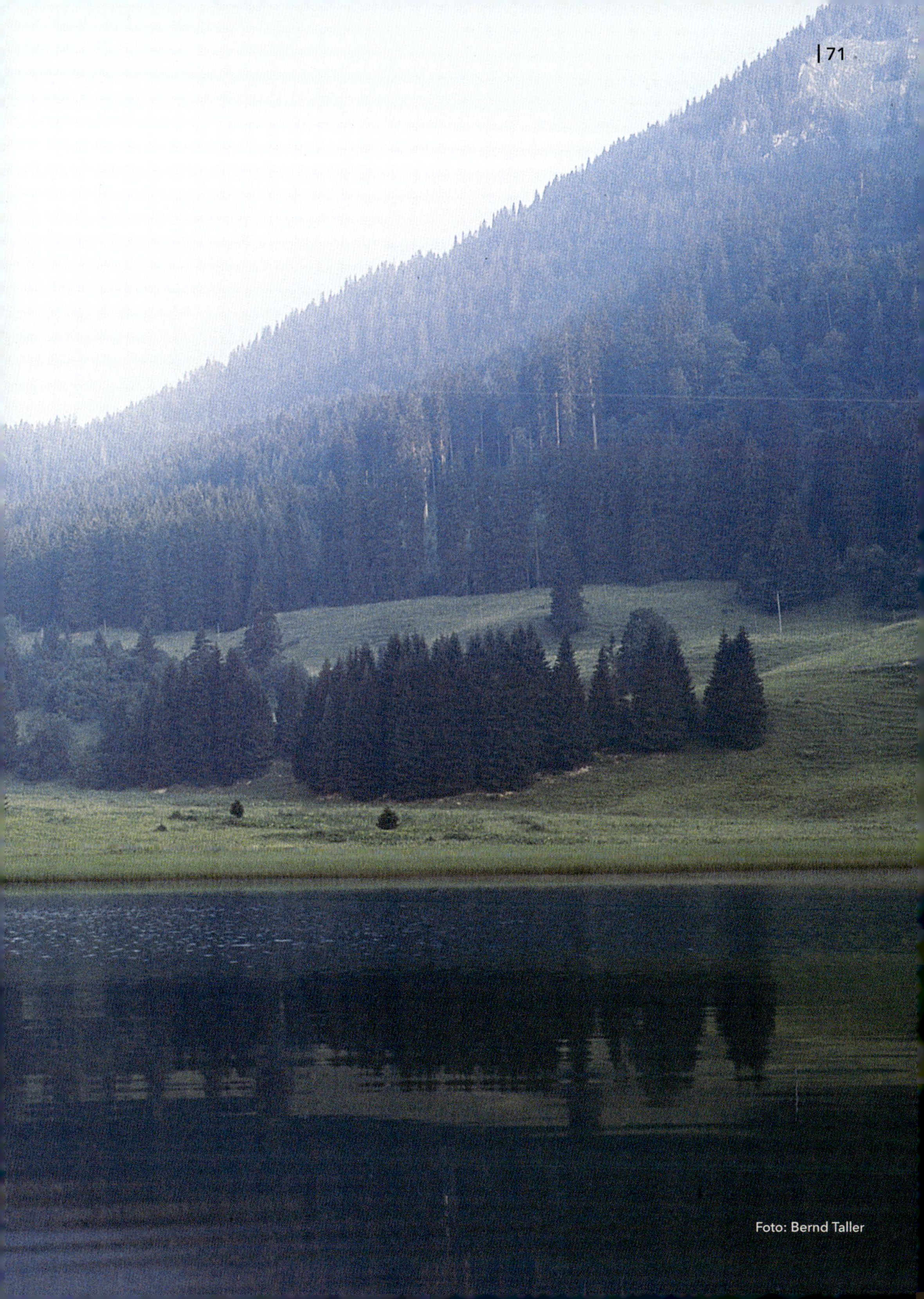

Foto: Bernd Taller

Rund 60 Kilometer südöstlich von München befindet sich auf einer Seehöhe von 1084 Metern mitten in den Bayerischen Alpen der 1 Kilometer lange und 0,3 Kilometer breite Spitzingsee. Seine Fläche beträgt 28,3 Hektar, seine maximale Tiefe 16 Meter. Hauptfischarten sind Renke und Hecht.

Das Fischen in kleinen Bergseen ist besonders reizvoll. Sie liegen zumeist in herrlicher Umgebung, umrahmt von Bergen und abseits des Straßenlärms. Genau dies gilt auch für den Spitzingsee im Herzen Oberbayerns. Es ist noch dunkel, als ich mich mit Alois treffe. Wir wollen sehr früh auf den See hinausrudern, lange bevor Spaziergänger diesen idyllischen See umrunden. Doch als wir unsere Hegenen zum Grund lassen, geschieht nichts. Ein Platzwechsel ist unausweichlich. Eine gute Wahl, wie sich bald zeigen wird, denn im tieferen Bereich kommen schnell die ersten Bisse. Sie bringen zunächst nur Untermaßige, aber bald liegen zwei Bilderbuchrenken im Boot. Nochmals rudert Alois uns zu seiner Glücksstelle, aber eine große Renke ist uns an diesem Sommertag nicht vergönnt.

Dabei gibt es sie im Spitzingsee, die **Bodenrenken**. Wie Brachsen suchen sie den Grund ab, und in jeder Saison werden Fische mit einer Länge von über 50 Zentimeter gefangen. Gelegentlich lässt auch der Fang einer Coregone über 60 Zentimer aufhorchen. Natürlich ist der Bestand an wirklich großen Renken wie in jedem anderen See auch hier begrenzt. Und nicht umsonst sind sie groß und alt geworden – die Grundvoraussetzungen dafür sind ihre Vorsicht und ihr scheues Wesen. Deshalb ist es nicht einfach, solch ein Exemplar an den Haken zu bekommen. Spezialisten versuchen ihr Glück neben dem **Hegenenfischen** auch mit **Naturködern**. Sorgfältig loten sie ihren Angelplatz aus und fädeln dann einen **Wurm**, ein **Madenbündel** oder eine **Bienenmade** auf den dünndrahtigen Haken. An der **Posenmontage** wird dann der Köder auf Grund liegend angeboten. Ein Angebot, dem immer wieder mal eine Coregone nicht widerstehen kann.

Auch wer das Bootsangeln nicht so liebt, wird am Spitzingsee sein Glück finden. Der **Aalangler** findet einen guten Bestand an Schlänglern vor, und eine Montage mit

Hoch gelegen – der Spitzingsee Foto: Bernd Taller

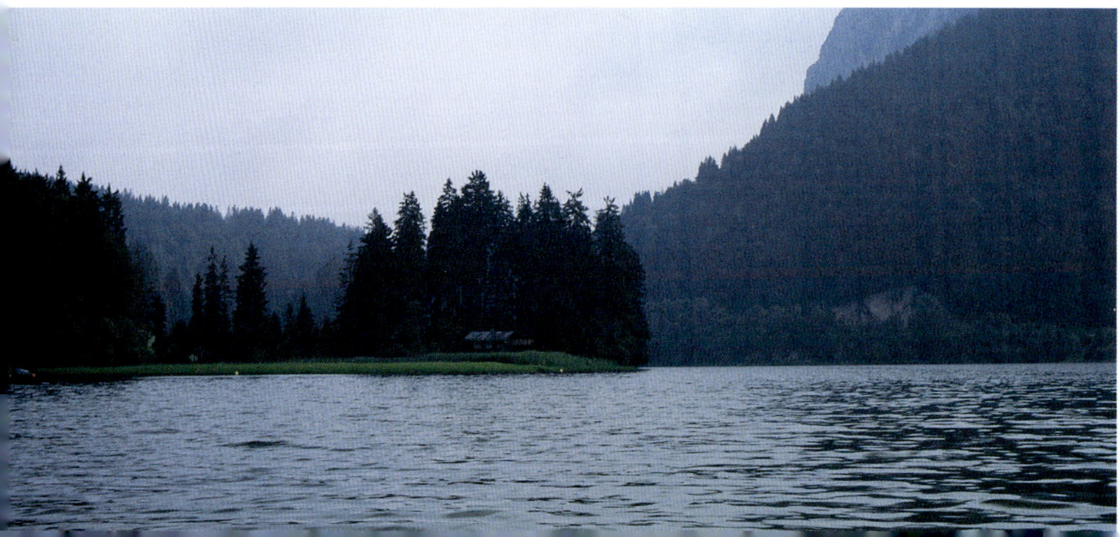

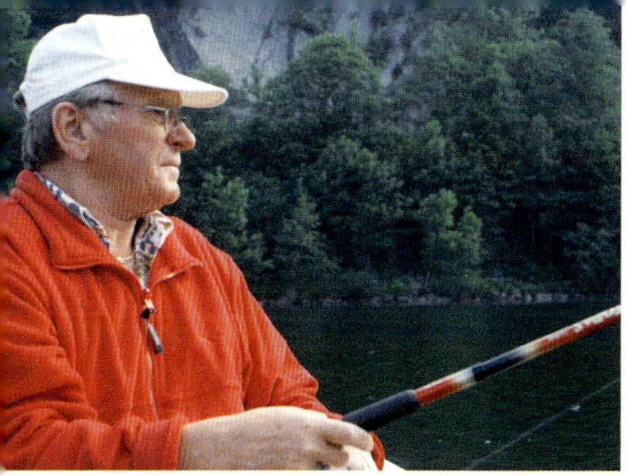

Entspannt und doch konzentriert
Foto: Bernd Taller

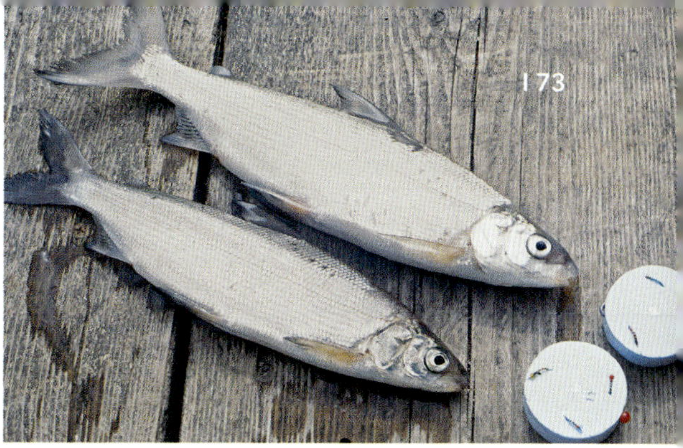

Der Renkenfang eines Morgens
Foto: Bernd Taller

Wurm oder einem Fischstück wird sicher ihren Abnehmer finden. Für einen Bergsee ist der sehr gute Schleienbestand außergewöhnlich. Schilfgürtel, Krautbereiche und Seerosen stellen für die grüngelben Schönheiten ein perfektes Refugium dar. Auf Anfüttern sollte nicht verzichtet werden. Aber gerade beim Schleienangeln ist weniger oft mehr. Sparsam eingeworfene Würmer oder Maiskörner genügen, um Fische an den Angelplatz zu locken. Oder eine Mischung aus Panier- und Maismehl, verfeinert mit einigen Maden.

Auch die Hechtangler dürfen mit Spinner oder Wobbler auf Erfolge hoffen. Und immer größer wird die Zahl derjenigen, die mit der Fliege ihr Glück versuchen. Und wer dabei noch ein Belly-Boot einsetzt, dem dürften spannende Fangmomente sicher sein! Ein Belly-Boot ist im Prinzip ein großer Reifen mit Sitzgelegenheit. Man trägt eine Wathose und Flossen an den Füßen. Damit ist es ein Leichtes, sich geräuschlos vorwärts zu bewegen. Natürlich kann man im Belly-Boot auch die Spinnrute verwenden.

Wenn die Sonne über den Bergen aufgeht und die herrliche Landschaft in ein goldenes Licht taucht, dann weiß man, dass sich der Ausflug an diesen kleinen Alpensee gelohnt hat. Wegen seiner idyllischen Lage wird der Spitzingsee natürlich auch gern von Wanderern und Spaziergängern besucht. Deshalb empfiehlt es sich, den frühen Morgen und späten Abend zu nutzen. Und wer sich an den großen Alpenseen ein wenig verloren vorkommt, der wird die Überschaubarkeit hier zu schätzen wissen.

ANGELINFORMATIONEN

Saison: 1. Mai bis 30. September

Lizenzen: 18 €/Tag (Jugendliche 10 €)

Ausgabestelle: Kiosk am Postgasthof St. Bernhard, Seeweg 1, D-83727 Schliersee, Tel.: 0049(0)8026/975931

Leihboote: Kiosk am Postgasthof St. Bernhard (siehe oben)

Mindestmaße: die in Bayern gültigen

Entnahme: 3 Forellen, 5 Renken, 5 Hechte und 3 Schleien pro Tag

Schonzeiten: die in Bayern gültigen

Besonderheiten: Die Anzahl der Gastkarten ist limitiert. Es ist deshalb sinnvoll, sich bei der Ausgabestelle im Vorfeld zu informieren. Es gibt nur zwei kostenpflichtige Parkplätze in Seenähe. Eine frühzeitige Anreise ist deshalb sehr zu empfehlen.

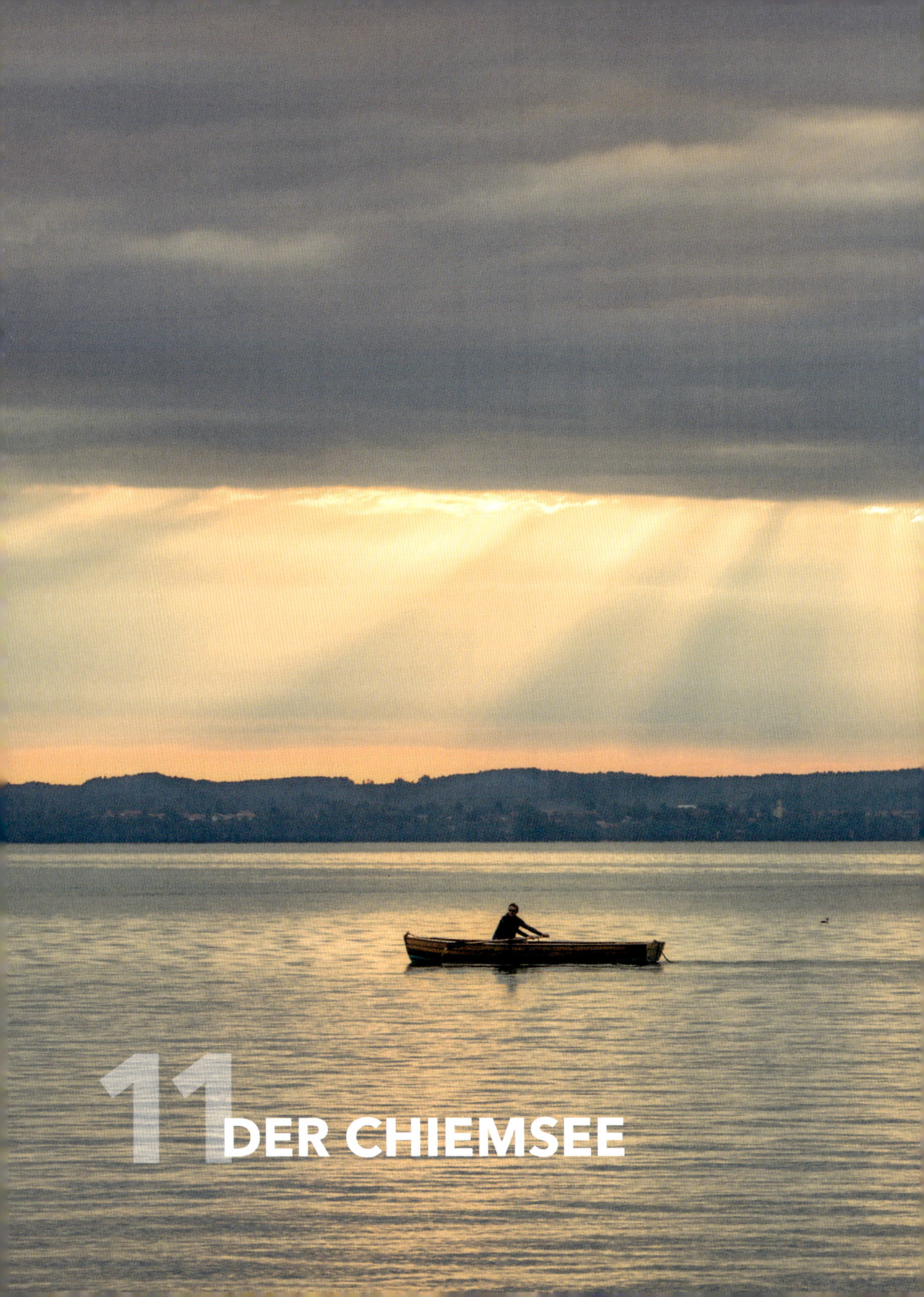

11 DER CHIEMSEE

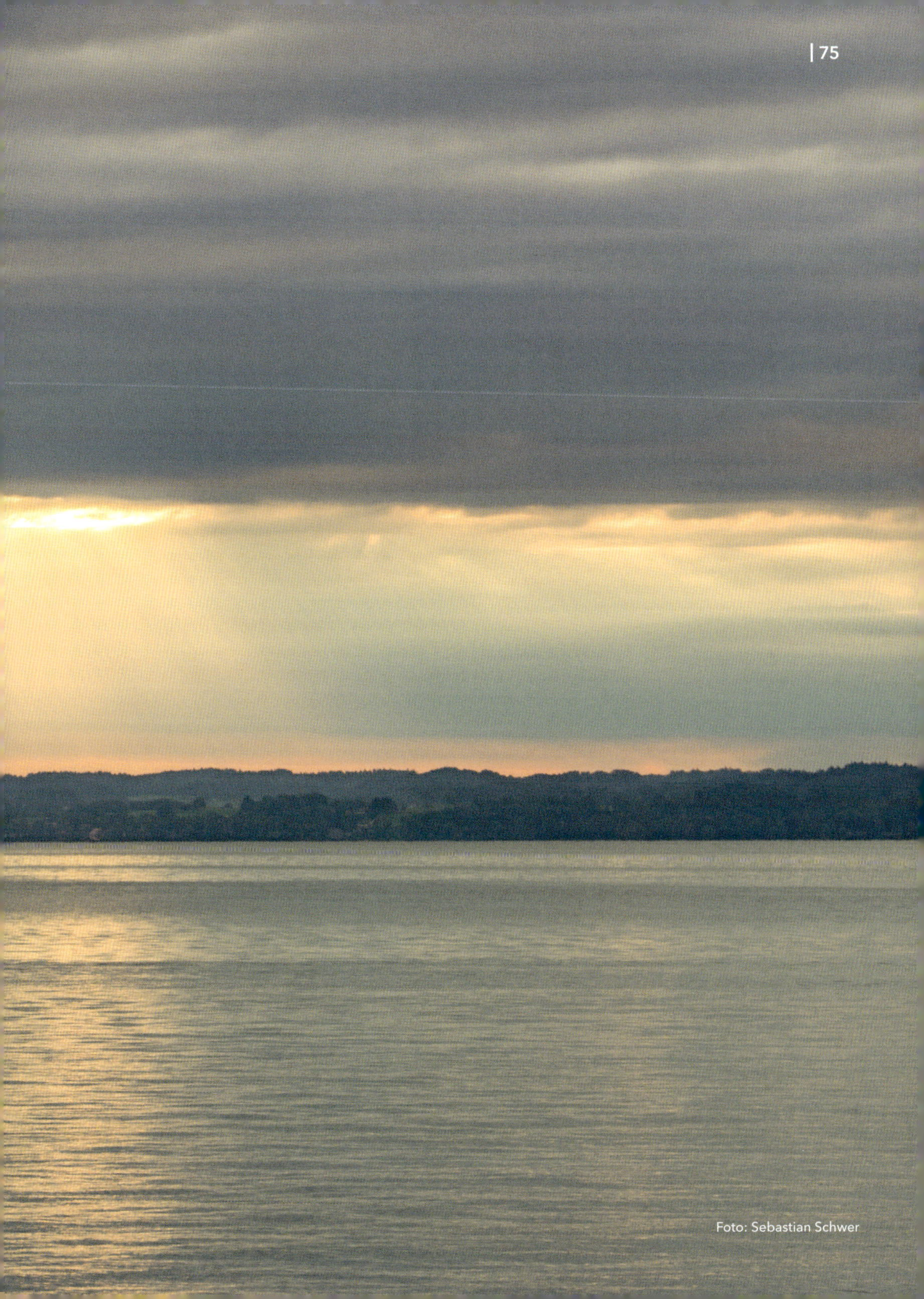

Foto: Sebastian Schwer

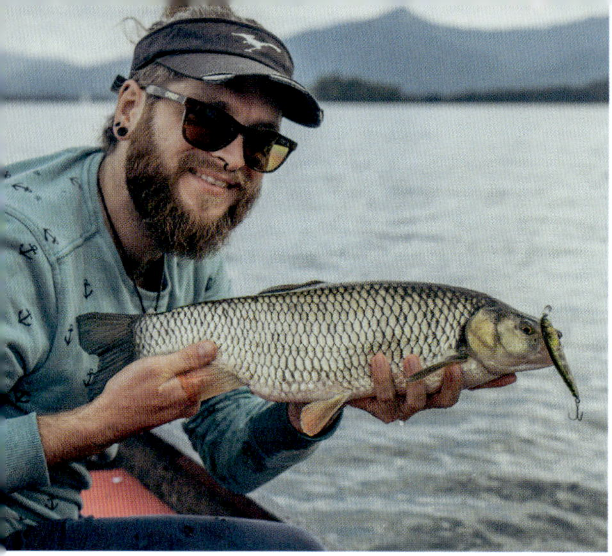

Ihm ist die Freude über diesen Fang ins Gesicht geschrieben. Foto: Sebastian Schwer

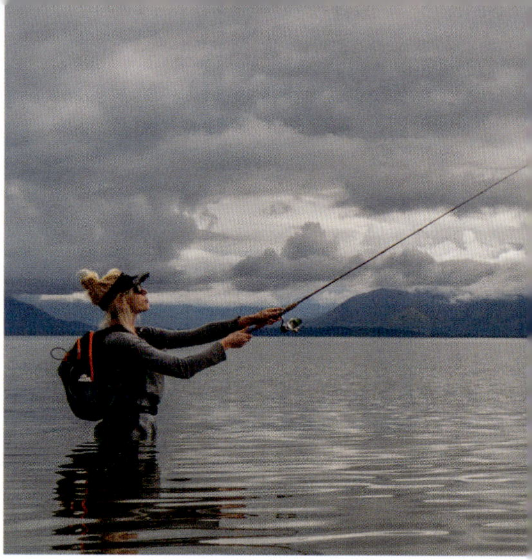

Uferanglerin beim Aufzug dunkler Wolken
Foto: Sebastian Schwer

Im Chiemgau, auf einer Seehöhe von 518 Metern, liegt der Chiemsee. Er ist 13,7 Kilometer lang und 9,2 Kilometer breit. Mit einer Fläche von 79,9 Quadratkilometern ist er der größte See Bayerns und der drittgrößte Deutschlands. Seine maximale Tiefe beträgt 73 Meter. Hauptfischarten sind Renke, Hecht und Seeforelle.

Heute ist mein erster Angeltag am Chiemsee. Etwas verloren komme ich mir schon vor am „bayerischen Meer". Sebastian, der den See wie seine Westentasche kennt, hat mir den Tipp gegeben, es vom Ufer aus mit der Spinnrute zu versuchen. Anfänglich tut sich nichts, aber als ich bereits eine gehörige Strecke zurückgelegt habe, treffe ich doch noch auf ein Barschrudel. Und dann geht alles ganz schnell. Noch bevor die Mittagsglocken zu läuten beginnen, ist das Abendessen gesichert …

Zum großen Teil fallen die Ufer am Chiemsee nur sehr flach ab. Spezialisten schlüpfen deshalb in ihre Wathose, um den Fischen so weit wie möglich entgegenzugehen. Kleine **Wobbler** in einer Länge von 4 bis 5 Zentimetern haben sich als ideal erwiesen. Damit lassen sich **Döbel**, **Rapfen** und **Mairenken** verführen. Sebastian hat mit dieser Methode bereits Rapfen bis 85 Zentimeter Länge gefangen. Die Mairenke ist vom Aussterben bedroht und muss deshalb sehr schonend zurückgesetzt werden.

Wegen der flachen Uferbereiche sind die Dampferstege natürlich eine willkommene Hilfe. Hier trifft man sofort auf tieferes Wasser. Allerdings sollte man dort nur von 5.30 Uhr bis etwa 7.00 Uhr angeln. Danach beginnt der Bootsverkehr, und da sind Angler entsprechend wenig willkommen. Und natürlich ist der frühe Morgen auch am Dampfersteg die günstigste Zeit zum Fang einer **Seeforelle**. Mit **Twistern**, **Dropshots** oder **Spinnern** kann man immer einige **Barsche** erbeuten. Wer es gemütlicher mag, präsentiert einen **Wurm an der Posenmontage**.

Der Chiemsee weist einen fantastischen **Renkenbestand** auf. Im Frühjahr gilt das Revier um den Campingplatz Lambach als klassisch.

Im Sommer kann man es nahezu überall im Weitsee versuchen. Wer sich an den Booten der Einheimischen orientieren möchte, sollte beim Ankern jedoch einen genügenden Abstand wahren. Es gibt nichts Ärgerlicheres, als wenn sich eine große Coregone im Ankerseil des Bootsnachbarn verhakt!

Die Raubfischangler schleppen zumeist **Gummifische** oder **Wobbler**. Im Frühling sollten diese in etwa 5 Metern angeboten werden, im Sommer in 7 bis 8 Metern Tiefe. **Hechte** und **Zander** gibt es im Chiemsee in teilweise respektablen Größen. Man kann am Ufer entlang **schleppen**, genauso wie am Weitsee. Auch die Bereiche um die Inseln sollten nicht vergessen werden.

Besonders erfolgreich kann das **Uferangeln** auf **Aale** sein. Günstige Stellen befinden sich bei der Kupferschmiede Seebruck, der Landspitze bei Rimsting, dem Segelhafen Bernau und dem Einlauf der Prien.

Der Fang einer **Seeforelle** ist auch am Chiemsee der Höhepunkt eines Angelurlaubs. Man kann sämtliche gängige **Kunstköder** zum Einsatz bringen. Eine **tote Laube an der Posenangel** ist ein Geheimtipp, besonders für den Wonnemonat Mai!

ANGELINFORMATIONEN

Saison: 1. Mai bis 31. Oktober

Lizenzen: 14 €/Tag, 46 €/Woche , 60 €/2 Wochen, 88 €/Monat, 190 €/Saison

Ausgabestellen:

Infocenter, Felden 10, D-83233 Bernau, Tel.: 0049(0)8051/9655550

Sport Mayer, Hauptstr. 12, D-83339 Chieming, Tel.: 0049(0)9005/432444

Fischerei H. Lex, Haus Nr. 31, D-83256 Frauenchiemsee, Tel.: 0049(0)8054/603

Verkehrsamt, Seeplatz 5, D-83257 Gstadt, Tel.: 0049(0)8054/442

Tourismusbüro, Alte Rathausstr. 11, D-83209 Prien, Tel.: 0049(0)8051/69050

Karlshof Pullach, Pullach 16, D-83358 Seebruck, Tel.: 0049(0)151/26657754

Cafe Höllthal, Höllthal 8, D-83376 Truchtlaching-Höllthal, Tel.: 0049(0)8621/7443

Franz Hirtl, Dorfstr. 59, D-83242 Reit im Winkel, Tel.: 0049(0)8640/8213

Mindestmaße: Renke 28 cm, Hecht 55 cm, Seeforelle 60 cm

Entnahme: keine Angaben

Schonzeiten: die in Bayern gültigen

Leihboote:

Bootsverleih Stöffl, Seestr. 120, D-83209 Prien, Tel.: 0049(0)8051/2000

Bootsverleih Feldwieser Bucht, Julius-Exter-Promenade 9, D-83236 Übersee, Tel.: 0049(0)174/4147507

Bootsverleih Wörndl, Seestr. 115, D-83209 Prien, Tel.: 0049(0)8051/1573 und Tel.: 0049(0)176/31618888

Bootsverleih Raimund Jell, Königstr. 47, D-83254 Breitbrunn, Tel.: 0049(0)8054/7238

Besonderheiten: Die Benutzung eines Elektromotors auf dem Weg zum Angelplatz ist erlaubt, nicht hingegen zum Schleppfischen; frühester Angelbeginn: 5.30 Uhr.

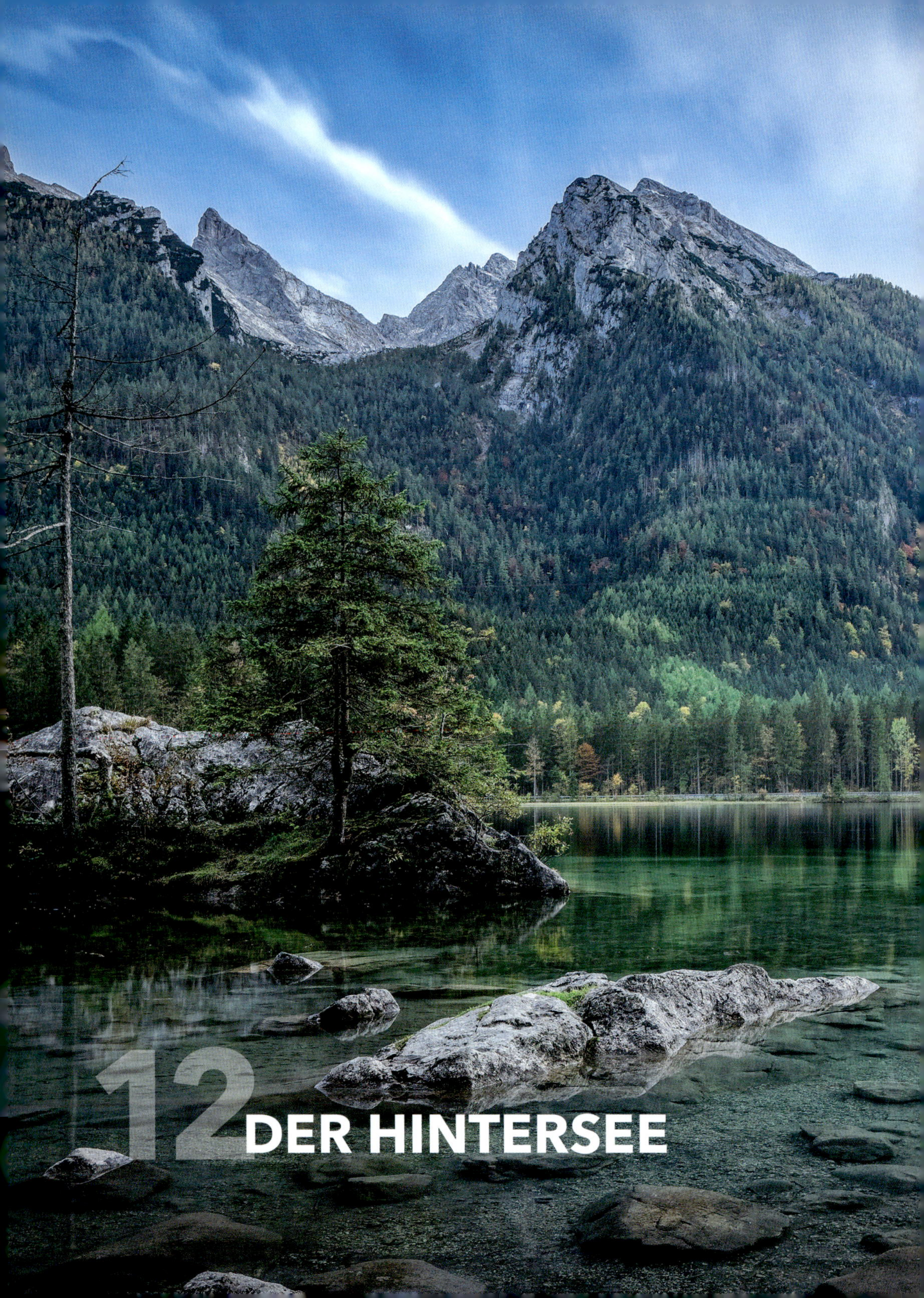

12 DER HINTERSEE

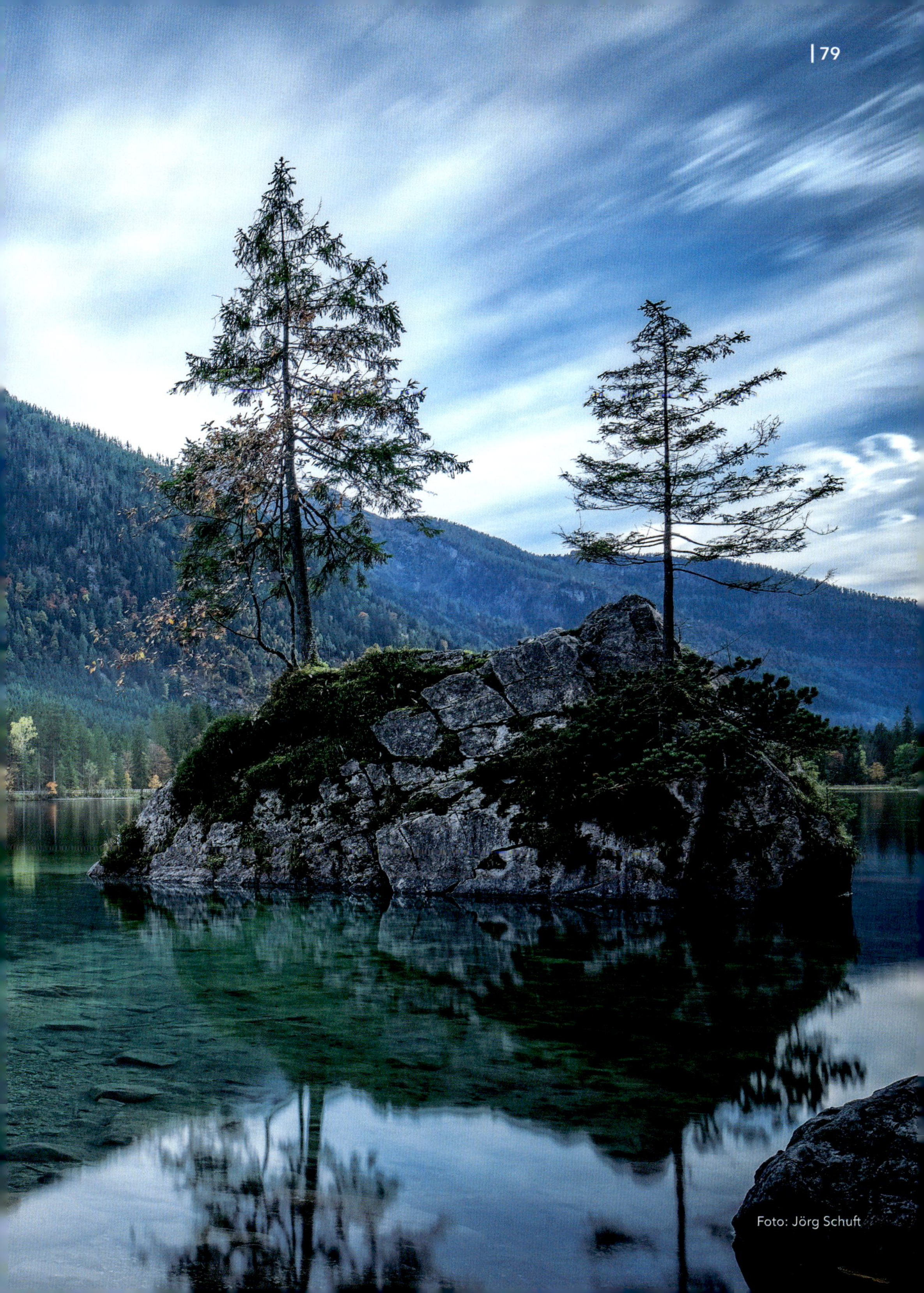

Foto: Jörg Schuft

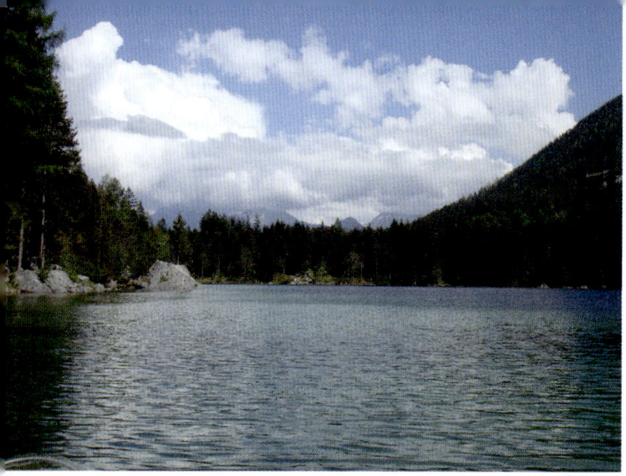

Ein Kleinod in den Bergen - der Hintersee
Foto: Bernd Taller

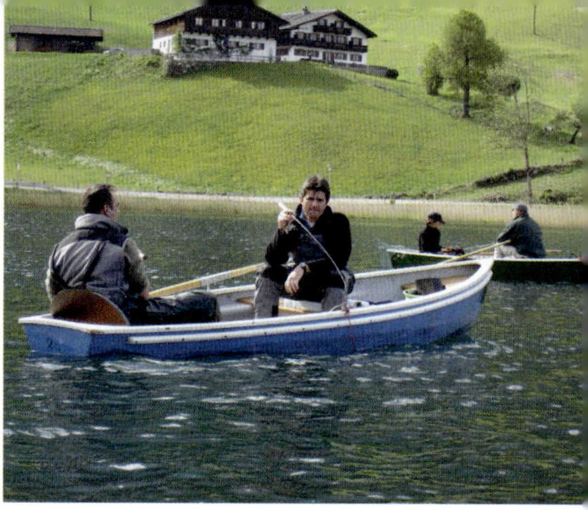

Mit der Hegene auf Seesaiblinge
Foto: Bernd Taller

Unweit der Gemeinde Ramsau im Berchtesgadener Land befindet sich der 0,8 Kilometer lange und 0,5 Kilometer breite Hintersee. Auf einer Seehöhe von 790 Metern weist er bei einer Tiefe von 18 Metern eine Fläche von 16,4 Hektar auf. Hauptfischarten sind Seesaibling und Bachforelle.

Nachdem Christian und ich noch einen Kaffee getrunken haben, ist es schon Nachmittag, als wir hinausrudern. Eine weite Strecke haben wir nicht zurückzulegen. Im tieferen Bereich setzen wir den Anker und lassen unsere Nymphenmontagen zum Grund. Und es dauert wirklich nicht lange, bis sich Christians feine Rute kräftig durchbiegt. Ein Seesaibling mit wundervoll rotem Bauch landet im Boot. Und das Beißen geht munter weiter, bis ein heftiges Berggewitter uns zum frühen Aufhören zwingt …

Der Hintersee liegt in atemberaubend schöner Landschaft. Hohe Berge umrahmen ihn, und sein glasklares Wasser ist faszinierend. Wegen der malerischen Umgebung ist der Hintersee besonders in der Ferienzeit ein beliebtes Ausflugsziel. Deshalb empfiehlt es sich, am Morgen und am Abend zu fischen.

Es handelt sich um ein reines **Salmonidengewässer**, eher eine Seltenheit im alpinen Raum. Entsprechend geht es bei den Fangtechniken lediglich ums **Kunstköderfischen**. Und es ist sehr von Vorteil, wenn man die drei Metoden **Hegenen-**, **Spinn-** und **Fliegenfischen** beherrscht. Denn es kommt vor, dass an einem Tag die **Nymphen** an der Hegene gut genommen werden und am nächsten Tag nur **Trockenfliegen** Fänge bringen.

Am häufigsten wird die **Hegene** eingesetzt. Die **Seesaiblinge** halten sich überwiegend in Grundnähe auf, und da aufsteigende Nymphen den Hauptteil ihrer Nahrung ausmachen, erweist sich dieses System als optimal. Bei der Hakengröße sollte man flexibel sein. Zwischen 12 und 18 kann man es versuchen. Auch die Vorliebe für Farben kann sehr wechseln. Das hängt mit der Jahreszeit, aber auch mit den Lichtverhältnissen zusammen. Rot ist immer eine gute Wahl, Schwarz und Grün natürlich auch. Aber immer wieder knüpfe ich orange, gelbe, braune, graue oder magentafarbene **Nymphen** ans Vorfach. Auch Muster mit Glitzereffekt haben sich schon sehr bewährt. Und Spezialisten verwenden neongelbe und pinkfarbene. Erstaunlicherweise waren an Tagen, an denen die Mehrheit der Hegenenangler nur schwache Fänge vorweisen konnte, diese Schockfarben der Renner.

Mit einem kleinen **Spinner** lassen sich gute Erfolge erzielen, besonders bei den **Bachforellen**. Ich verwende gern den silbernen oder kupfernen **Mepps** Nr. 1. An einer dünnen Schnur läuft dieser Kunstköder ganz wunderbar. Sein sauberes Rotieren lockt auch weiter entfernte Fische an. Allerdings sollte man überlegen, ob man nicht den Drilling gegen einen Einzelhaken austauschen möchte. Untermaßige Fische, und damit ist man am Hintersee immer wieder konfrontiert, lassen sich damit behutsam und schonend zurücksetzen.

Wer gerne die **Fliegenrute** schwingt, der ist an diesem See ebenfalls gut aufgehoben. Vom Boot oder Ufer aus, mit **Trocken-** und **Nassfliege** oder mit der **Nymphe**, die Chancen stehen nicht schlecht. Auch weil die Salmoniden am Hintersee viel mehr Spinnköder als Fliegen zu sehen bekommen.

Wer das Bootsfischen nicht so mag, braucht trotzdem keinen Bogen um den Hintersee machen. Die Fische ziehen auf ihrer Nahrungssuche auch ins Flache, deshalb kommen auch **Uferangler** auf ihre Kosten. Der Hintersee ist ja nicht allzu groß, und wenn man ein 30-g-Bleigewicht verwendet, dürfte man eine ausreichende Wassertiefe erreichen. Man sollte an einer Rute eine **Pose** verwenden und an die andere einen Unterwasserschwimmer montieren.

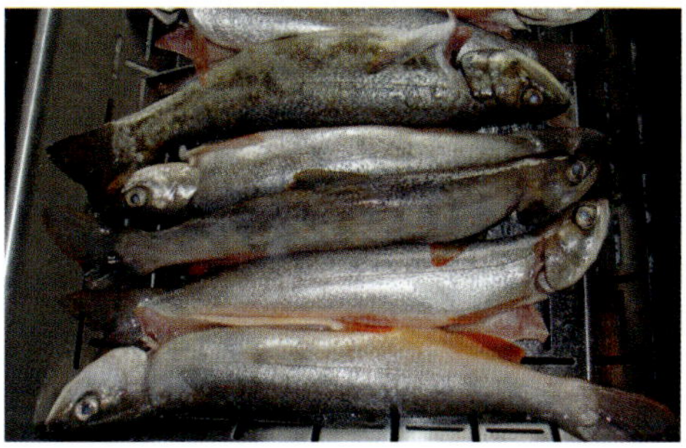

Bereit für den Räucherofen Foto: Bernd Taller

Der Fischereiverein Berchtesgaden betreibt eine eigene Zuchtanlage. Deshalb weist der See einen hervorragenden Bestand gesunder und gut abwachsender Fische auf. Nicht wenige bayerische Seen wurden mit diesem alten Hinterseestamm besetzt.

ANGELINFORMATIONEN

Saison: 1. Mai bis 30. September

Lizenzen: 22 €/Tag, 91 €/Fünftageskarte

Ausgabestellen:
Touristeninformation Schönau, Rathausplatz 1, D-83471 Schönau, Tel.: 0049(0)8652/1760

Gastaus/Pension Seeklause, Am See 65, D-83486 Ramsau-Hintersee, Tel.: 0049(0)8657/919938

Leihboote:
Gasthaus-Pension Seeklause, Am See 65, D-83486 Ramsau-Hintersee, Tel.: 0049(0)8657/919938

Gasthof Wörndlhof, Am See 21, D- 83486 Ramsau-Hintersee, Tel.: 0049(0)8657/373

Mindestmaße: die in Bayern gültigen

Entnahme: 6 Fische pro Tag, davon maximal 4 Forellen

Schonzeiten: keine

Besonderheiten: Angelbeginn ist frühestens um 5 Uhr, Ende um 21.45 Uhr.

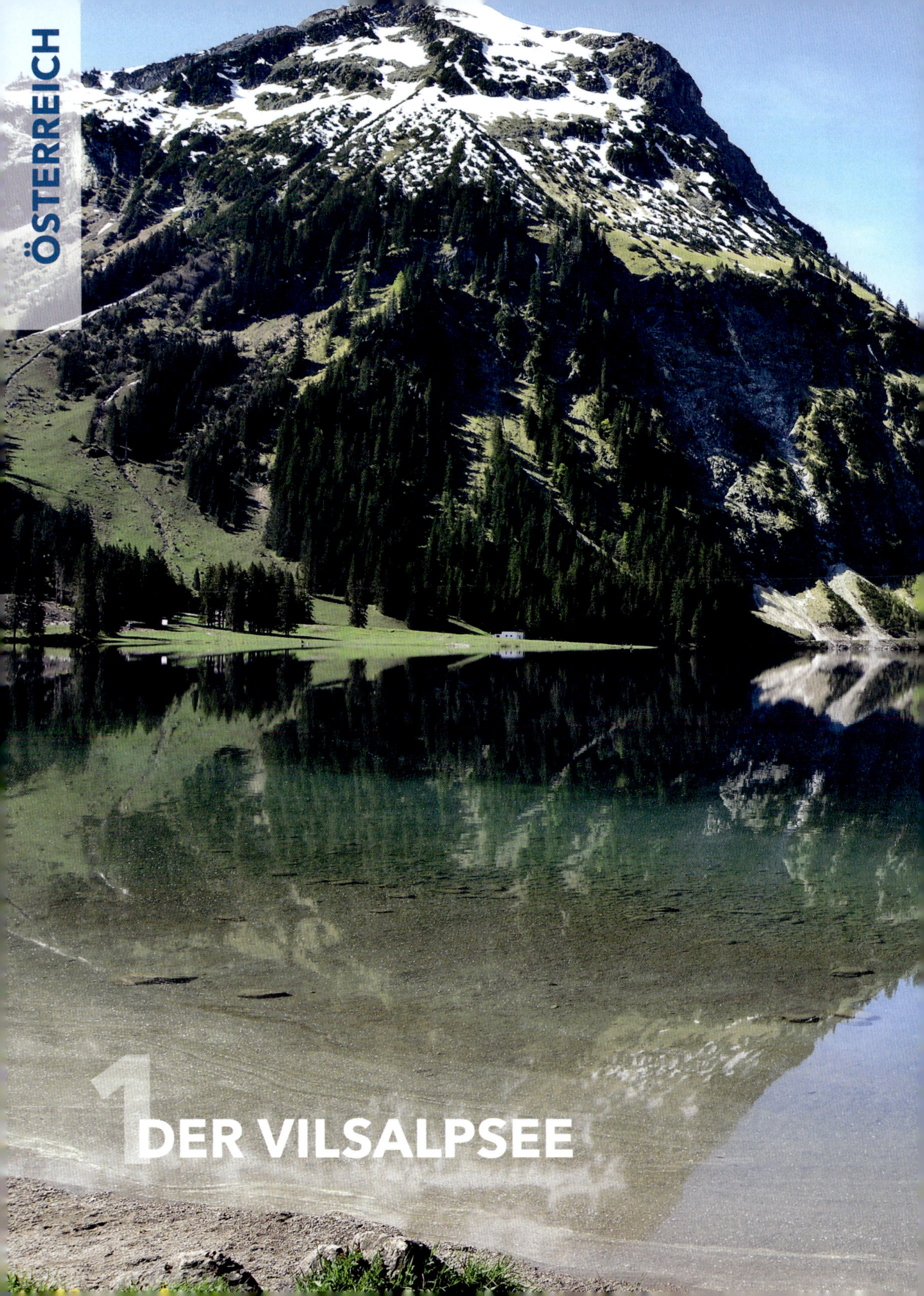

1 DER VILSALPSEE

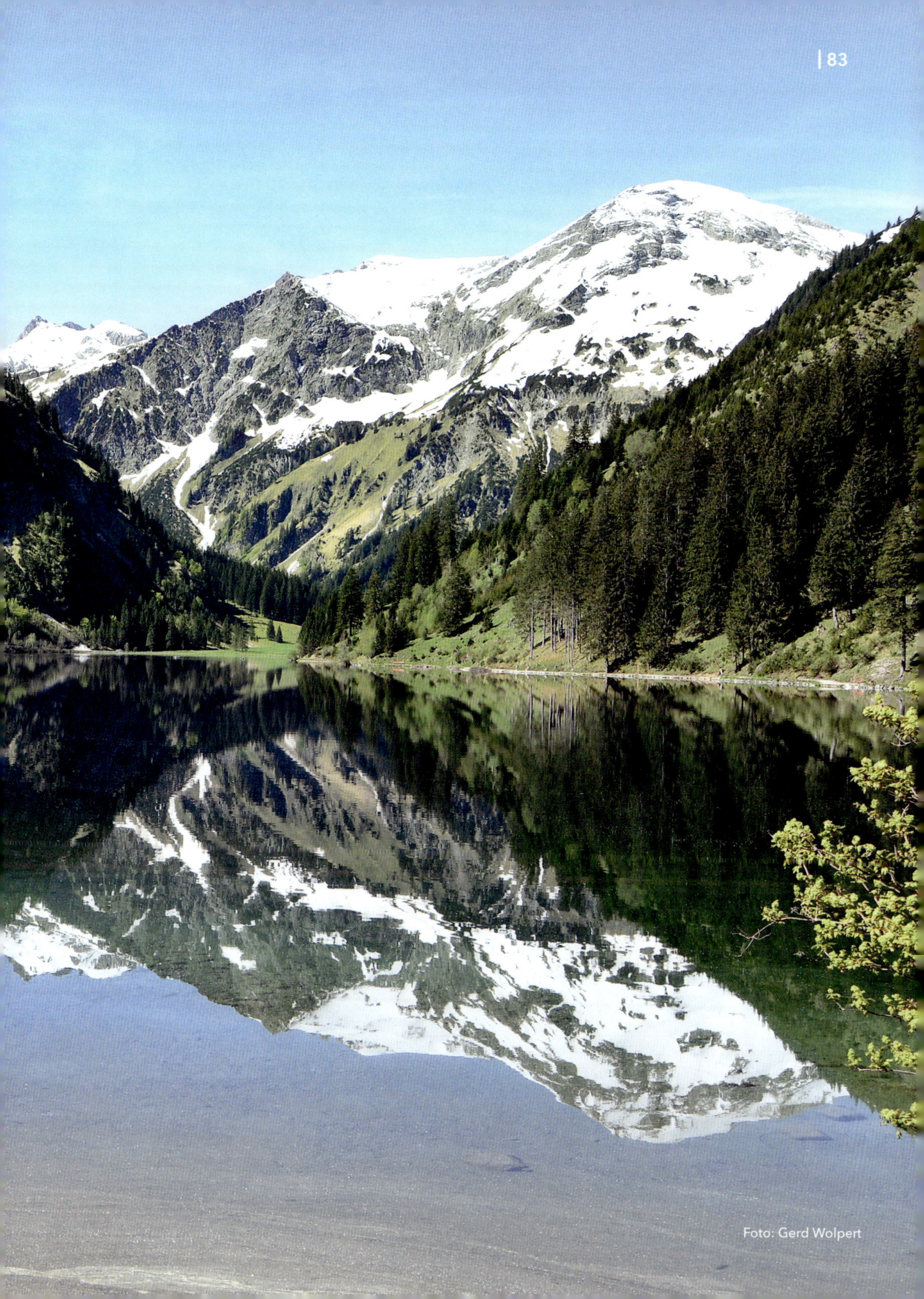

Foto: Gerd Wolpert

Im Bundesland Tirol, auf einer Seehöhe von 1100 Metern, befindet sich der Vilsalpsee. Er liegt im Tannheimer Tal, ist 1,4 Kilometer lang und 0,5 Kilometer breit. Dieser See ist bis zu 30 Meter tief. Hauptfischarten sind Seesaibling, Bach- und Seeforelle.

Schon sehr früh hat es mich aus dem Bett getrieben. Der Wetterbericht hat einen heißen Sommertag angekündigt, und bevor Wanderer und Spaziergänger auf den Beinen sind, möchte ich auf den See hinaus. Nahezu lautlos tauchen die Ruderblätter ins klare Wasser ein. Es ist ein Vergnügen – ein erfrischend kühler Morgen, ringsherum wundervolle Berge. Das verspricht ein herrlicher Angeltag zu werden …

Am Vilsalpsee dreht sich nahezu alles um den **Seesaibling**. Er gedeiht prächtig in diesem Hochgebirgssee, der sich inmitten eines Naturschutzgebietes befindet. Die Seesaiblinge finden einen mit Insekten und deren Larven reich gedeckten Tisch. Außerdem haben sie die Auswahl unter verschiedenen Kleinfischen: **Elritzen**, **Weißfische** und **Barsche**. Wer die Gemütlichkeit schätzt, verankert sein Boot und montiert eine **Hegene** an seine Rute. Ob man nun lieber aktiv fischen möchte oder eine Pose montiert, so oder so werden bald die ersten Bisse kommen. Seesaiblinge lieben auffällige Farben bei den **Nymphen**, und so kann gern die Farbe Neongelb verwendet werden. Auch Muster mit Glitzer bringen immer wieder Fänge. Sehr gerne wird am Vilsalpsee auch **geschleppt**. Dabei findet zumeist das Konvoisystem Anwendung. Die rotierenden Löffel erzeugen nicht nur einen optischen Reiz – nein, die entstehenden Druckwellen werden auch von weiter entfernten Fischen registriert. Ein so angelockter Saibling wird dann zumeist dem am Systemende befindlichen Köderfisch nicht widerstehen können. Eine

Diese Boote warten auf Angler. Foto Gerd Wolpert

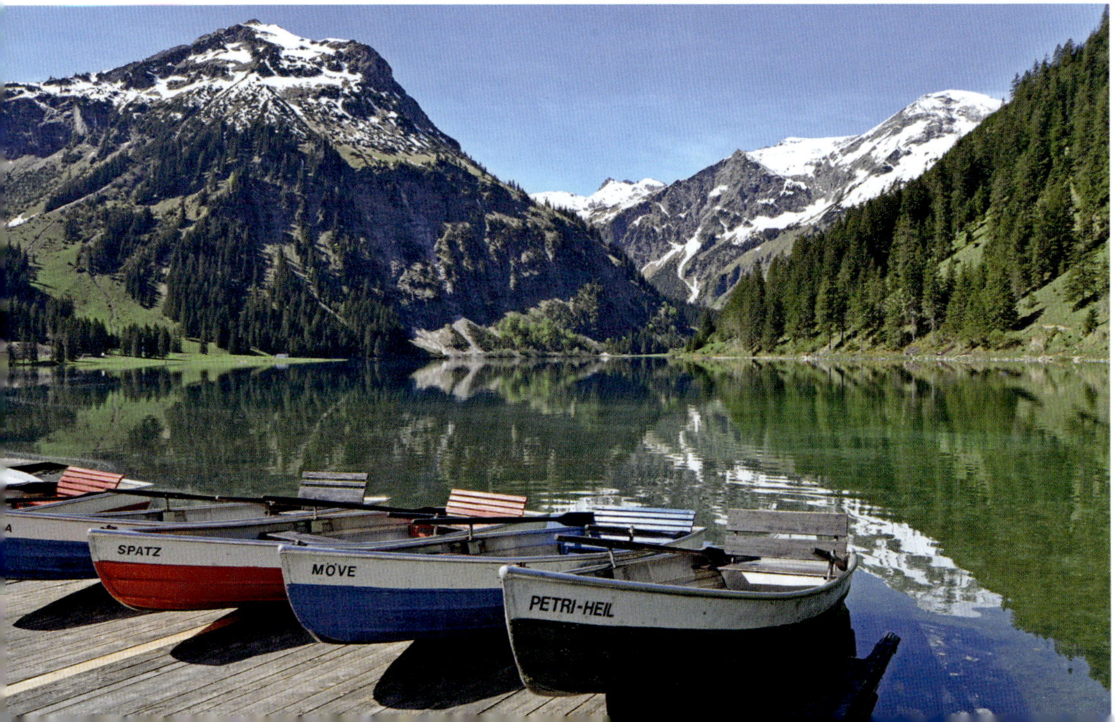

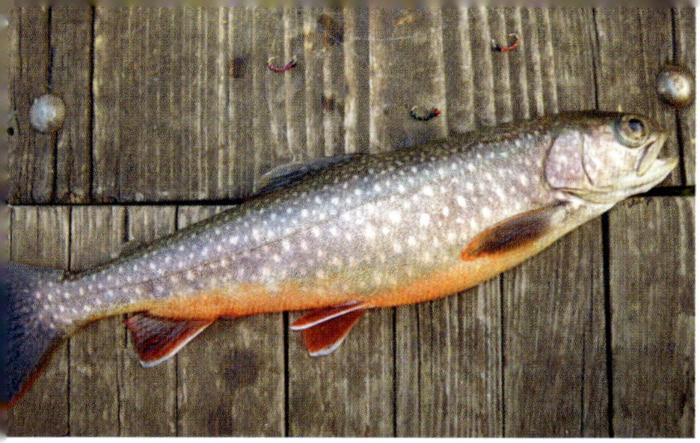

Wunderschön gefärbter Seesaibling
Foto: Andreas Freihaut

frisch getötete Elritze dürfte hierfür ideal sein. Entscheidende Bedeutung kommt dem Schlepptempo zu. Es darf nicht zu hoch sein. Und immer wieder mal sollte das Rudern unterbrochen werden. Die Montage sinkt dann zum Grund, und gerade in diesen Momenten erfolgen Bisse.

So mancher träumt vom Fang einer **Seeforelle**. Das ist auch am Vilsalpsee der begehrteste Fisch. Doch es müssen viele **Schlepprunden** gedreht oder eine Menge **Würfe vom Ufer** aus getätigt werden, bis ein silberner Traum am Haken hängt. Aber was immer wieder Anlass zur Hoffnung gibt: Es wurden hier schon Seeforellen über 9 Kilogramm gefangen!

Da Lebendköder mit Ausnahme von Elritzen am Vilsalpsee verboten sind, wird die gesamte Palette an **Kunstködern** eingesetzt. **Blinker**, **Spinner**, **Wobbler** und **Gummifische** kommen an der **Spinnrute** zum Einsatz. Und die **Fliegenfischer** können zwischen **Trocken-** und **Nassfliege** sowie **Nymphe** oder **Streamer** wählen. Da auch **Bachforellen** in nicht geringer Zahl vorkommen, darf man auf einen Hattrick am Vilsalpsee hoffen: Seesaibling, Bachforelle und Seeforelle an einem Tag!

Am Südende des Sees befinden sich Unterwasserpflanzen sowie einige versunkene Bäume. Dies ist das bevorzugte Revier der **Barsche**. Mit dem **Twister** oder der **Dropshotmontage** lassen sich gute Erfolge erzielen. Und es beißen nicht nur kleine Barsche – Exemplare um die 40 Zentimeter sind immer möglich. Immer wieder sieht man auch Spezialisten, die vom **Belly-Boot** aus ihr Glück versuchen. Meist sind es **Fliegenfischer**, die damit näher an ihre Wunschobjekte rankommen möchten. Auch für diejenigen, deren Wurfkünste noch nicht so perfekt sind, stellt das Angeln vom Belly-Boot aus eine sinnvolle Alternative dar. Natürlich nutzen auch Spinnfischer diese Alternative zum Bootsfischen.

ANGELINFORMATIONEN

Saison: 1. Mai bis 30. September

Lizenzen: 20 €/Tag

Ausgabestellen:
Reinhold Kofler, Tabaktrafik,
Geist 45, A-6675 Tannheim,
Tel.: 0043(0)5675/6266

Gasthaus Vilsalpsee,
Am Vilsalpsee 1, 6675 Tannheim,
Tel.: 0043(0)5675/6293

Restaurant Fischerstube,
Am Vilsalpsee 2, 6675 Tannheim,
Tel.: 0043(0)5675/6278

Leihboote: Reinhold Kofler, Tabaktrafik (siehe oben)

Mindestmaße: Bach- und Regenbogenforellen 30 cm, Seesablinge 28 cm, Bachsaibling 28 cm, Seeforellen 50 cm

Entnahme: 4 Edelfische pro Tag

Schonzeiten: Innerhalb der Angelsaison bestehen keine Schonzeiten.

Besonderheiten: Es sind nur Blinker, Fliege und Elritzen erlaubt. Lebendköder sind verboten. Gastkartenbeitrag an den Tiroler Verband nicht vergessen!

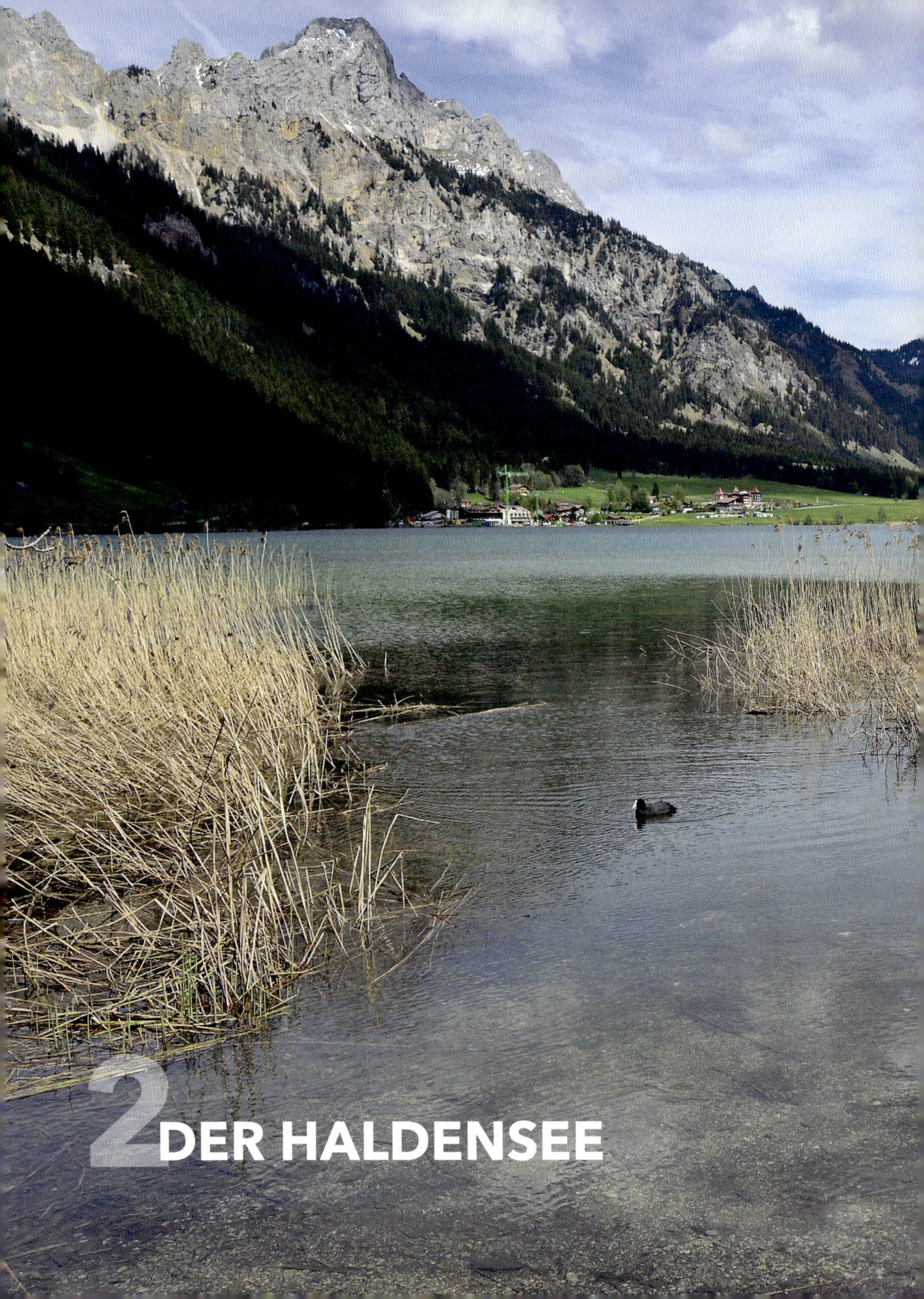

2 DER HALDENSEE

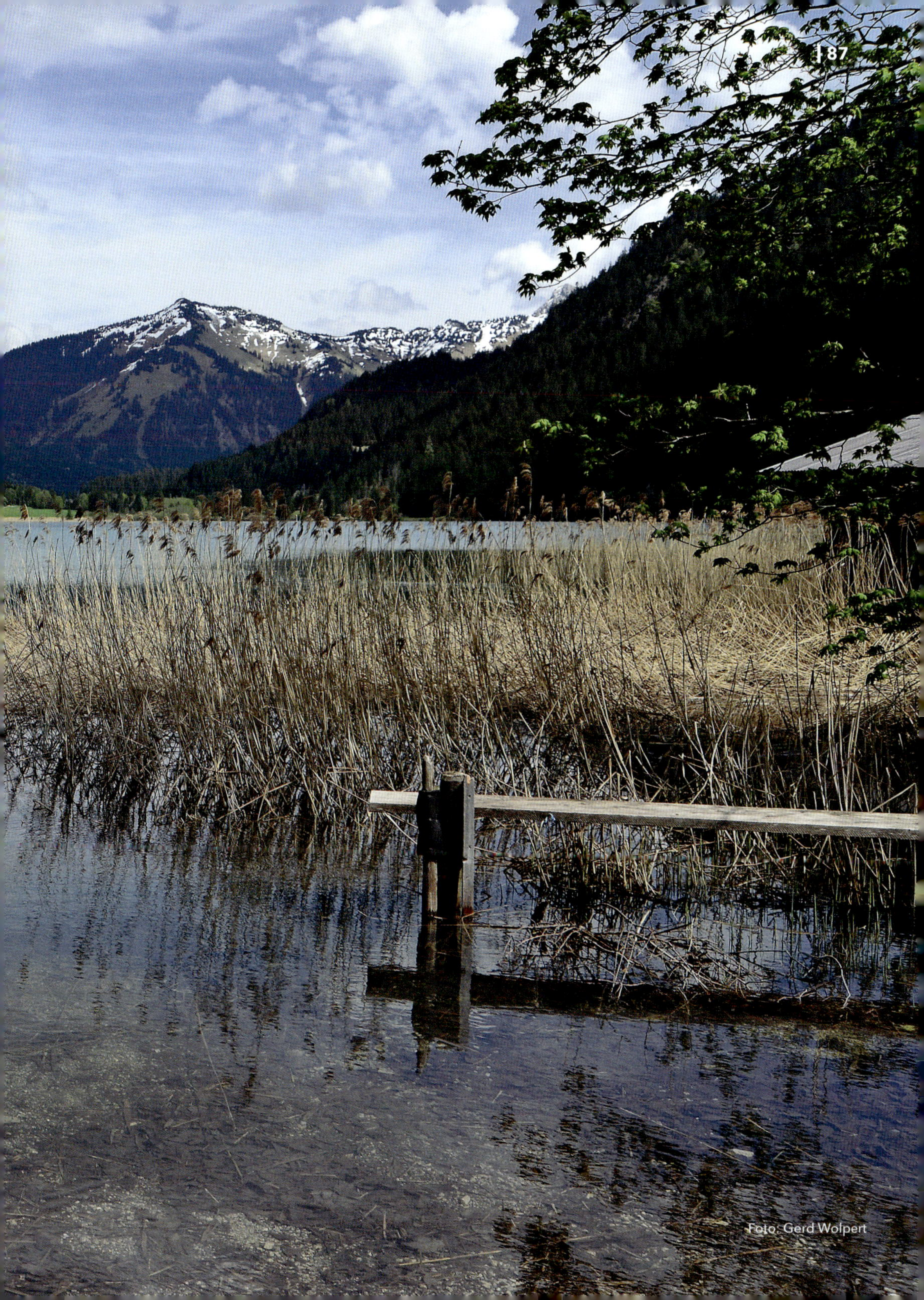

Foto: Gerd Wolpert

Im Bundesland Tirol liegt auf einer Seehöhe von 1124 Metern der 0,7 Quadratkilometer große Haldensee. Er ist 1,4 Kilometer lang und 0,8 Kilometer breit. Die maximale Tiefe beträgt 22 Meter. Hauptfischarten sind Renke und Hecht.

Nach langem Ausschlafen und einem ausgiebigen Frühstück rudere ich erst spät auf den Haldensee hinaus. Ich benutze mein eigenes Boot, denn eine Leihmöglichkeit ist nicht gegeben. Eine Stelle mit 15 Metern Tiefe, das erscheint mir ein guter Platz zu sein. Hier habe ich schon im Vorjahr Erfolg gehabt. Ob die Fische noch dieselben Bahnen ziehen? Oder haben sich ihre Gewohnheiten geändert? Nein, die ersten Bisse zeigen, dass der Haldensee in dieser Hinsicht sehr konstant ist. Obwohl die Sonne erbarmungslos vom wolkenlosen Himmel brennt, liegen bald die ersten Coregonen im Boot. Und als es mir auf dem Wasser zu heiß wird und ich den Heimweg antrete, hatten zuvor zwei Dutzend Silberlinge Gefallen an meinen Nymphen gefunden …

Der Haldensee ist ein wahres **Renkenparadies**. In dem nährstoffreichen Wasser gedeiht diese Fischart prächtig. Und es sind beileibe nicht nur Freiwasserrenken, sondern auch Bodenrenken, die sich im Tannheimer Tal sehr wohl fühlen. Rainer Tauscher, der einheimische Spezialist, fängt in jeder Saison Exemplare über 60 Zentimeter. Die kapitalen Coregonen lieben Stellen mit Unterwasserbewuchs. Dort finden sie neben Schlammröhrenwürmern auch Kleinschnecken – ihre Lieblingsspeise.

Zwischen Ende Mai und Anfang Juli schlüpft die Maifliege. Dies ist immer der Höhepunkt der Saison. Es ist schon erstaunlich, welch große Exemplare dieser Insektenart dabei

Der Haldensee – eine Tiroler Perle! Foto: Gerd Wolpert

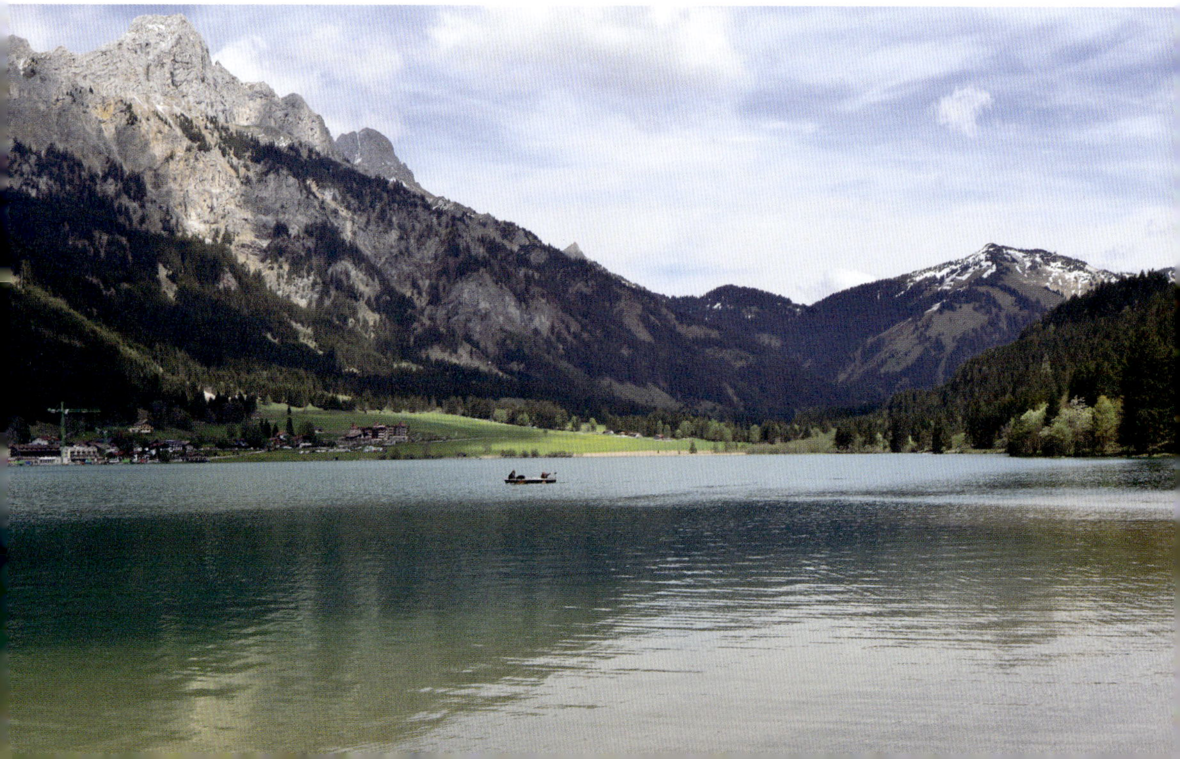

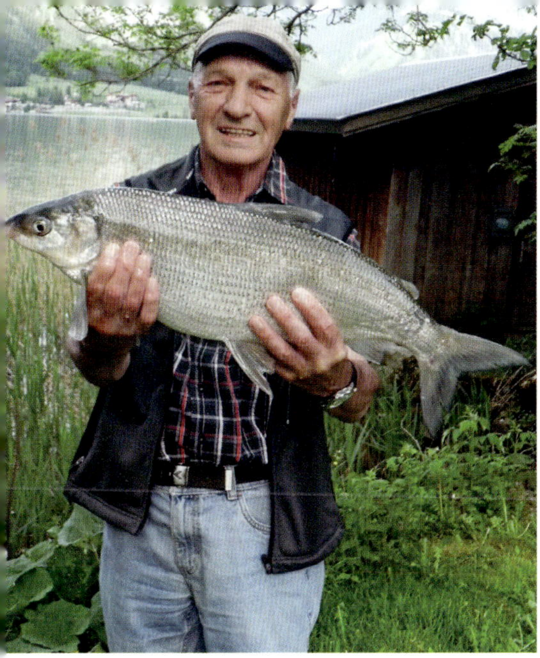

Ein wundervoller Renkenfang
Foto: Gerd Wolpert

sind. Natürlich verlocken sie auch unsere gefiederten Freunde, und so manche Maifliege landet im Schnabel einer Bachstelze. Nun dürfen auch die **Fliegenfischer** mit ihren **Trockenmustern** auf Erfolge hoffen. Und die **Hegenenangler** werfen ihre Montagen an der Unterwasserpose in die flachen Uferbereiche. Es ist schon erstaunlich, wie nahe die Renken bei ihrer Futtersuche herauskommen. Der Neuling in diesem Metier würde das wohl nie vermuten, aber die „alten Hasen" wissen längst über diese Gewohnheit Bescheid.

Auch der **Uferangler** hat am Haldensee seine Chancen. Im Bereich der Schilfgürtel halten sich **Schleien** und **Karpfen** auf. Gemütlich auf dem Campingstuhl sitzend lässt sich auf diese Weise so manche Fangstunde erleben.

Neben den Renken dominieren die **Hechte** den See. Ihr Bestand kann nur als ausgezeichnet beschrieben werden. Und wirklich **jede Fangmethode** wird zum Erfolg führen. Die Bootsangler schleppen ihre **Gummifische** oder **Wobbler**, andere suchen mit ihren **Spinnködern** den Schilfbereich ab. Mehrere Esox am Tag – das ist keine Seltenheit am Haldensee. Und da das Fischen mit dem Elektromotor gestattet ist, wird das **Schleppangeln** zur entspannten und genussvollen Angelegenheit. Gerade ältere Kollegen sind dankbar, wenn ihnen die oftmals harte Ruderarbeit erspart bleibt.

Auch zum **Fliegenfischen** ist der Haldensee sehr gut geeignet. Wer noch nie mit dem **Streamer** Erfolg hatte – im Tannheimer Tal kann dieser Wunsch in Erfüllung gehen. Da das Werfen mit diesem voluminösen Köder nicht so einfach ist, sollte es vom Boot aus versucht werden. Eine sehr interessante Methode ist das Fischen vom Belly-Boot (siehe Erklärung auf S. 69) aus.

ANGELINFORMATIONEN

Saison: 1. Mai bis 31. Oktober

Lizenzen: 11 €/Tag (Ufer), 18 €/Tag (Boot), 44 € für 5 Tage (Ufer), 73 € für 5 Tage (Boot)

Ausgabestellen: Sport-Kaufhaus Tauscher, Oberdorf 2, A-6673 Haldensee, Tel.: 0043(0)5675/6209

Leihboote: keine

Mindestmaße: Hecht 60 cm, Renke 30 cm, Karpfen 35 cm, Schleie 30 cm

Entnahme: 3 Hechte, 3 Renken, 1 Karpfen oder Schleie pro Tag

Schonzeiten: Schleie: 1. Juni bis 31. Juli

Besonderheiten: Lebendköder sind verboten; derzeit müssen alle gefangenen Renken zwischen 22 und 29 cm entnommen werden. Gastkartenbeitrag an den Tiroler Verband nicht vergessen!

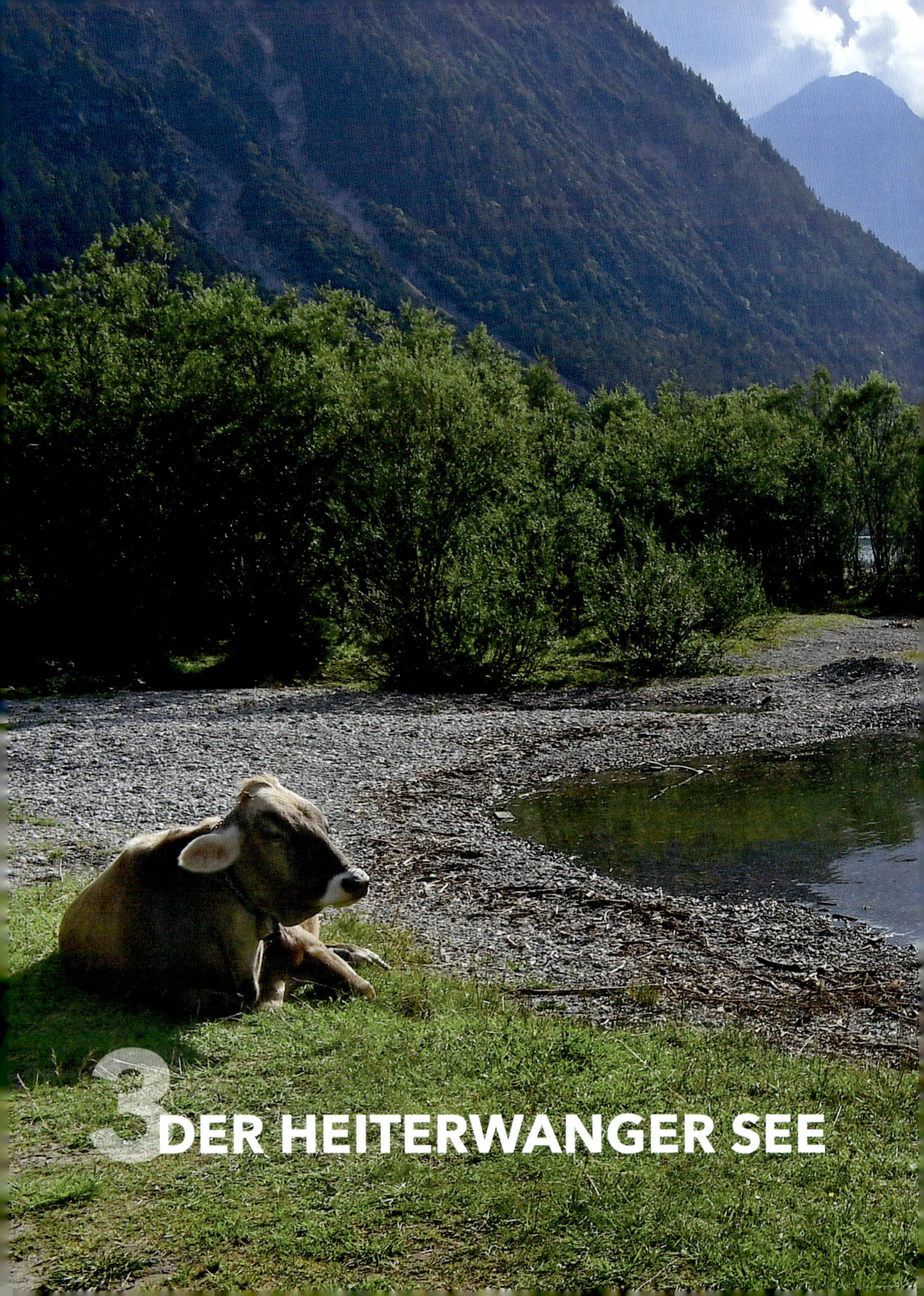

3 DER HEITERWANGER SEE

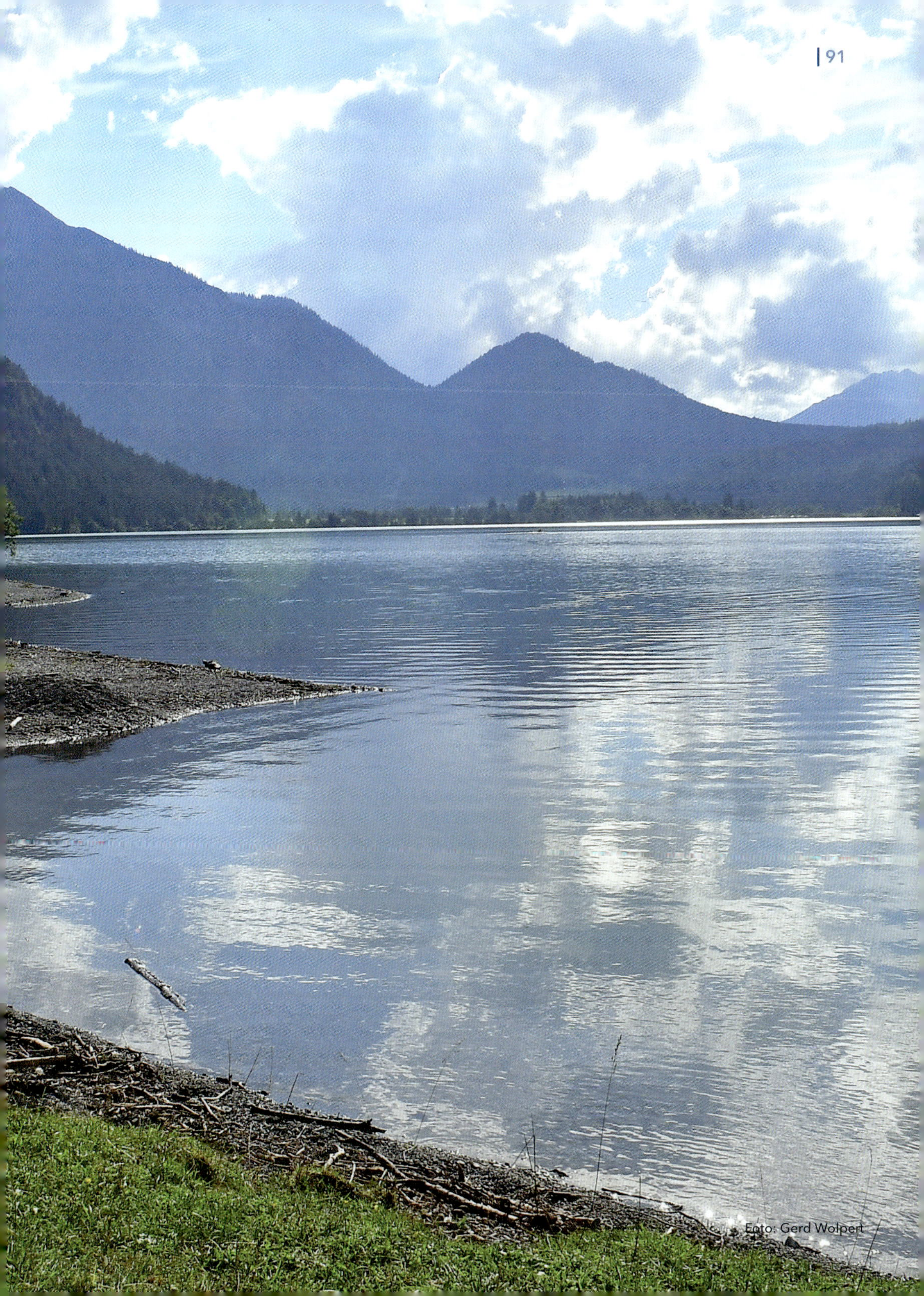

Foto: Gerd Wolpert

Im Bundesland Tirol befindet sich im Bezirk Reutte auf einer Seehöhe von 976 Metern der 2,2 Kilometer lange und 0,8 Kilometer breite Heiterwanger See. Bei einer Fläche von 1,4 Quadratkilometern misst seine größte Tiefe 60 Meter. Hauptfischarten sind Renke, See- und Regenbogenforelle.

Ein Junimorgen am Heiterwanger See. Mit dem Boot nähere ich mich rückwärts rudernd der Stelle, wo immer wieder Maifliegen die Wasseroberfläche verlassen. Ein wahres Naturwunder, wenn sie sich aus ihrer Hülle schälen, um dann unglaublich elegant davonzufliegen. Mit der leichten Fliegenrute und einem 16er Vorfach präsentiere ich eine gelb-grüne Imitation. Was sie mir wohl bringen mag? Es könnte eine Seeforelle sein, genauso aber auch ein Seesaibling oder eine starke Renke. Lange entsteht kein Schwall, aber als der aufkommende Wind die Wasseroberfläche zu rippeln beginnt, erfolgt doch noch der nicht mehr für möglich gehaltene Biss. Eine Seeforelle, wunderschön gezeichnet mit ihren großen Tupfen. Behutsam wird der Haken am Bootsrand gelöst, und sie darf wieder vehement in die Tiefe gleiten …

Zu Saisonbeginn im März richten sich auch am Heiterwanger See alle Blicke auf die **Seeforelle**. Mit den unterschiedlichsten Techniken, vornehmlich jedoch mit dem **Planseesystem**, wird ihr nachgestellt. Doch auch hier haben die Götter den Schweiß vor den Erfolg gestellt. Nicht umsonst wird die Silberne „Fisch der tausend Würfe“ genannt. Und zu manchen Zeiten dürfte das noch untertrieben sein!

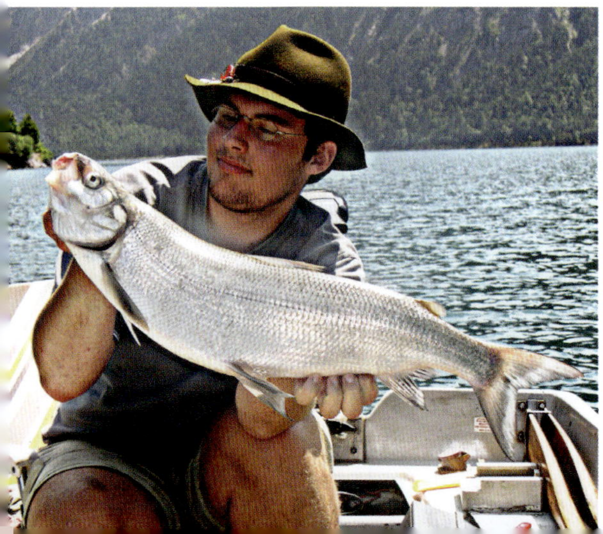

An den flacheren Uferzonen lohnt sich im zeitigen Frühjahr durchaus ein Versuch mit der **Hegene**. Immer wieder ziehen **Renkenschwärme** auf ihrer Suche nach Mückenlarven dort vorbei. Selbst der Fang einer Bodenrenke ist möglich. Und mit 60 oder gar 70 Zentimetern ist das dann schon fast der Fang des Lebens. Im Mai und Juni lohnt sich ein Versuch in 2 bis 3 Meter tiefem Wasser. Aber nur in dieser Zeit, ansonsten findet man die Coregonen im Bereich von 12 bis 15 Metern.

Gar nicht so selten nimmt eine **Äsche** die **Hegenennymphe**. Die Fahnenträger wandern durch die Zuflüsse ein und fühlen sich im nahrungsreichen See besonders wohl. Leider erfolgt die Mehrzahl der Anbisse während der Schonzeit.

Für einen Alpensee ist der Bestand an **Regenbogenforellen** ungewöhnlich hoch. Zu verdanken ist dies der Besatzpolitik, die auch dem nicht so versierten Fischer am Alpensee Fangchancen einräumen möchte. Nahezu überall sind die Regenbögler anzutreffen, und selbst in großer Tiefe kann ein Fang gelingen. So mancher rümpft seine Nase über diese nichtheimische Fischart, die Ende des

Kapitale Bodenrenke
Foto: Lukas Friedl

19. Jahrhunderts aus Amerika kam. Sehr zu Unrecht, denn die Rainbows stellen längst nicht so hohe Ansprüche an Temperatur und Sauerstoffgehalt des Wassers wie Bach- und Seeforelle. Im Drill präsentiert sie sich temperamentvoll und ausdauernd – kein Grund also, sich nicht über eine Regenbogenforelle an der Angel zu freuen. Noch dazu, wenn man sie mit wirklich allen Methoden überlisten kann – von der **Hegene** übers **Spinn-** und **Schleppfischen** bis hin zur **Fliegenrute**. Hier ist es besonders der **Streamer**, der Erfolg bringen wird. Aber auch **Nassfliege** und **Nymphe** sollte man im Repertoire haben. Seltener wird man mit einer **Trockenfliege** trumpfen können.

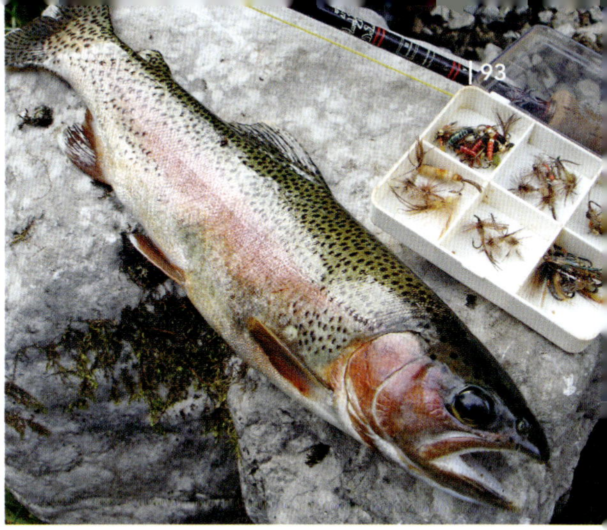

Farbstarke Regenbogenforelle
Foto: Bernd Taller

Der Heiterwanger See ist durch einen Kanal mit dem Plansee verbunden. Zu allen Zeiten war der Fischreichtum weithin bekannt. Schon Kaiser Maximilian I. (1459–1519) kam oft zum Fischen und Jagen in diese wunderschöne Region.

ANGELINFORMATIONEN

Saison: 16. März bis 31. Oktober

Lizenzen: 18 €/Tag, 90 €/Woche

Ausgabestellen:
Tankstelle Niewelt, Innsbrucker Str. 53, A-6600 Reutte, Tel.: 0043(0)5672/71644

Campingplatz Seespitze, Planseestr.68, A-6600 Breitenwang, Tel.: 0043(0)5672/78121

Planseekiosk, Am Plansee 16, A-6600 Breitenwang, Tel. 0043(0)676/9564865

Hotel Fischer am See, A-6611 Heiterwang, Tel.: 0043(0)5674/5116

Angelgeräte Müller, Salzstr. 22, D-86700 Kaufbeuren, Tel.: 0049(0)8341/73371

Leihboote:
Hotel Fischer am See, A-6611 Heiterwang, Tel.: 0043(0)5674/5116

Hotel Forelle, Am Plansee 9, A-6600 Breitenwang, Tel.: 0043(0)5672/78113

Mindestmaße: Renke 35 cm, Seesaibling 25 cm, Bachforelle 50 cm, Regenbogenforelle 30 cm, Seeforelle 50 cm, Äsche 42 cm

Entnahme: 3 Edelfische pro Tag (Forellen, Renken, Äschen), zusätzlich noch 7 Seesaiblinge und 20 Elritzen

Schonzeiten: Renke: 1. November bis 15. März; Seesaibling: 1. Oktober bis 15. März; Bachforelle: 1. Oktober bis 15. März; Seeforelle: 1. Oktober bis 15. März; Äsche: 1. Januar bis 15. Mai; Elritze: 1. Juni bis 31. Juli

Besonderheiten: Vor Abholung einer Lizenz muss der Gastkartenbeitrag an den Tiroler Fischereiverband überwiesen werden (25 € für Erwachsene und 10 € für Jugendliche).

Bankverbindung: Hypo Tirol, BIC Hyptat22, IBAN AT03 5700 0002 0012 3769

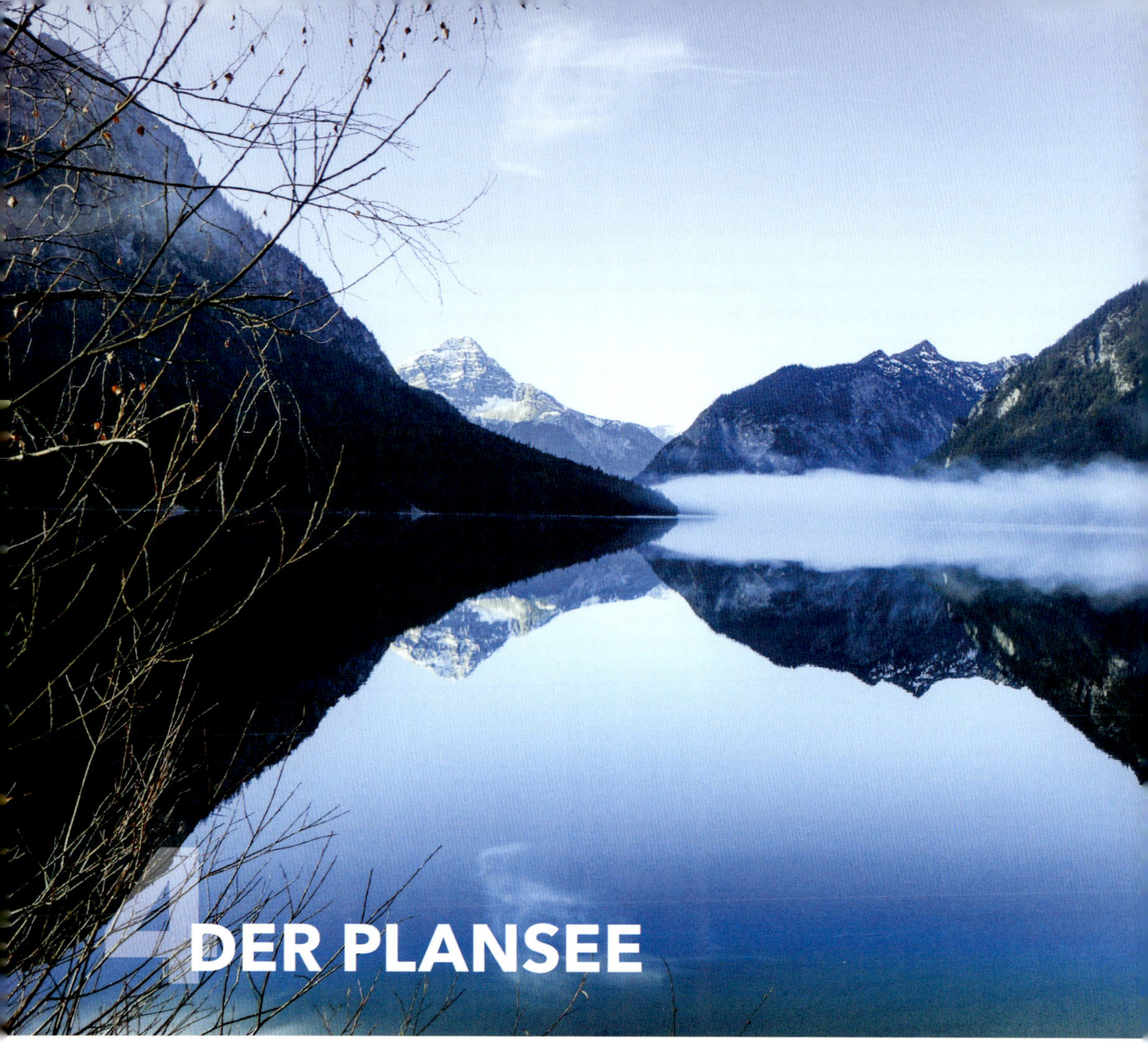

4 DER PLANSEE

Im Bezirk Reutte im Bundesland Tirol befindet sich auf einer Seehöhe von 976 Metern der 5 Kilometer lange und 1,7 Kilometer breite Plansee. Seine Fläche beträgt 2,87 Quadratkilometer und seine größte Tiefe liegt bei 77 Metern. Hauptfischarten sind Seesaiblinge, Seeforellen und Barsche.

Anfang April. Ich stehe am Ufer, und die ersten milden Tage haben das Eis an exponierten Stellen schmelzen lassen. Nun hält mich nichts mehr zu Hause! Viel zu sehr packt mich die Sehnsucht, den Weg einer Seekönigin zu kreuzen. Ja, eine Seeforelle, das wär's. Wenn man das Osterfest mit dünnen Scheiben eines als „Gravlax" (graved Lachs) zubereiteten Fisches feiern könnte – dafür bin ich bereit, Stunde um Stunde meine Köder auszuwerfen. So weit es geht, immer Richtung Horizont. Und dann, als die Hoffnung bereits ziemlich tief gesunken ist, da kommt unvermittelt der Biss. Aber das Schonmaß wird nicht erreicht, und so gilt es, noch einmal ein Stündchen dranzuhängen …

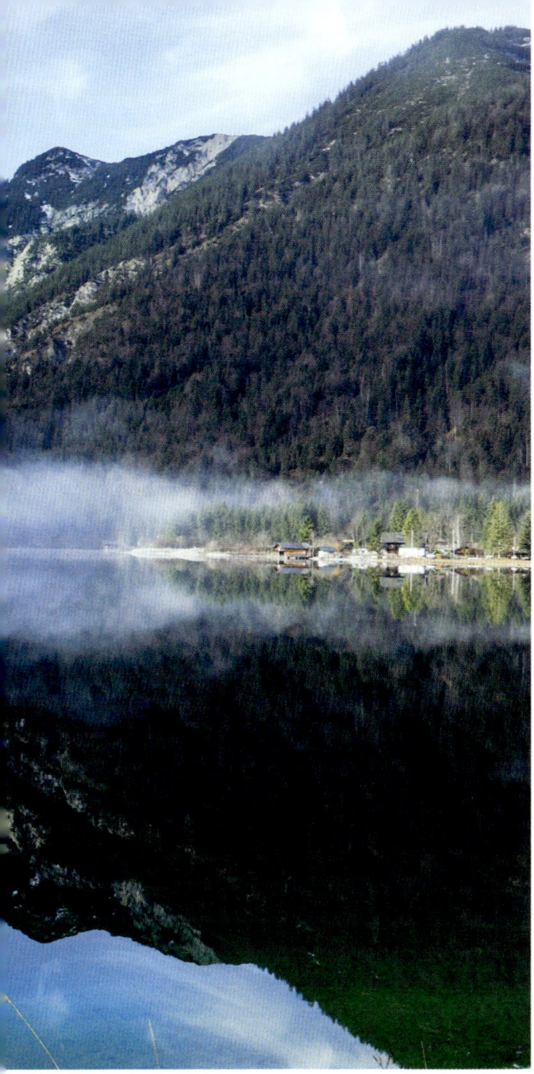

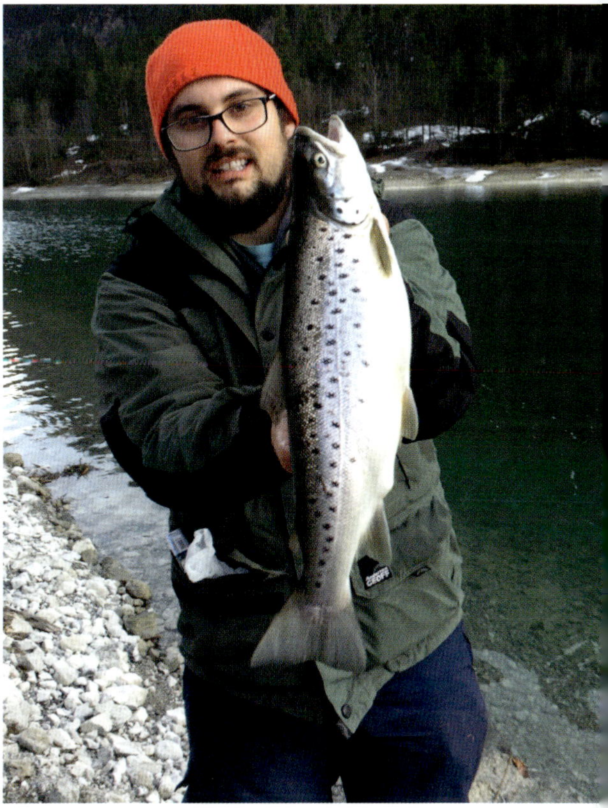

Seeforelle – feiner Uferfang (oben)
Foto: Lukas Friedl

Bald hat sich der Nebel verzogen … (links)
Foto: Lukas Friedl

Die **Seeforelle** ist natürlich der Traumfisch der Planseeangler. Es existieren schöne Exemplare, aber man muss eine Menge Zeit investieren, bis eine Silberne entnommen werden kann. Natürlich sollte ein untermaßiger Fisch sehr behutsam gelandet und der Haken am besten noch im Wasser gelöst werden. Doch mit jedem gehakten Exemplar steigt das Vertrauen in Köder und Angelmethode, und so ist es nur eine Frage der Zeit, bis einmal ein Traumfisch am Haken hängt. Geradezu klassisch ist das System, das vor Jahrzehnten vom Aufsichtsfischer Winkler an diesem See erfunden wurde: das **Planseesystem**. Es ist ebenso einfach wie genial: An einem dünnen Draht ist ein Bleikopf montiert. Zwei kleine Drillinge, einer im Kopf-, der andere im Endbereich, garantieren ein gutes Haken, gleich, von welcher Seite aus die Seeforelle attackiert. Wer über keine **Kleinfische** wie Elritzen oder Barsche verfügt, kann auch einen **Gummifisch** in entsprechender Größe und Farbe benutzen. Um sehr weit werfen zu können, werden auch **Blinker** wie Mozzi oder Toby verwendet.

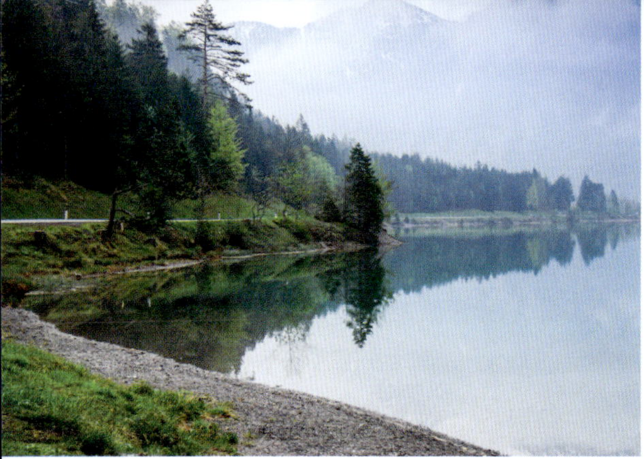

Diese Bucht lädt zum Uferangeln ein.
Foto: Lukas Friedl

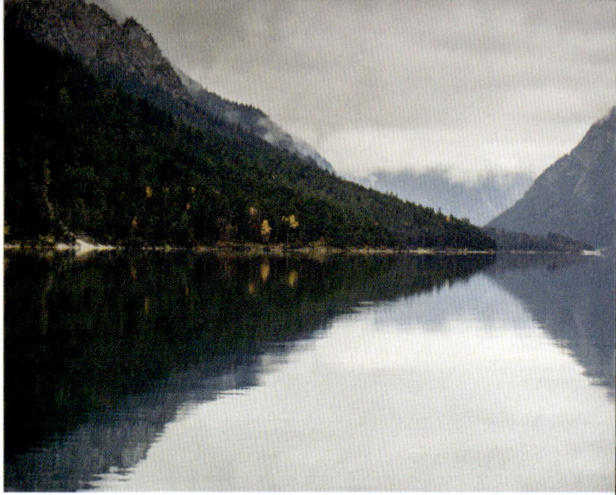

Auch bei trübem Wetter ein imposanter Anblick ... Foto: Lukas Friedl

Dominierende Fischart im Plansee ist jedoch der **Seesaibling**. Ein halbes Dutzend an einem Vormittag, das ist für die Spezialisten kein Kunststück. Solange sich auf dem See noch Eisflächen befinden, fischen sie vom Ufer aus. Wenn aber die Frühlingssonne ihre Arbeit geleistet hat, was meist Mitte Mai vollzogen ist, brennen sie geradezu darauf, ins Boot zu steigen. Zumeist wird das **Konvoisystem** benutzt. Mehrere Spinnerblätter sind hintereinander geschaltet und entfachen eine immense optische Wirkung. Als Köder sind jedoch Maden verboten. So kommen **Elritzen** oder **Kleinwobbler** zum Einsatz.

Der **Renkenfang** gestaltet sich am Plansee schwierig. Auch fällt das Lokalisieren nicht leicht. Während sie heute hier anzutreffen

Welch wundervolle Stimmung! Foto: Naturparkregion Reutte/Robert Eder

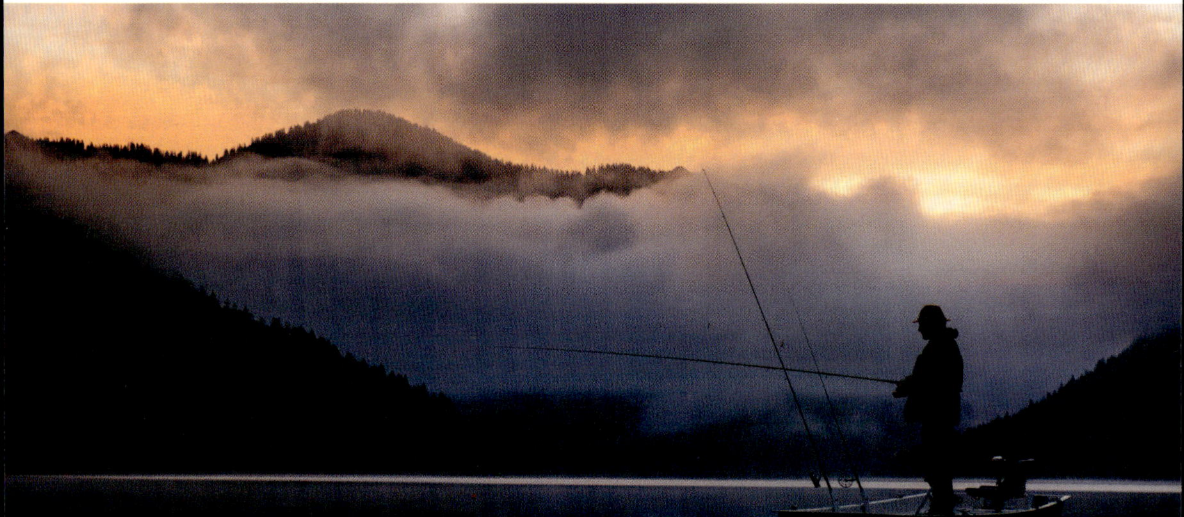

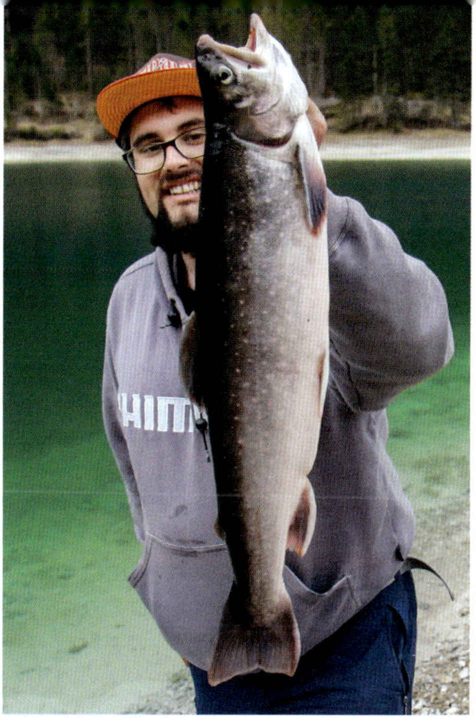

Prächtiger Seesaibling
Foto: Lukas Friedl

sind, findet man sie morgen ganz woanders. Und nur mit **Kleinhaken** in Größe 16, am besten brüniert, hat man überhaupt Chancen. **Barsche** sind zahlreich, werden jedoch kaum befischt. Auch wenn die Durchschnittsgröße nicht gerade berauschend ist, so werden immer wieder Stachelträger mit 40 und gar 50 Zentimetern gefangen. Das **Dropshotsystem** und das **Texas-Rig** können empfohlen werden. Als günstige Fangstellen gelten versunkene Bäume sowie die Steinschüttung. Anzumerken wäre noch, dass im Plansee keine Hechte vorkommen.

ANGELINFORMATIONEN

Saison: 16. März bis 31. Oktober

Lizenzen: 18 €/Tag, 90 €/Woche

Ausgabestellen:
Tankstelle Niewelt, Innsbrucker Str. 53, A-6600 Reutte, Tel.: 0043(0)5672/71644

Campingplatz Seespitze, Planseestr.68, A-6600 Breitenwang, Tel.: 0043(0)5672/78121

Planseekiosk, Am Plansee 16, A-6600 Breitenwang, Tel. 0043(0)676/9564865

Hotel Fischer am See, A-6611 Heiterwang, Tel.: 0043(0)5674/5116

Angelgeräte Müller, Salzstr. 22, D-86700 Kaufbeuren, Tel.: 0049(0)8341/73371

Leihboote:
Hotel Fischer am See, A-6611 Heiterwang, Tel.: 0043(0)5674/5116

Hotel Forelle, Am Plansee 9, A-6600 Breitenwang, Tel.: 0043(0)5672/78113

Mindestmaße: Renke 35 cm, Seesaibling 25 cm, Bachforelle 50 cm, Regenbogenforelle 30 cm, Seeforelle 50 cm, Äsche 42 cm

Entnahme: 3 Edelfische pro Tag (Forellen, Renken, Äschen), zusätzlich noch 7 Seesaiblinge und 20 Elritzen

Schonzeiten: Renke: 1. November bis 15. März; Seesaibling: 1. Oktober bis 15. März; Bachforelle: 1. Oktober bis 15. März; Seeforelle: 1. Oktober bis 15. März; Äsche: 1. Januar bis 15. Mai; Elritze: 1. Juni bis 31. Juli

Besonderheiten: Vor Abholung einer Lizenz muss der Gastkartenbeitrag an den Tiroler Fischereiverband überwiesen werden (25 € für Erwachsene und 10 € für Jugendliche).

Bankverbindung: Hypo Tirol, BIC Hyptat22, IBAN AT03 5700 0002 0012 3769

5 DER IRRSEE

Foto: Wolfgang Hauer

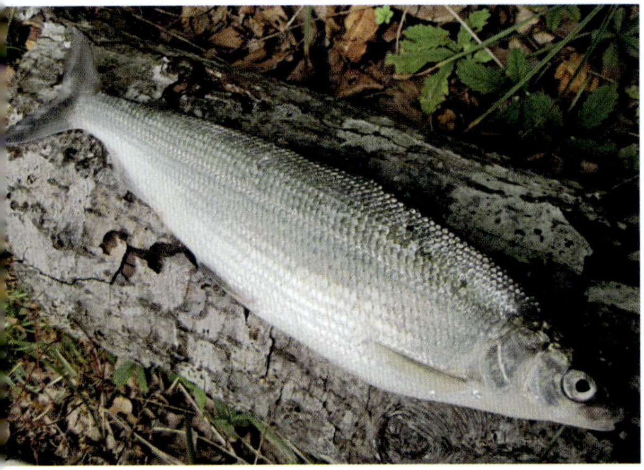

Bilderbuchrenke
Foto: Bernd Taller

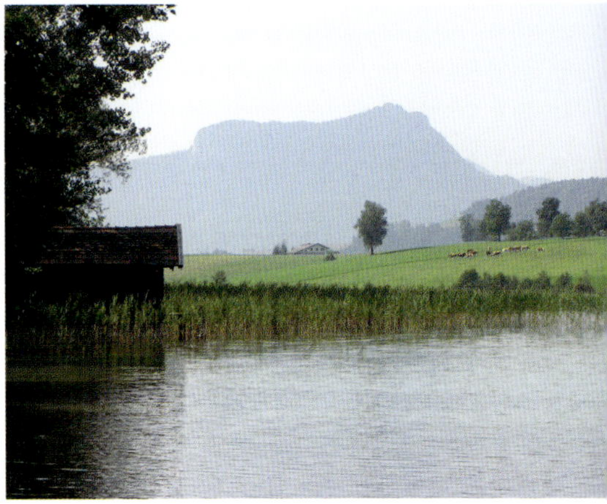

Stille Bucht mit Schilfbestand
Foto: Christian Weber

Im Bundesland Oberösterreich, nicht weit von Salzburg entfernt, befindet sich der 4,7 Kilometer lange und 1 Kilometer breite Irrsee. Auf einer Seehöhe von 553 Metern gelegen, weist er eine Fläche von 3,5 Quadratkilometern auf. Seine größte Tiefe liegt bei 32 Metern. Hauptfischarten sind Renke, Hecht und Karpfen.

Mit meiner Familie habe ich Quartier in einem hoch über dem Irrsee gelegenen Bauernhof bezogen. Während Ehefrau und Sohn noch schlafen, schleiche ich mich aus dem Haus. Unten am See wartet schon mein Leihboot auf mich. Ich rudere zu einer idyllischen Stelle mit einem Bootshaus am Ufer. Doch weder hier noch an drei weiteren Stellen bringt mir die Hegene einen Biss. Ich habe an diesem Morgen kein Glück und kann die Renkenschwärme einfach nicht finden. Aber am Abend werde ich nochmals hinausrudern!

Der Irrsee kann als Allroundgewässer angesehen werden. Sowohl vom Fischbestand als auch von den Angelmethoden her. Die Schleppfischer dürfen auf Hecht, Zander und Wels hoffen, die Bootsangler auf Renke und die Uferangler auf Karpfen, Schleie, Aal und Brassen.

Die Mehrzahl der Bootsangler stellt den **Renken** nach. Ihr Bestand darf als hervorragend bezeichnet werden, auch wenn es Tage gibt, an denen es diese launische Diva den Petrijüngern sehr schwer macht. Im Frühjahr sind die Coregonen nahezu überall zu finden. Tiefen von 10 bis 12 Meter dürften dann ideal sein. Wer jedoch seine **Hegene** im Flachen anbietet, darf mit einer besonders großen Renke rechnen. Im Sommer entsteht ein sehr starkes Planktonaufkommen. Dann wird es schwieriger, die Fische mit der **Nymphenimitation** zu überlisten. Im Herbst gelingt dies dann wieder einfacher. Neben den klassischen Farben hat sich am Irrsee die **„Brombeernymphe“** bewährt. Und noch ein Detail bringt besonders hier Erfolge – die Nachläufernymphe. Sie wird so eingebunden, dass sie unterhalb des Bleigewichts zum Tragen kommt. Beim Anheben befindet sich diese Nymphe nun im Bodenbereich. Gerade Bodenrenken wühlen gern im schlammigen Grund, und da kann die Nachläufernymphe ein „Trumpf-Ass“ sein.

Beim **Schleppfischen** hat sich der Abend bis zum Einbruch der Dunkelheit als günstigste Zeit herausgestellt. Grün-silberne **Wobbler**, also im „Renkendekor“, oder in Gelb haben sich bewährt. Natürlich geht auch ein **Gummifisch am System**, wobei dem natürlichen Fisch der Vorzug zu geben wäre. **Perlmuttspangen** sind ein Geheimtipp und haben schon so manchen **Großhecht** zum Anbiss verleitet. Kontakte mit **Zandern** und **Welsen** werden nicht so häufig sein, ausgeschlossen sind sie jedoch nicht. Der **Waller** scheint sich im Irrsee sehr wohl zu fühlen und vermehrt sich gut.

Obwohl der Irrsee von Moorwiesen umgeben ist, finden sich genügend Stellen zum **Uferangeln**. Mit **Schleien**, besonders aber mit **Karpfen**, darf man immer rechnen. Da kann dann durchaus mal ein kapitaleres Exemplar dabei sein.

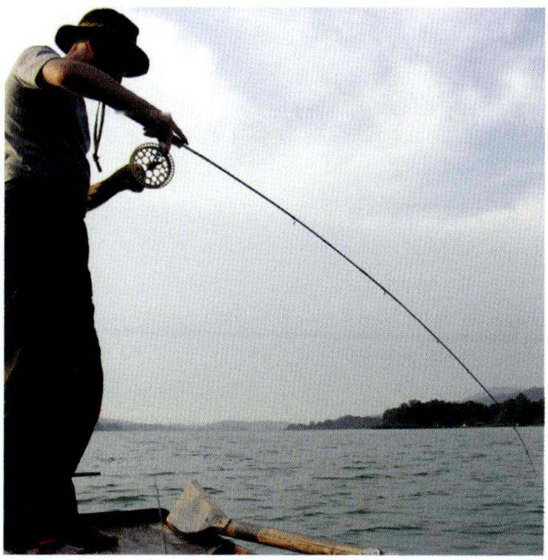

Konzentriert beim Renkendrill
Foto: Christian Weber

Die Ufer präsentieren sich größtenteils unverbaut und sind von einem Schilfgürtel umsäumt. Die gesamte Seefläche steht unter Naturschutz. Der ausgeprägte Schilfgürtel hat eine bedeutende Rolle im Ökosystem. Er ist die Kinderstube vieler Jungfische und dient außerdem als „Filteranlage“ für das Seewasser. In den vergangenen Jahren wurden diverse Anstrengungen unternommen, um die Seeforelle wieder einzubürgern.

ANGELINFORMATIONEN

Saison: 1. Januar bis 31. Dezember

Lizenzen: 46 €/Tag (Jugendliche bis 18 Jahre 12 €), 103 €/Woche (Jugendliche 35 €)

Ausgabestellen:
Angelsport Weitgasser, Welserstr. 15, A-4060 Leonding, Tel.: 0043(0)664/85881

Sportanglerbund, Gmundnerstr. 75, A-4840 Vöcklabruck, Tel.: 0043(0)7672/77672

Camping Maier, Unterschwand 9, A-4893 Zell am Moos, Tel.: 0043(0)6234/7081

Leihboote:
Dorferwirt, Am Irrsee 40, A-4893 Zell am Moos, Tel.: 0043(0)6234/8275

Hotel Pöllmann, Am Irrsee 22, A-4893 Zell am Moos, Tel.: 0043(0)6234/8322

Mindestmaße: Hecht 60 cm, Renke 36 cm, Zander 50 cm, Seeforelle 50 cm, Karpfen 40 cm

Entnahme: 3 Renken pro Tag und 50 Exemplare pro Saison

Schonzeiten: Hecht: 1. Februar bis 30. April; Renke: 1. November bis 31. Januar; ansonsten gelten die gesetzlichen Schonzeiten

Besonderheiten: keine

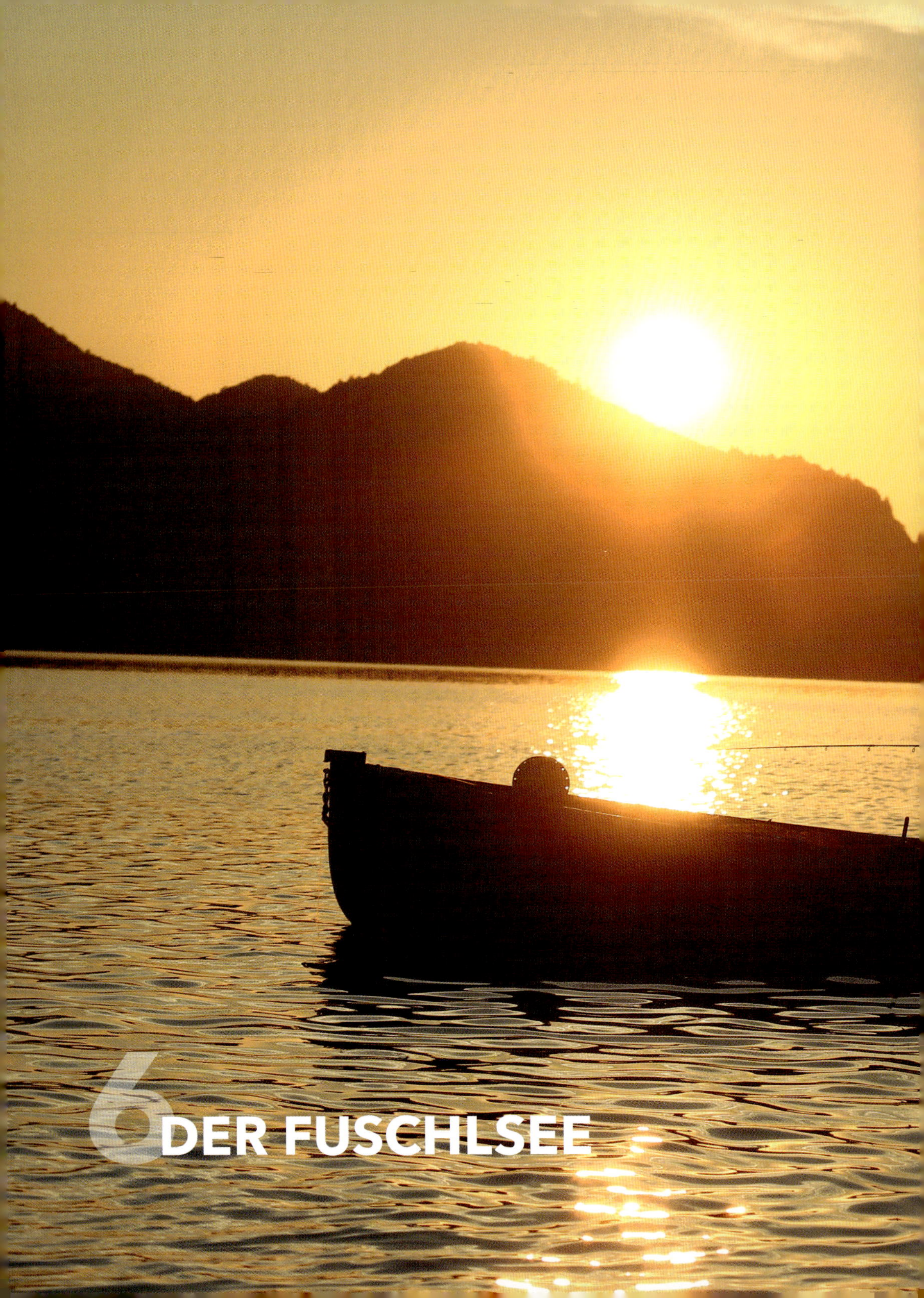

6 DER FUSCHLSEE

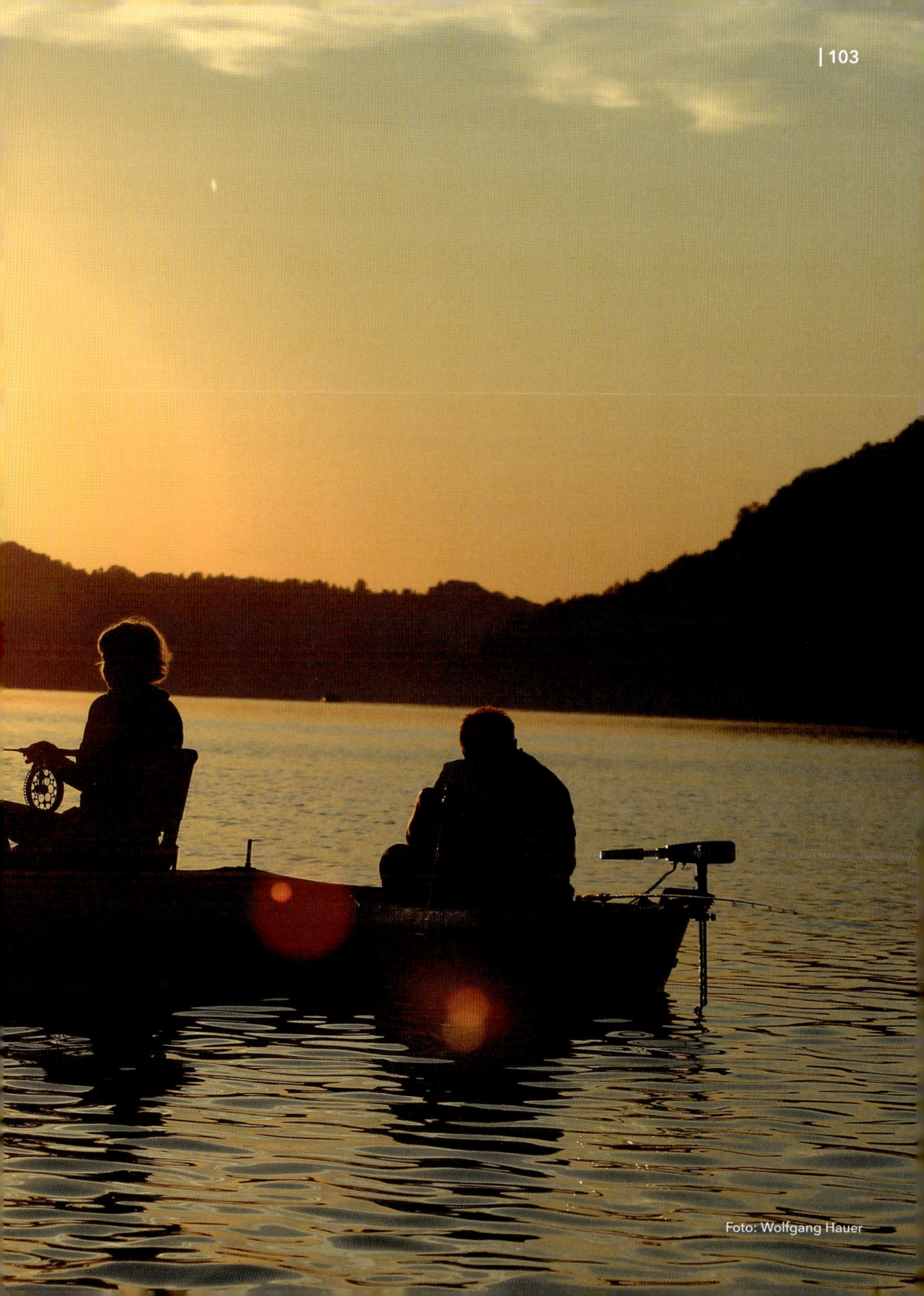

Foto: Wolfgang Hauer

Im Bundesland Salzburg, am Rande des Salzkammerguts, befindet sich auf 663 Metern Seehöhe der 4,2 Kilometer lange und 0,8 Kilometer breite Fuschlsee. Er hat eine Fläche von 2,7 Quadratkilometern, seine tiefste Stelle misst 67 Meter. Hauptfischarten sind Renke, Seeforelle, Hecht und Seesaibling.

Es ist Osterzeit, und besonders am Morgen und Abend ist es noch empfindlich kühl. Florian und ich haben unser Boot im flachen Seeteil verankert. Dort erwärmt sich das Wasser tagsüber am schnellsten. Entsprechend darf hier mit einem vermehrten Insektenschlupf gerechnet werden. Aber unsere Nymphen finden keine Abnehmer. Erst als wir die Stelle wechseln, gelingt uns ein Fang. Florian ist der Glückliche, aber ich bin es auch, denn er schenkt mir seine schöne Renke.

Im Mai bin ich wieder am Fuschlsee. Von Wonnemonat jedoch keine Spur. Es nieselt ununterbrochen – die Renken beißen jedoch extrem gut. Immer wieder verbiegt sich die feine Rute, und als ich zu Mittag das Angeln beende, werden wohl zwei Dutzend am Haken meiner Hegene gewesen sein.

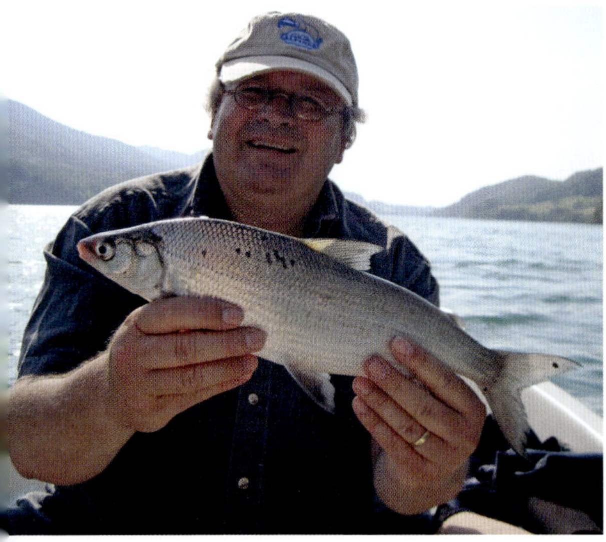

Obwohl der Fuschelsee zahlreiche Fischarten beheimatet (Seeforelle, Seesaibling, Bachforelle, Schleie, Karpfen, Aal, Barsch, Döbel, Rotauge, Rotfeder), dreht sich das fischereiliche Geschehen überwiegend um die **Renke**. Berufsfischer Gerhard Langmair bewirtschaftet den See mit Augenmaß und entnimmt nur so maßvoll, dass für die Angler der Tisch immer noch reich gedeckt ist. Und es sind beileibe nicht nur kleine oder mittlere Exemplare. Professor Egon Kleinjohann, als „Renkenprofessor" weithin bekannt, hat schon einige kapitale Exemplare auf die Schuppen legen können. Ob man nun sein Glück lieber beim **Heben und Senken** oder mittels **Pose** versuchen möchte, das bleibt dem persönlichen Geschmack vorbehalten. Erfolge werden sich schnell mit beiden Methoden einstellen. Im April ziehen die Renkenschwärme teilweise noch in der Tiefe umher. Im Mai und Juni hingegen kommen sie gerne auch ins Flache.

Das Abwachsen der **Seesaiblinge** hat in der Vergangenheit nicht befriedigt. An dem immer geringer werdenden Bestand an tierischem Plankton leidet besonders diese Fischart. Wer sich jedoch die Mühe macht, seine Löffel per **Tiefschlepprolle** anzubieten, sollte schon den einen oder anderen „Ritter der Tiefe" erbeuten. Wobei man es sowohl im Grundbereich als auch im Mittelwasser versuchen sollte. Auch mit der **Hegene** bestehen Chancen. Aber hier muss man auf den vorbeiziehenden Schwarm warten, während

Schöne Renke an einem Sommertag
Foto: Bernd Taller

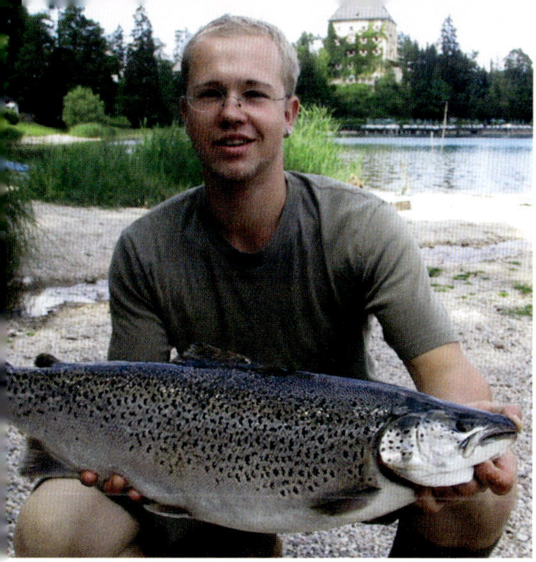

Kapitale Seeforelle
Foto: Wolfgang Hauer

man beim Schleppen eine große Fläche absuchen kann.

Die **Schleppfischer** haben es auch auf **Hecht** und **Seeforelle** abgesehen. Auf Esox eher mit mäßigem Tempo, auf die Seekönigin aber ruhig flotter. Dabei kommt die breite Palette der Köder zum Einsatz: Ein **frisch getöteter Fisch am System**, ein **Wobbler**, ein **Gummifisch** oder eine **Perlmuttspange**. Gerade dieser Köder sorgt immer wieder für aufsehenerregende Fänge.

Der Großteil der Ufer ist unverbaut und wird durch Schloss Fuschl dominiert – einst Kulisse der Sissi-Filme. Besonders sei auf den sehr guten **Schleienbestand** hingewiesen. Wo also sind die Spezialisten, die sich dieser wunderbaren Fischart annehmen möchten? Die Flachwassergürtel sind im Durchschnitt relativ breit, fallen jedoch an der Scharkante ziemlich steil ab. Leicht zu erkennen, dass sich **Uferfischen** nur an wenigen Stellen lohnt. Und so verwundert es auch nicht, dass hier größtenteils vom Boot aus gefischt wird. Nur die **Aalangler** suchen sich am Abend zwischen dem Schilf oder auf einem Steg ein gemütliches Plätzchen.

ANGELINFORMATIONEN

Saison: 1. April bis 30. November (bei entsprechender Eislage besteht die Möglichkeit des Eisfischens)

Lizenzen: 25,50 €/Tag, 60,50 € für 3 Tage, 76,50 €/Woche

Ausgabestellen:
Seehotel Schlick, Seestr. 12, A-5330 Fuschl a. S., Tel.: 0043(0)6226/823712

Fischerei Schloss Fuschl, Schlossstr. 19, A-5322 Hof, Tel.: 0043(0)6229/22531533

Arabella Sheraton Hotel, Jagdhof, A-5322 Hof, Tel.: 0043(0)6229/2372

Leihboote: Seehotel Schlick, Fischerei Schloss Fuschl (siehe oben)

Mindestmaße: Seeforelle 50 cm, Seesaibling 26 cm, Renke fangbar zwischen 38 und 41 cm und ab 45 cm, Hecht 50 cm, Schleie 30 cm, Karpfen 30 cm, Quappe 35 cm

Entnahme: 7 Salmoniden (davon dürfen 3 Renken sein), 1 Seeforelle pro Tag

Schonzeiten: Seeforelle: 16. September bis 31. März; Seesaibling: 16. September bis 31. März; Renke: 1. Oktober bis 31. März; Hecht: 1. Dezember bis 30. April; Schleie: 1. Dezember bis 31. März und 16. Mai bis 31. Juli; Karpfen: 1. Dezember bis 31. März; Quappe: 1. Dezember bis 31. März

Besonderheiten: Das Fischen mit Elektromotor ist erlaubt.

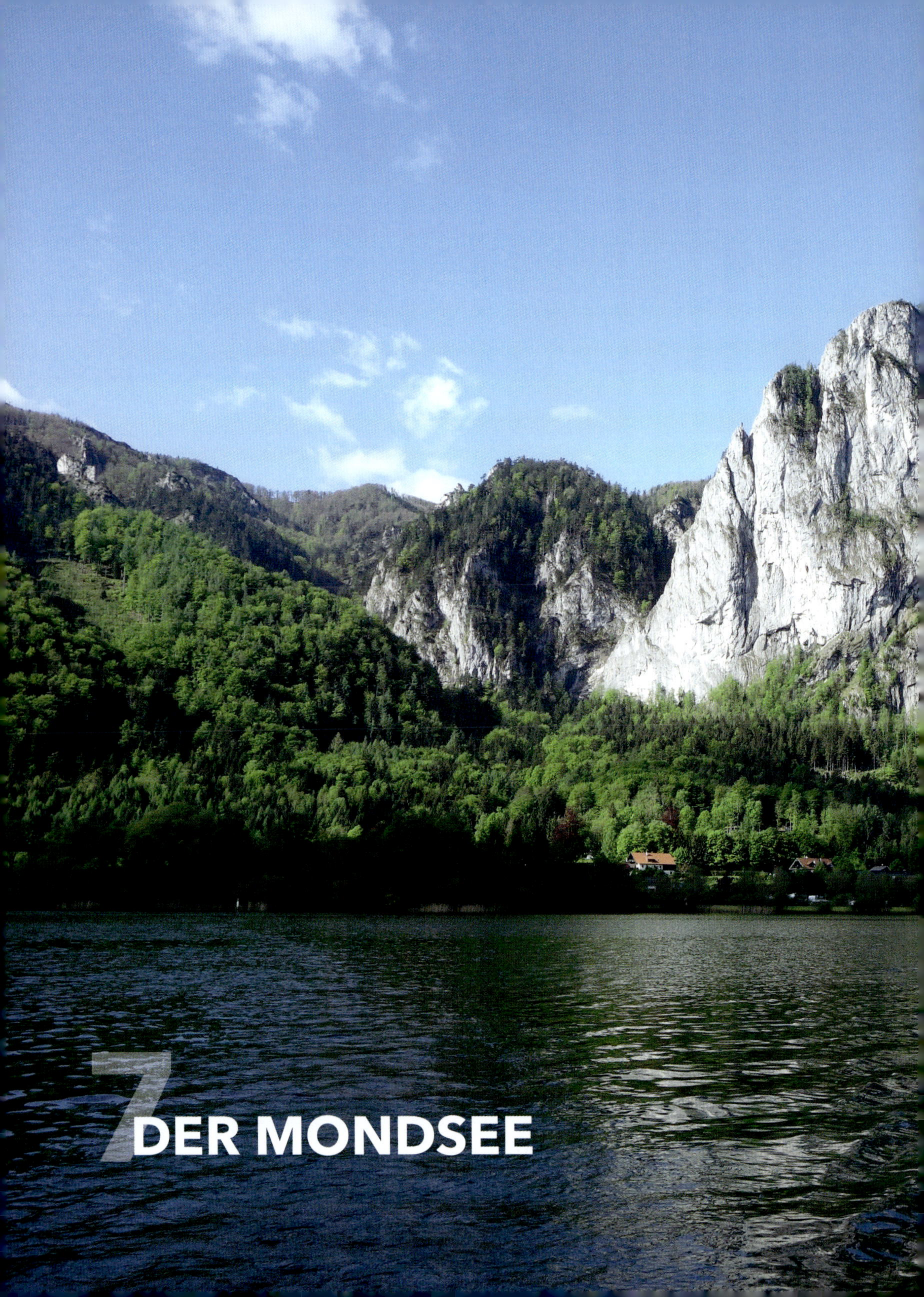

7 DER MONDSEE

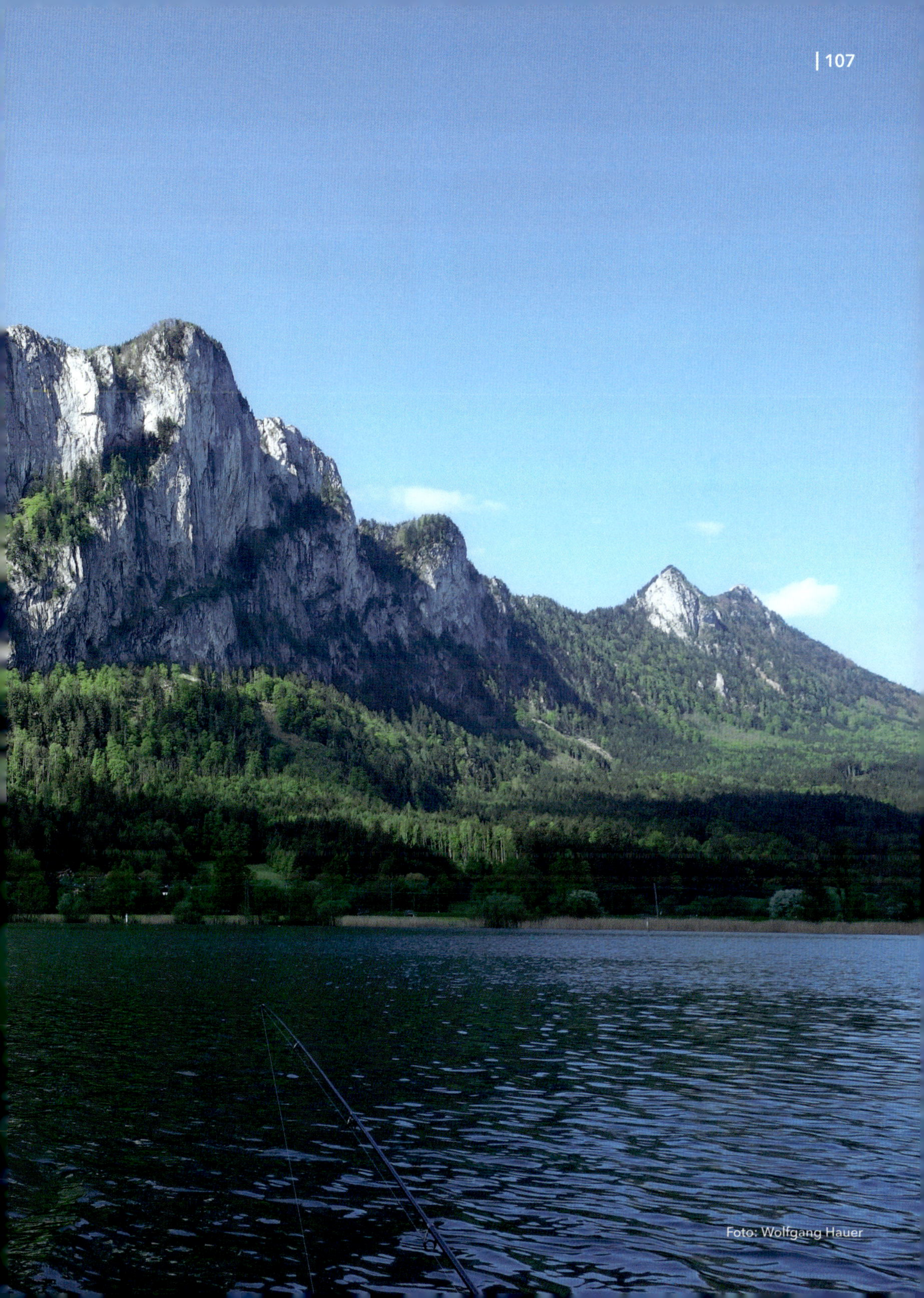

Foto: Wolfgang Hauer

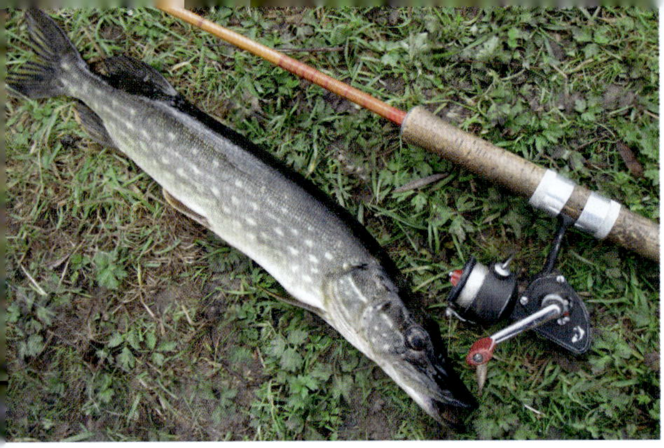

Dieser Hecht wurde mit altem Gerät überlistet. Foto: Bernd Taller

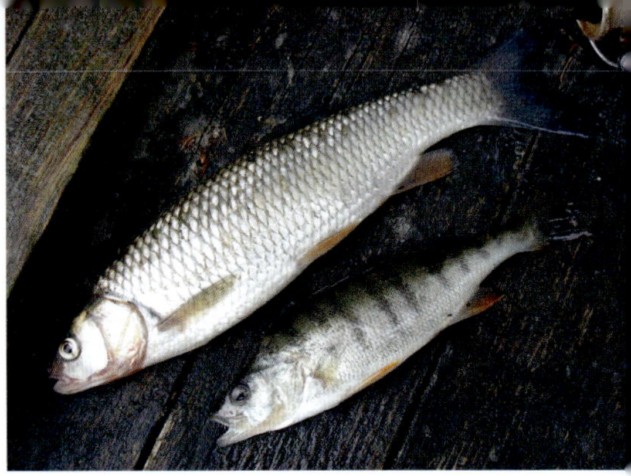

Gemischtes Doppel: Döbel und Barsch
Foto: Bernd Taller

Im Bundesland Oberösterreich, an der Grenze zu Salzburg, befindet sich auf einer Seehöhe von 493 Metern der Mondsee. Das 16,2 Quadratkilometer große Gewässer ist 9,5 Kilometer lang und 7,7 Kilometer breit. Die größte Tiefe liegt bei 63 Metern. Hauptfischarten sind Renke und Hecht.

In der Nacht kann ich keinen tiefen Schlaf finden. Immer wieder muss ich an den bevorstehenden Angeltag denken – wie wird sich dieser Tag gestalten? Dem Gastangler ist nur das Uferfischen gestattet. Werde ich dem Mondsee dennoch einige Fische entlocken können? Am Abend habe ich Gewissheit. Ja, zwei Renken und einige Barsche, damit bin ich an meinem ersten Angeltag an diesem schönen Gewässer sehr zufrieden …

Es ist in der Tat eine Herausforderung, an einem Alpensee nur vom Ufer aus fischen zu dürfen. Auf der anderen Seite bringt diese Einschränkung Gemütlichkeit und Entspannung. Ich rudere nicht zu den Fischen – die Fische sollen zu mir kommen! Wenn die Ruten ausgelegt sind, beginnt das Warten. Es kann ja in jedem Moment ein **Renkenschwarm** vorbeiziehen. Die **Hegene** wird zumeist an der entsprechenden **Pose** angeboten. Es gibt ja spezielle Renkenschwimmer, deren Tragkraft bei 30 Gramm oder darüber liegt. Und dieses Bleigewicht ist schon notwendig, um weit genug auswerfen zu können. Natürlich ziehen Renken auch über gleichbleibend tiefe Bereiche, wer aber eine Kante zum tiefen Wasser hin erreicht, dürfte klar im Vorteil sein. Auch wenn die Durchschnittsgröße geringer ist, so werden doch in jeder Saison Coregonen bis zu 3 Kilogramm gemeldet.

Auf **Karpfen** wird eher wenig gefischt, obwohl im Mondsee kapitale Exemplare vorkommen. Im Bereich von Schilfzonen lohnt sich sowieso immer ein Versuch. Auch hindernisreiche Stellen wie zum Beispiel versunkene Bäume bieten den Rüsslern hervorragende Unterstände. Aber schwierig wird es, wenn in diesem Bereich ein starker Fisch gehakt ist. Er muss unbedingt vom Astwerk ferngehalten werden, ansonsten ist der Fisch unweigerlich verloren. Das funktioniert natürlich nur mit **starker Schnur**. Diverse **Boilies** kann man einsetzen, aber auch **Maiskörner** sind nicht zu unterschätzen. Als günstig gilt der Zeitraum Juni bis August. Das Durchschnittsgewicht liegt mit 6 bis 8 Kilogramm erstaunlich hoch.

Aber auch wer statt der **Hegenen-** lieber die **Posenrute** benutzen möchte, darf am Mondsee auf Erfolge hoffen. Mit **Wurm**, **Made** oder **Maiskorn** lassen sich manchmal **Döbel**, **Schleien** oder **Seelauben** verführen.

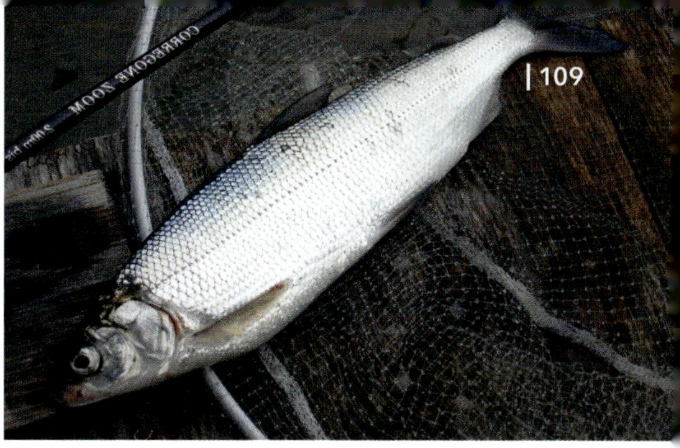

Schlanke Renke vom Ufer aus gefangen
Foto: Bernd Taller

Der auf Grund gelegte tote **Köderfisch** kann durchaus einen **Hecht** oder gar **Zander** bringen. Wenn man dem Fisch noch einen Schnitt entlang der Seitenlinie verpasst, verströmt er ein verlockendes Aroma. Und mit viel Glück kann auch ein kapitaler **Aal** am Haken hängen.

Auch das **Spinnfischen** lohnt sich am Mondsee. **Barsche** sind leicht mit dem **Mepps** zu fangen. An manchen Tagen ist jedoch der kleine **Gummifisch** am **Dropshotsystem** unschlagbar. Und wenn einmal die Kunstköder versagen, dann kann man es immer noch mit dem **Wurm an der Posenmontage** versuchen. Damit sollte sich stets ein Erfolg einstellen. Bootshäfen und Stege sind immer ein Anziehungspunkt für die Stachelritter. Für mich gibt es nichts Schöneres, als es mir auf einem Steg gemütlich zu machen. Der Geruch des alten Holzes und die Gewissheit, dass unter mir Fische vorbeiziehen könnten, dieser Faszination kann ich mich nur sehr schwer entziehen.

ANGELINFORMATIONEN

Saison: 1. April bis 31. Oktober

Lizenzen: 20 €/Tag, 35 €/Zweitageskarte, 60 €/Woche (Jugendliche 15 €), 70 €/Zweiwochenkarte, 105 €/Monat (Jugendliche 30 €), 190 €/Jahr (Ufer; Jugendliche 55 €)

Ausgabestellen:
Fam. Edtmayer, Innerschwand 200, A-5311 Loibichl, Tel.: 0043(0)6232/2068

Gasthaus Neue Post, Rainerstr. 9, A-5310 Mondsee, Tel.: 0043(0)6232/2477

Fam. Faber, Thalgaustr. 27, A-5310 Mondsee, Tel.: 0043(0)6232/4238

Angelzentrum Mondseeland, Herzog-Odilo-Str. 19, A-5310 Mondsee, Tel.: 0043(0)6232/27676

Fam. Manglberger, Am Irrsee 28, A-4893 Zell am Moos, Tel.: 0043(0)6234/8642

Leihboote: kein Thema, da für Gäste nur das Uferangeln erlaubt ist

Mindestmaße: Seeforelle 50 cm, Hecht 55 cm, Karpfen 35 cm, Schleie 20 cm, Renke 30 cm

Entnahme: 4 Renken pro Tag, für Seesaiblinge besteht derzeit keine Entnahmemöglichkeit

Schonzeiten: Seeforelle: 16. Oktober bis 15. Dezember; Hecht: 1. Februar bis 15. Mai; Karpfen: 1. Juni bis 30. Juni; Renke: 1. Oktober bis 15. Februar

Besonderheiten: Für Urlaubsgäste ist nur das Uferfischen vorgesehen, es werden pro Jahr nur 100 Bootslizenzen vergeben, sie kosten einen Aufpreis von 221 €.

Am Mondsee befindet sich in Scharfling das renommierte Institut für Seenforschung und Fischerei.

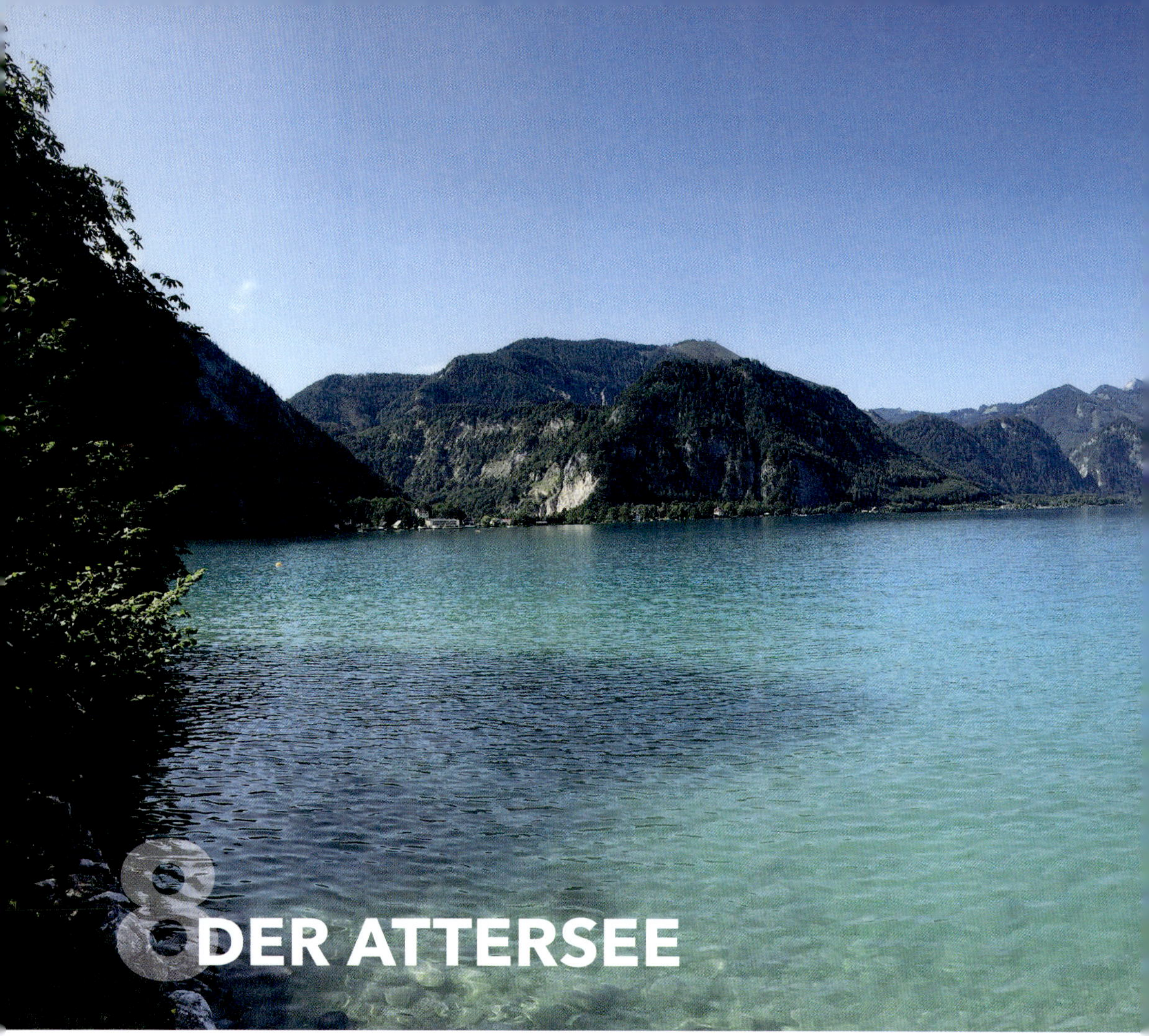

8 DER ATTERSEE

Dieses 19,5 Kilometer lange und 3,3 Kilometer breite Gewässer ist im oberösterreichischen Salzkammergut gelegen. Der Attersee ist mit seiner Fläche von 46 Quadratkilometern der größte See Österreichs. Er ist bis zu 171 Meter tief. Hauptfischarten sind Renke, Hecht und Seeforelle.

Welch ein faszinierendes Gefühl, am ganz frühen Morgen im ersten Tageslicht auf einen so großen Alpensee hinauszurudern. Und allein zu sein! Weit und breit ist niemand auf dem Wasser zu sehen. Erst später, wenn der Wind einsetzt, werden Segler und Surfer bunte Farbtupfer auf den See zaubern. An diesem Sommermorgen habe ich mich fürs Schleppfischen entschieden. Und natürlich träume ich von einer der legendären Seeforellen. Dafür habe ich einen ganz besonderen Köder ausgewählt – einen großen Perlmuttblinker mit Kupfereinlage.

Eine Zeit lang schleppe ich parallel zum Ufer, dann aber wende ich mich dem Weitsee zu. Doch als meine Rute sich verneigt, ist es nicht

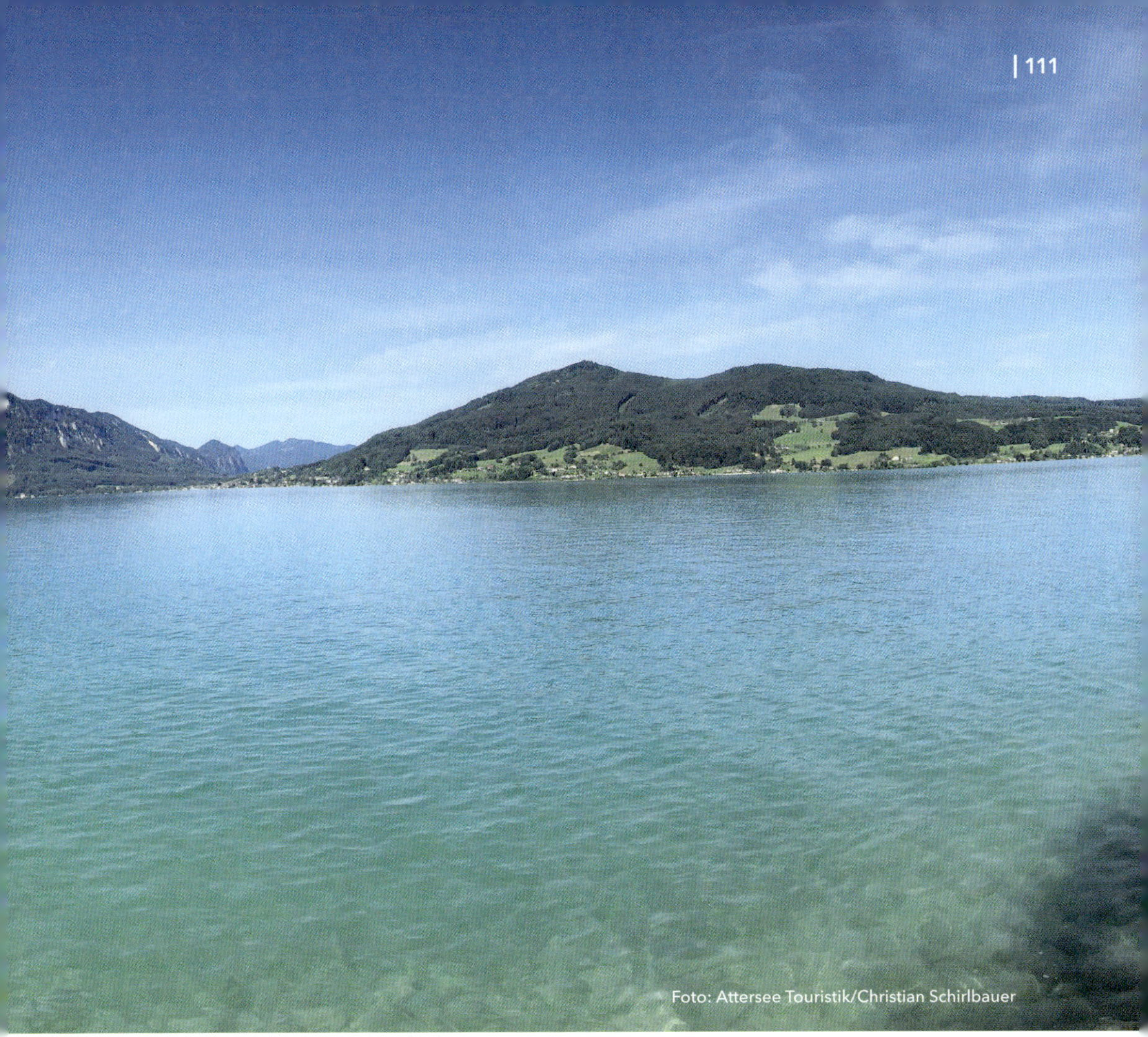

Foto: Attersee Touristik/Christian Schirlbauer

die erhoffte Silberne, sondern lediglich ein Nachwuchshecht …

Immer wieder lässt der Attersee durch den Fang eines **Großhechts** aufhorchen. Und es sind nicht immer nur die einheimischen Spezialisten, denen unser Patron Petrus seine Gunst schenkt. So mancher Urlaubsangler konnte hier schon seinen Traumfisch landen. Parallel zum Ufer zu **schleppen** ist sicher keine schlechte Idee. An versunkenen Bäumen oder Bacheinmündungen hat so mancher Esox seinen Standplatz. Die ganz großen Exemplare patrouillieren jedoch an den Renkenschwärmen entlang. Dort vorbeizuschleppen ist empfehlenswert. Dass man hierzu einen entsprechend großen Köder verwendet, sollte selbstverständlich sein, z. B. einen **Castaic** oder einen **Wobbler** zwischen 20 und 30 Zentimetern. Wer auf einen **frisch getöteten Weißfisch** zurückgreifen kann, ist damit bestens beraten – dieser ist jedem Kunstköder vorzuziehen. Als beste Monate für Hechte gelten Juni und September. Als Faustregel kann gelten: Bei sonnigem Wetter den Köder tiefer anbieten, bei bedecktem

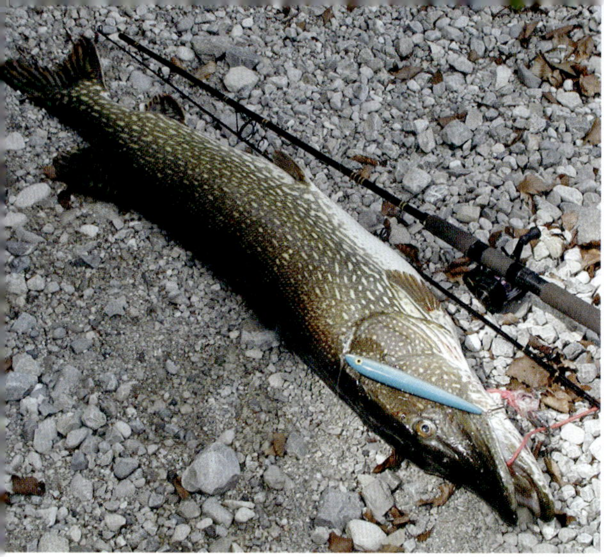

Dieser Hecht ließ sich von einem blauen Wobbler verführen. Foto: Klaus Betlejewski

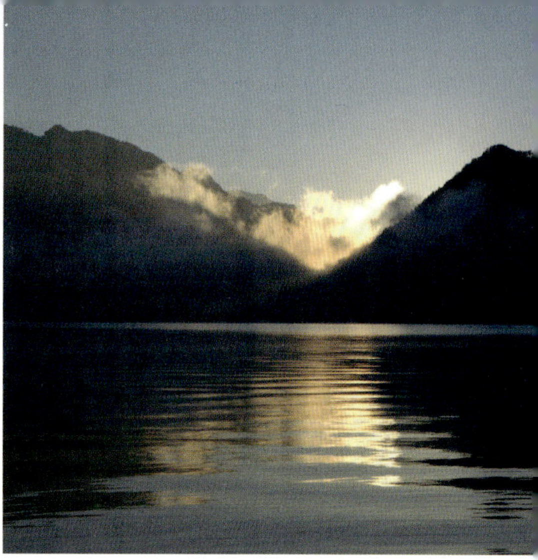

Letzte Sonnenstrahlen
Foto: Wolfgang Hauer

Himmel in mittlerer Tiefe und abends eher hoch. Wenn es schon zu dunkeln beginnt, dann bringt flach schleppen mit dunklem Köder die besten Resultate.

Wenn Laubenschwärme oder andere Kleinfische an der Oberfläche gejagt werden, dann ist zumeist eine **Seeforelle** unterwegs. Schnell hinzurudern und einen schlanken **Blinker** (z. B. einen ABU Toby) einzusetzen könnte erfolgreich sein. Oder in höherem Tempo an den Schwärmen vorbeizuschleppen, auch diese Methode kann empfohlen werden. Geradezu legendär ist der Stamm der Silbernen am Attersee, robust und schnellwüchsig. Gerne werden **Perlmuttlöffel** in den verschiedensten Größen und Farbschattierungen verwendet.

Der Bestand an **Seesaiblingen** ist gut, eher aber kleinwüchsig. Ihnen wird deshalb nur

Sommertag am Attersee Foto: Attersee Touristik/Christian Schirlbauer

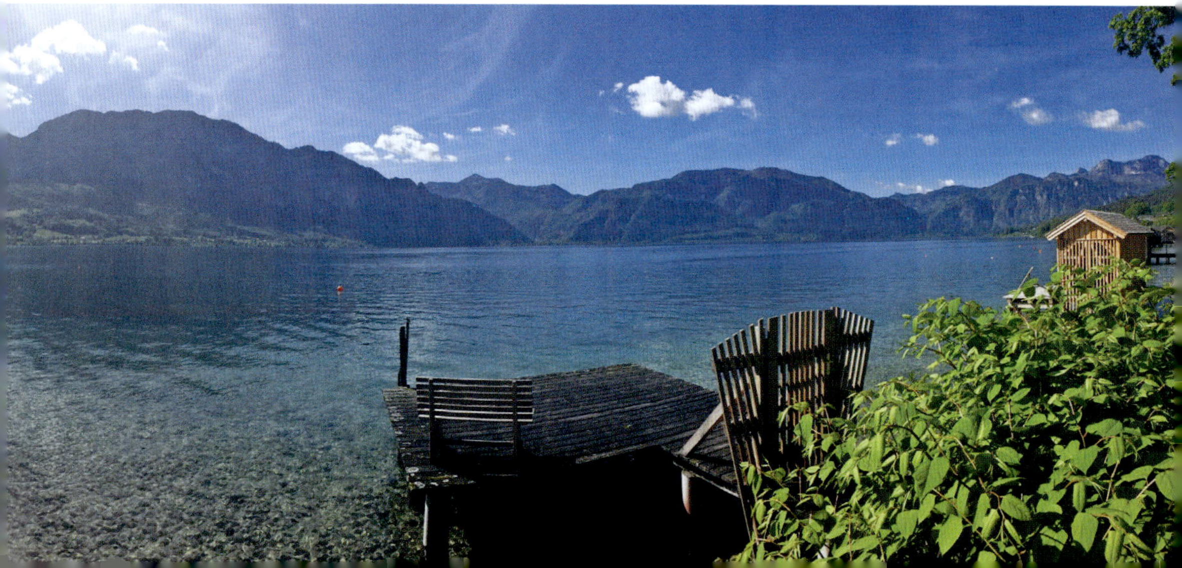

selten nachgestellt. Ganz im Gegensatz zu den **Renken**. Die Fischerei mit der **Hegene** wurde in den achtziger Jahren am Attersee populär. Große Renken trifft man zuweilen in den flachen Buchten an. Tiefen von 10 bis 25 Metern dürften grundsätzlich in Frage kommen. Bei den **Nymphen** sollte man hinsichtlich Größe und Farbe experimentieren. Auch sollten je nach Saison dick oder dünn gebundene Muster Verwendung finden.

Das Fischen auf **Quappen** mit **Wurm** oder **Fischstücken** sollte auch einen Versuch wert sein, besonders, wenn einmündende Bäche nach Starkregen oder Schneeschmelze Schmutzwasser einbringen.

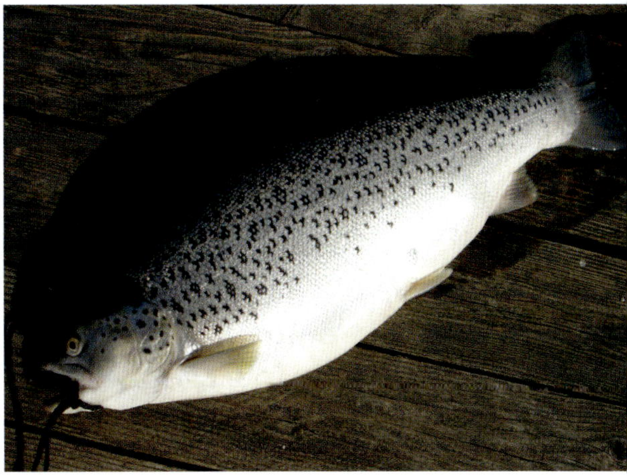

Seeforelle mit starker Punktierung
Foto: Udo Linder

ANGELINFORMATIONEN

Saison: 1. April bis 20. November

Lizenzen: 28 €/Tag (Jugendliche 10 €), 70 €/Woche (Jugendliche 25 €), 175 €/Jahr (nur Uferangeln, Jugendliche 80 €), 250 €/Jahr (auch Bootsangeln, Jugendliche 105 €)

Ausgabestellen:
Sportanglerbund Vöcklabruck, Gmundnerstr. 75, A-4840 Vöcklabruck, Tel.: 0043(0)7672/77672

Tankstelle Hollerweger, Dorfstr. 16, A-4865 Nußdorf, Tel.: 0043(0)7666/8063

Hotel Weinberg, Rutzenmoos 77, A-4844 Regau, Tel.: 0043(0)7672/23302

Flyfishing Loidl-Reisinger, Fabriksplatz 5, A-4662 Steyrermühl, Tel.: 0043(0)7613/44991

Leihboote:
Bootsverleih Nussdorf, Seestr., A-4865 Nussdorf, Tel.: 0043(0)676/3305253

Bootsverleih am Strandbad, Promenade, A-4863 Seewalchen, Tel.: 0043(0)7662/2468

Bootsverleih Attersee, Landungsplatz 19, A-4864 Attersee, Tel.: 0043(0)664/88196366

Mindestmaße: Seeforelle 60 cm, Bachforelle 50 cm, Regenbogenforelle 30 cm, Hecht 60 cm, Seesaibling 25 cm, Zander 50 cm, Renke 37 cm

Entnahme: 3 Edelfische pro Tag, 50 pro Saison (gefangene Edelfische müssen sofort in die Fangliste eingetragen werden)

Schonzeiten: Hecht: 1. April bis 15. Mai; Seeforelle: 15. Oktober bis 15. Dezember; Seesaibling: 15. September bis 31. Oktober; Renke: 1. November bis 31. Januar

Besonderheiten: keine

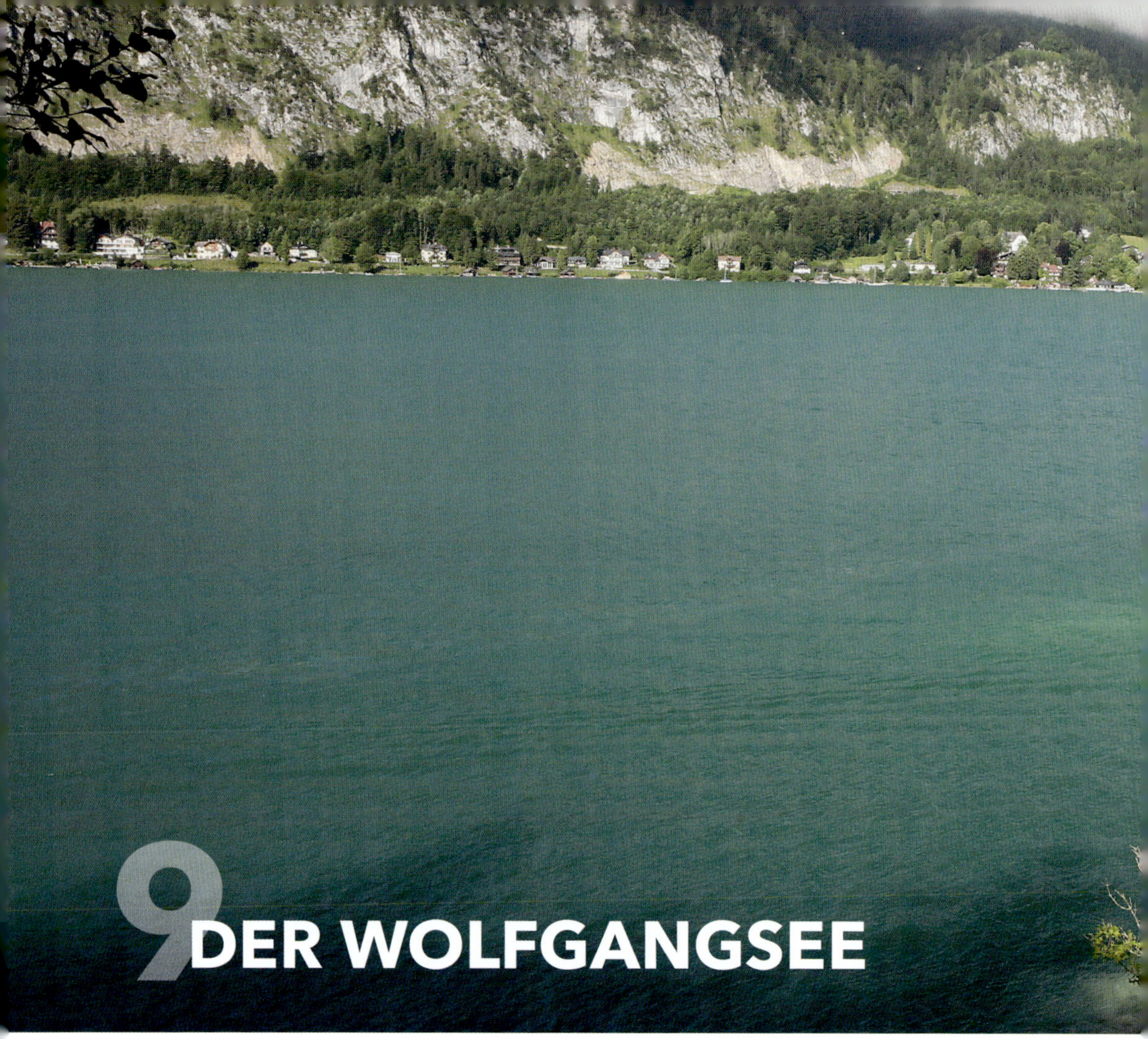

9 DER WOLFGANGSEE

Der wohl berühmteste Salzkammergut-See befindet sich zum größten Teil im Bundesland Salzburg, nur ein kleiner Teil gehört zum Bundesland Oberösterreich. Der Wolfgangsee liegt 538 Meter über dem Meeresspiegel, ist 10,3 Kilometer lang und 2 Kilometer breit. Seine Maximaltiefe beträgt 114 Meter, die Gesamtfläche knapp 13 Quadratkilometer. Hauptfischarten sind Renke, Seesaibling und Hecht.

Mein Boot mit dem Elektromotor bringt mich nahezu lautlos auf die gegenüberliegende Uferseite. Ich ankere an diversen Stellen, aber die Renkenschwärme finde ich heute partout nicht! Okay, dann versuche ich mein Glück beim Schleppfischen. Ich montiere einen gelbgrünen Wobbler und fahre das mit Bäumen und Büschen bewachsene Ufer entlang. Und gegen Mittag schnellt meine Rute nach hinten – aber leider ist der Fisch nicht gehakt. So muss ich ohne Fang zum Mittagessen heimkehren. Aber spätestens am Abend bin ich wieder auf dem See …

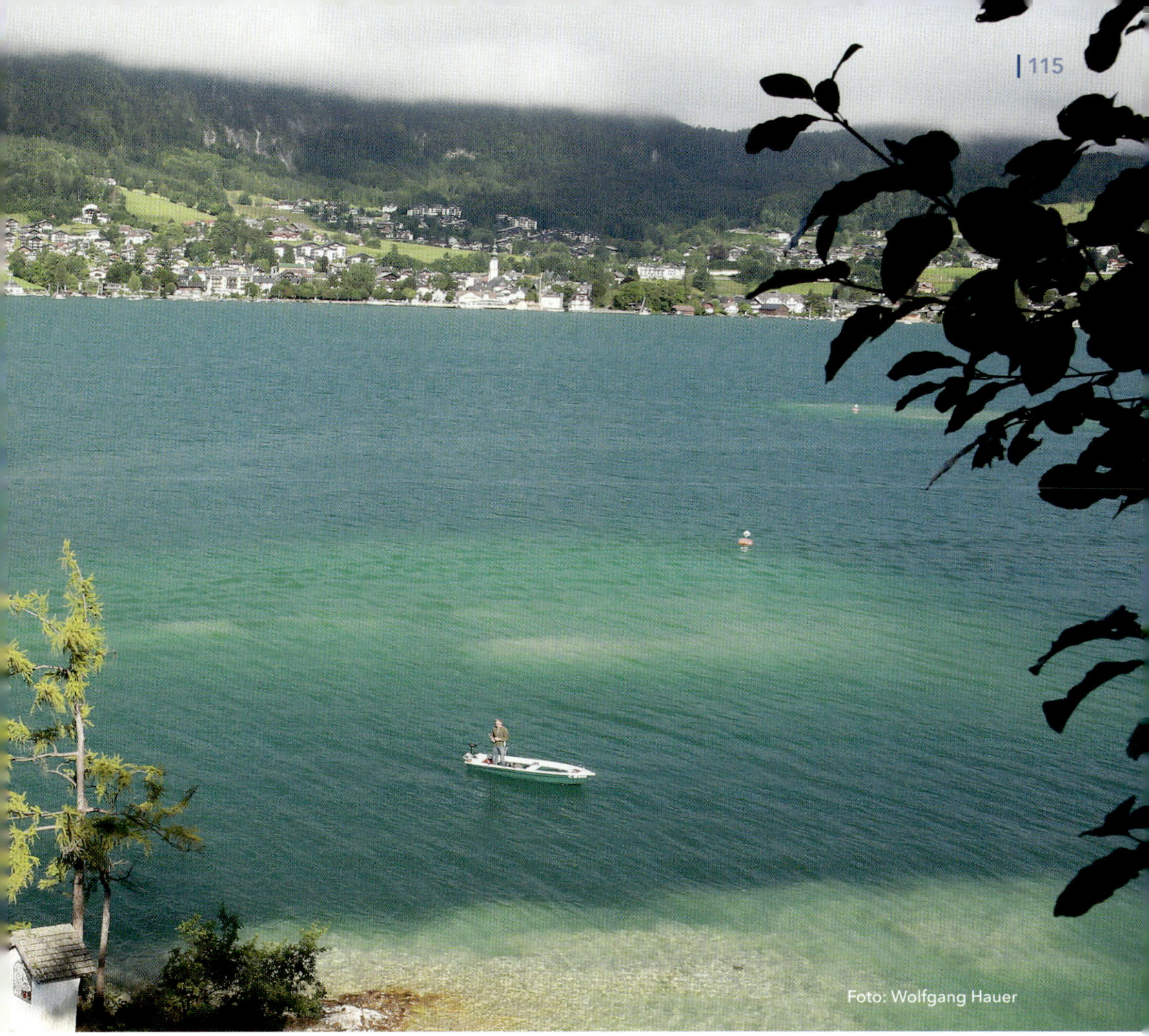

Foto: Wolfgang Hauer

Der Wolfgangsee besteht im Prinzip aus zwei Becken: Dem 7,5 Quadratkilometer großen St. Gilgener und dem 5,4 Quadratkilometer großen Strobler Becken. Eines jedoch haben beide Bereiche gemein: Mit der **Hegene** wird auf **Seesaiblinge** und **Renken** gefischt. Doch während man es auf Saiblinge durchaus in großer Tiefe versuchen kann, wird man die Renkenschwärme stets flacher antreffen. 15 bis 25 Meter sind eine gute Hausmarke, im Mai und Juni lohnt sicher auch ein Versuch im Flachen. Für Seesaiblinge dürfte der Bereich zwischen 25 und 30 Metern ausreichend sein, im März hingegen kann man die Fische auch in bis zu 50 Metern Tiefe antreffen.

Auch das **Konvoisystem** hat sich am Wolfgangsee bewährt. **Locklöffel** sollen die Aufmerksamkeit erregen und die **Naturköder** (**Made**, **Bienenmade**, **Wurm**) zum Anbiss verleiten. Spezialisten ersetzen den Naturköder durch einen kleinen, orangefarbenen **Wobbler**.

Auch das **Schleppangeln** wird häufig praktiziert. Dabei kann der Erfolg stark wechseln. Auf Tage, an denen man mit mehreren Fischen heimkehrt, können Zeiten folgen, an denen einfach kein Fang gelingt. Das ist das Geheimnis großer Alpenseen – Überraschungen sind genauso möglich wie Pleiten. Und trotzdem ist jeder Tag auf dem Wasser ein Geschenk!

Die Schlepptiefe sollte immer variabel gehalten werden. Oft ist der in 3 bis 5 Metern Tiefe angebotene Köder erfolgreich, dann wieder derjenige, der auf 10 Meter läuft. Und gelegentlich bringt die **Tiefschlepprolle** die Überraschung! Ich hätte es nicht geglaubt, wäre ich nicht Zeuge geworden: Ein **Hecht** von mehr als einem Meter Länge nahm den **Löffel** in einer Tiefe von 50 Metern und konnte nach spannendem Drill gelandet werden. Wer einen **Wobbler** oder **Gummifisch** verwendet, sollte dezenten Farben den Vorzug geben. In dem sehr klaren Wasser sind Grau, Braun und Silber einfach unschlagbar. Neben dem Hecht geht auch gelegentlich ein **Zander** an die Angel – das dürfte jedoch die Ausnahme sein.

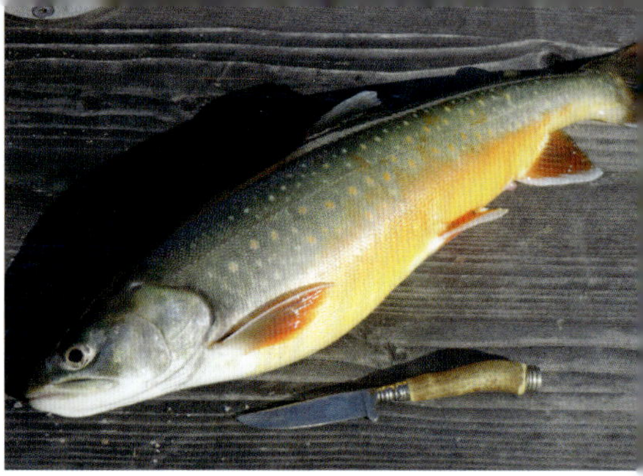

Ein herrlicher, farbenfroher Seesaibling
Fotograf: Florian Buchwieser

Dem **Uferangler** bieten sich verschiedene Alternativen. Da im Wolfgangsee viele **Döbel** vorkommen, lohnt es sich, an der **Posenmon-**

ANGELINFORMATIONEN – 1. TEILGEBIET

Revier St. Wolfgang, Strobl bis Gschwendt

Saison: 1. Januar bis 31. Dezember

Lizenzen: 20 €/Tag (Jugendliche bis 16 Jahre 8 €), 80 €/Woche (Jugendl. 25 €)

Ausgabestellen:
Fischerei Höplinger, Markt 79, A-5360 St. Wolfgang, Tel.: 0043(0)664/5034734

Camping Appesbach, Au 99, A-5360 St. Wolfgang, Tel.: 0043(0)6138/2206

Schuhhaus Breiteneder, Ischler Str. 146, A-5350 Strobl, Tel.: 0043(0)6137/7319

Camping Schönblick, Gschwend 33, A-5342 Strobl, Tel.: 0043(0)6137/7042

Leihboote:
Bootsverleih Hinterberger, Schwarzenbach 54, A-5360 St. Wolfgang, Tel.: 0043(0)6138/2355, www.seewinkel-wolfgangsee.at

Strobler Bootsvermietung, Strobler Seepromenade, A-5350 Strobl, Tel.: 0043(0)664/5367377, www.eisboot.at

Günter Höplinger, Markt 75, A- 5360 St. Wolfgang, Tel.: 0043(0)664/2536268, www.rundfahrten.at

Bootsvermietung Fam. Arndt, Ried 133, A-5360 St. Wolfgang, Tel.: 0043(0)6138/2587, www.hotelarndt.at

Mindestmaße: Hecht besitzt kein Schonmaß, See- und Bachforelle 50 cm, Renke 35 cm, Seesaibling 27 cm

Entnahme: 5 Fische pro Tag

Schonzeiten: Seeforelle: 1. Oktober bis 15. Februar; Bachforelle: 1. Oktober bis 15. Februar; Renke: 16. Oktober bis 15. Februar; Seesaibling: 16. Oktober bis 15. Februar

Besonderheiten: beim Hecht besteht eine Entnahmepflicht

tage **Mais** oder **Wurm** anzubieten. Oder man versucht sein Glück beim **Spinnfischen** mit einem kleinen **Mepps**. Dann hat man die Chance, einen der zahlreich vorkommenden **Barsche** zu überlisten.

Selbst das **Aalangeln** kann überraschende Ergebnisse liefern. Und wer gezielt den **Karpfen** nachstellt, darf auch mit kapitalen Exemplaren rechnen. Im östlichen Seeteil gibt es ausgedehnte Schilfgürtel, und der Einlauf des Zinkenbachs ist immer einen Versuch wert. Der westliche Seeteil bei St. Gilgen beherbergt mehrere Barschberge und eine enorme, nahezu senkrecht abfallende Felswand.

ANGELINFORMATIONEN - 2. TEILGEBIET

Revier Ried bis Schwand

Saison: vom dritten Februarsamstag bis 31. Oktober

Lizenzen: 15 €/Tag (Jugendliche 8 €), 65 €/Woche (Jugendliche 25 €)

Ausgabestelle: Gasthof Gamsjaga, Aberseestr. 2, A-5340 St. Gilgen, Tel.: 0043(0)6227/3222

Leihboote:
Gasthof Gamsjaga, Aberseestr. 2, A-5340 St. Gilgen, Tel.: 0043(0)6227/3222

Bootsvermietung Girbl, Waßbad, A-5350 Strobl, Tel.: 0043(0)6137/7484311, www.sport-girbl.at

Mindestmaße: Hecht besitzt kein Schonmaß, See- und Bachforelle 50 cm, Renke 35 cm, Seesaibling 27 cm

Entnahme: 5 Fische pro Tag

Schonzeiten: Hecht: 1. März bis 15. Mai; Seeforelle: 1. Oktober bis 15. Februar; Bachforelle: 1. Oktober bis 15. Februar; Renke: 16. Oktober bis 15. Februar; Seesaibling: 16. Oktober bis 15. Februar

Besonderheiten: Schleppangeln ist nur bei Tageslicht erlaubt

ANGELINFORMATIONEN - 3. TEILGEBIET

Revier Gasthof Gamsjaga bis St. Gilgen

Saison: 10. Mai bis 26. Oktober

Lizenzen: 20 €/Tag, 71,50 €/Woche, 98,50 €/Zweiwochenkarte, 210 €/Jahr

Ausgabestelle: Gasthof Fürberg, Fürbergstr. 30, A-5340 St. Gilgen, Tel.: 0043(0)6227/23850, www.fuerberg.at

Leihboote:
Gasthof Gamsjaga, Aberseestr. 2, A-5340 St. Gilgen, Tel.: 0043(0)6227/3222

Familie Eisl, Farchen 24, A-5342 Abersee, Tel.: 0043(0)6227/3234

Gasthof Fürberg, Fürbergstr. 30, A-5340 St. Gilgen, Tel.: 0043(0)6227/23850, www.fuerberg.at

Mindestmaße: Renke 35 cm, See- und Bachforelle 50 cm

Entnahme: 4 Renken und 1 Seeforelle pro Tag

Schonzeiten: Seesaibling derzeit geschont

Besonderheiten: Der Perlfisch ist ganzjährig geschont.

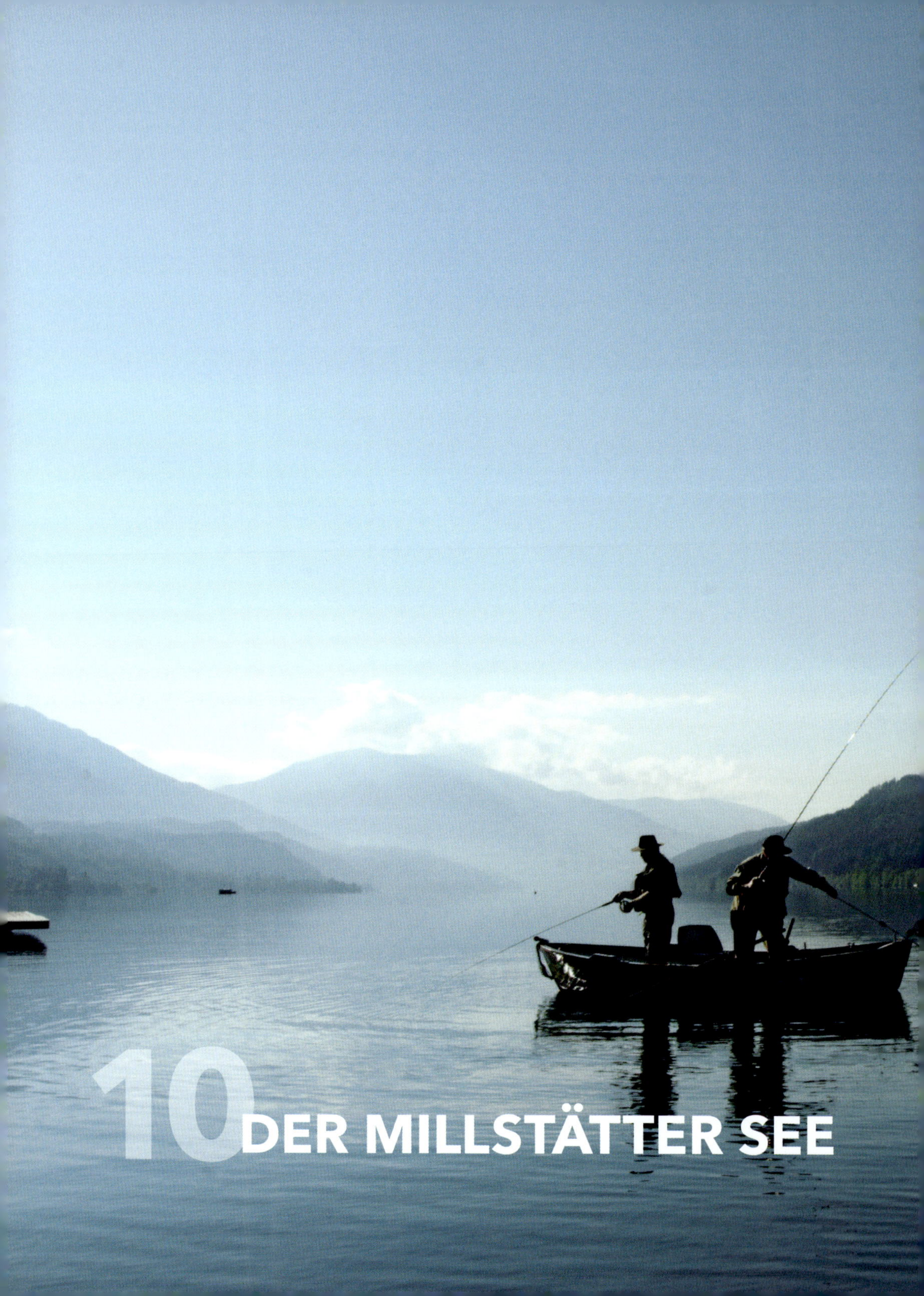

10 DER MILLSTÄTTER SEE

Foto: Millstätter See Tourismus/Steve Haider

Im Bundesland Kärnten befindet sich in der Nähe der Stadt Spittal auf 588 Metern Seehöhe der 11,5 Kilometer lange und 1,8 Kilometer breite Millstätter See. Er ist 13,3 Quadratkilometer groß, und seine maximale Tiefe beträgt 142 Meter. Die Hauptfischarten sind Renke, Hecht und Seeforelle.

Heute soll es ein langer Angeltag auf dem Millstätter See werden. Der Wetterbericht hat „heiter bis wolkig mit sommerlichen Temperaturen" angekündigt. Meine Kühlbox enthält eine ausreichende Menge an Getränken, außerdem bleibt meine Beute auf diese Weise frisch. So kann ich bis zum Abend im Boot bleiben und diverse Angelmethoden erkunden. Am frühen Morgen versuche ich mein Glück auf Renken. Mehrfach muss ich den Ankerplatz wechseln, aber dann gelingen mir einige Fänge. Zeit, zu einer Schlepptour aufzubrechen. An einer Rute läuft ein großer Gummifisch, an der anderen ein Wobbler. Bis zum Nachmittag habe ich viele Ruderkilometer zurückgelegt, aber der große Hecht ist mir verwehrt geblieben. Am frühen Abend suche ich mit der Spinnrute noch den Uferbereich ab. Mehrfach muss ich den Kunstköder wechseln, bis ein gelber Twister mir einen schönen Barsch bringt.

Breit ist die Palette der Fischarten, die im Millstätter See vorkommen. Aber ganz sicher wird am meisten auf die **Renke** gepirscht. Sie kommt in großer Zahl vor, und immer wieder lässt der Fang eines kapitalen Fisches mit mehr als 2 Kilogramm aufhorchen.

Viele Angler haben sich am Millstätter See dem **Schleppfischen** auf **Hecht** verschrieben. Kein Wunder, werden doch in jeder Saison mehr als fünfzig Esox gelandet, deren Gewicht den Zeiger der Waage auf fast 10 Kilogramm zieht. Ob man nun einen **Gummifisch** oder **Wobbler** einsetzt, das bleibt dem eigenen Empfinden vorbehalten. Wenn man mit einem bestimmten Köder Erfolg hatte, so wird man wohl dabei bleiben. Ganz sicher ist es kein Fehler, es mit einem **frisch getöteten Fisch am System** zu versuchen. Gerade scheue oder vergrämte Hechte lassen sich damit doch noch verführen. Es empfiehlt sich, im Freiwasser zu schleppen, denn hier leben die Großhechte, die den Renkenschwärmen auf der Spur sind. Auch an diesem See träumt so mancher vom Fang einer **Seeforelle**. Wenn das nur so leicht wäre! Viele Schleppkilometer müssen zurückgelegt werden, bis ein silbernes Kraftpaket am Haken hängt. Dann aber entschädigt ein rasanter Drill für alle Mühen … Als günstige Fangzeit gelten Mitte April bis Ende Mai und der September.

Dem **Uferangler** bietet sich die Chance auf den Fang eines **Karpfens** oder einer **Schleie**.

Herrliche Schleie
Foto: Gerd Wolpert

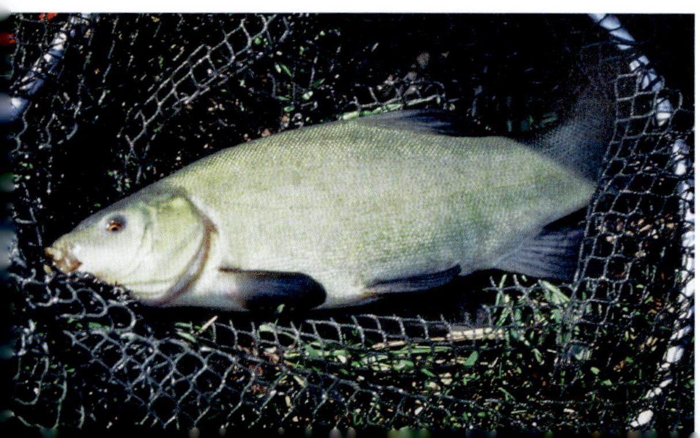

Zwei wundervolle Karpfen
Foto: Gerd Wolpert

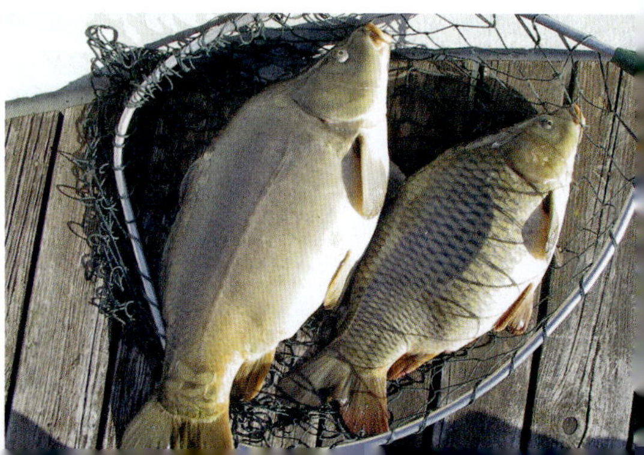

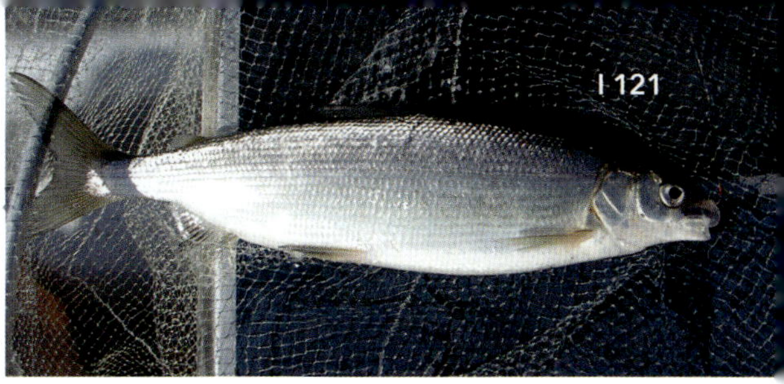

Renke mit ausgeprägter Schwanzflosse
Foto: Andreas Beil

Im Bereich des Segelhafens ist das Wasser nicht so tief, und dort kann man es auf einen Rüssler versuchen. Für einen Alpensee eher atypisch ist der gute Schleienbestand. In der Nähe von Schilf und Seerosen halten sich die scheuen Schönheiten gern auf.

Wer ein **Tauwurmbündel** anbietet, darf auf den Fang eines **Welses** hoffen. Nicht selten sind es große Exemplare, die sehr nah ans Ufer kommen.

Am Abend lohnt es sich, die **Aalruten** auszulegen. Ganz gemütlich, zum Ausklang des Tages. Und wenn die Schlängler in Beißlaune sind, erhält unser Räucherofen so einiges an Nachschub.

Barsche, **Seesaiblinge**, **Zander** und **Döbel** runden den vielfältigen Fischbestand ab.

ANGELINFORMATIONEN

Saison: 1. März bis 15. Dezember

Lizenzen für Erwachsene: 26 €/Tag, 38 €/Zweitageskarte, 67 €/Woche, 76 €/Zweiwochenkarte, 86 €/Dreiwochenkarte, 96 €/Vierwochenkarte, 161 €/Jahr (Ufer), 320 €/Jahr (Boot)

Lizenzen für Kinder: 15 €/Tag, 21 €/Zweitageskarte, 34 €/Woche, 47 €/Zweiwochenkarte, 60 €/Dreiwochenkarte, 75 €/Vierwochenkarte, 40 €/Jahr (Ufer), 82 €/Jahr (Boot)

Ausgabestellen:
Infocenter, Thomas-Morgenstern-Platz 1, A-9871 Seeboden, Tel.: 0043(0)4766/3700

Tourismusbüro, Hauptplatz 1, A-9871 Seeboden, Tel.: 0043(0)4762 /81255 12

Tourismusbüro, Marktplatz 8, A-9872 Millstatt, Tel.: 0043(0)4766/2023

Kulturamt Spittal, Schloss Porcia, A-9800 Spittal, Tel.: 0043(0)4762/5650-220

Leihboote:
Seewirt Winkler, Seepromenade 30, A-9871 Seeboden, Tel.: 0043(0)4762/81168

Camp Royal, Seehofstr. 25, A-9871 Seeboden, Tel.: 0043(0)4762/81669

Strandbad Sittlinger, Seepromenade 52, A-9873 Döbriach, Tel.: 0043(0)4246/7118

Bootsvermietung Strobl, Seemühlgasse 56 a. A-9872 Millstatt, Tel.: 0043(0)4766/2263

Mindestmaße: Hecht 55 cm, Karpfen 30 cm, Regenbogenforelle 24 cm, Renke 30 cm, Schleie 25 cm, Seeforelle 60 cm, Seesaibling 30 cm, Waller 70 cm, Zander 45 cm

Entnahme: 5 Renken pro Tag, 1 Hecht, 1 Seeforelle und 1 Wels pro Tag, je 2 Saiblinge und Schleien pro Tag

Schonzeiten: Hecht: 1. Januar bis 30. April; Regenbogenforelle: 1. Januar bis 31. März; Renke: 16. Oktober bis 31. März; Schleie: 1. Juni bis 30. Juni; Seeforelle: 1. Oktober bis 28. Februar; Seesaibling: 1. Oktober bis 28. Februar; Waller: 15. Mai bis 15. Juli; Zander: 1. Januar bis 31. Mai

Besonderheiten: keine

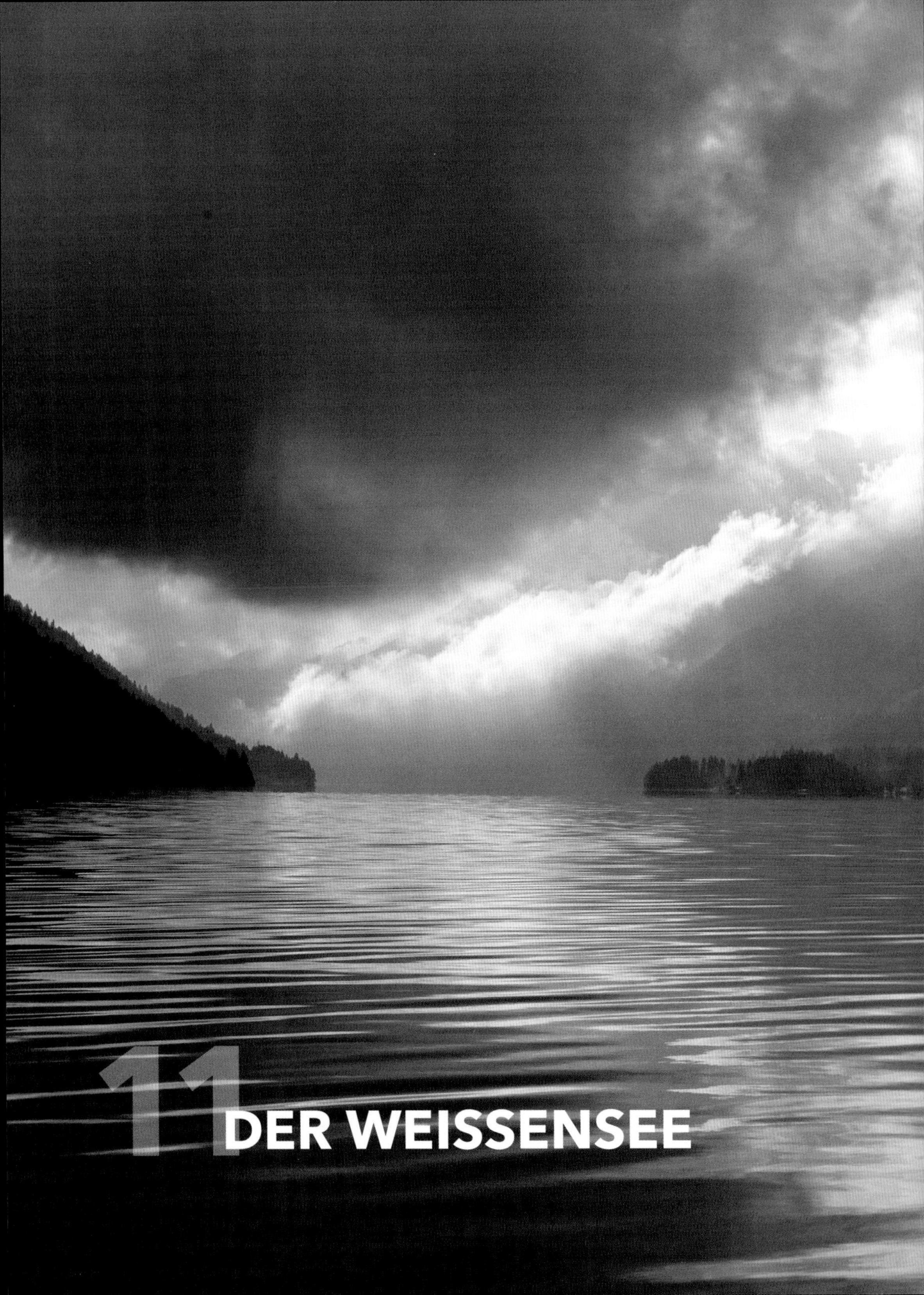

11 DER WEISSENSEE

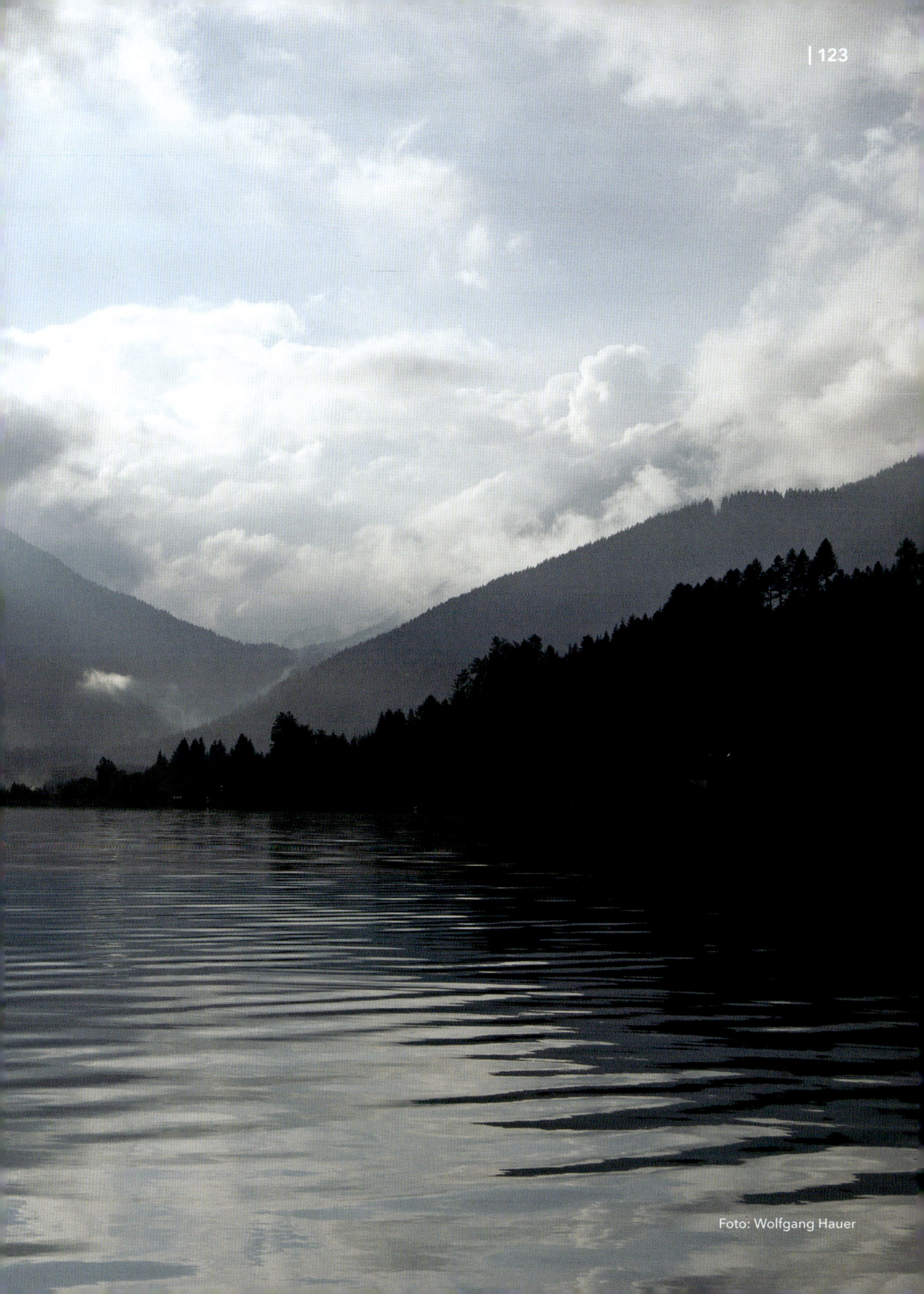

Foto: Wolfgang Hauer

Im Bundesland Kärnten, am Fuß der Gailtaler Alpen, liegt auf einer Seehöhe von 930 Metern der Weissensee. Er ist 11,6 Kilometer lang und 0,9 Kilometer breit. Der fjordähnliche See hat eine Fläche von 6,5 Quadratkilometern und ist bis zu 99 Meter tief. Hauptfischarten sind Renke, Hecht und Seeforelle.

Noch nie habe ich an einem Alpensee auf Karpfen geangelt. Das soll sich heute ändern. In der Nähe des Paterzipfs habe ich vor dem Schilfgürtel schon seit über einer Woche mit Maiskörnern angefüttert. Sehr leise lasse ich den Anker herunter und werfe mit meiner alten englischen Matchrute den Köder aus. Zwei Maiskörner und eine weiße Bohne habe ich auf den Haken gefädelt, und die betagte Stachelschweinpose soll möglichst bald einen Biss anzeigen. Das tut sie dann auch, und der kapitale Karpfen wird die Krönung meiner Fischsuppe sein …

Der Weissensee gilt als der höchstgelegene Badesee Europas. Seine Zuflüsse sind nur kleine, kalkhaltige Bäche, wobei nur Mühlbach und Praditzbach beständig Wasser führen. Gott sei Dank sind die Ufer größtenteils unverbaut. Der mittlere Seeteil ist von Wiesen umgeben, ansonsten herrschen steil abfallende Hänge und Felswände vor. Unterseeische Quellen bringen stets frisches kaltes Wasser und dienen den Seeforellen auch teilweise als Laichplätze.

An diesem herrlichen Gewässer wird natürlich sehr viel auf **Renke** gefischt. Speziell im Frühjahr sehr flach, bei sich erwärmendem Wasser in Tiefen von 10 bis 25 Metern. Am sichersten gelingt ein Fang am Abend, wenn der Wind sich gelegt hat. Ob man es dann mit **Heben und Senken** versucht oder lieber einen **Schwimmer** einsetzt, bleibt dem eigenen Gutdünken vorbehalten. Bootsansammlungen können als Orientierung dienen. Abstand zu halten sollte dabei selbstverständlich sein. Sehr zu empfehlen ist das mittlere Seebecken bei Neusach, das eine Tiefe von rund 18 Metern aufweist. Wer es auf kapitale Renken versuchen möchte, sollte die Kanten mit einer Wassertiefe von 10 Metern absuchen.
Im Frühjahr ziehen die Coregonen nahezu überall umher und sind relativ einfach an den Haken zu bekommen. Im Sommer kann es durch ein erhöhtes Planktonaufkommen schon etwas schwieriger werden. Ab dem Herbst wird es dann wieder einfacher.

Auch am Weissensee ist die **Seeforelle** der Traumfisch schlechthin. In den achtziger Jahren ging der Bestand stark zurück. Aber seit etwa 20 Jahren wird Besatzmaterial des Atterseestammes eingebracht, und das fühlt sich im Weissensee pudelwohl. Wer also einen **Permuttlöffel** oder einen **toten Fisch am**

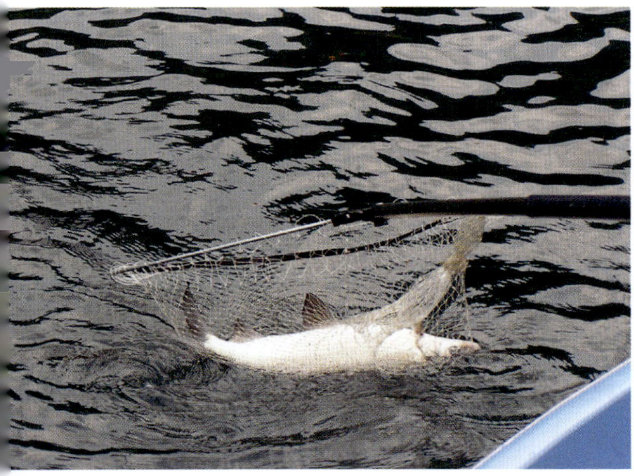

Endlich ist die Renke im Netz!
Foto: Christian Weber

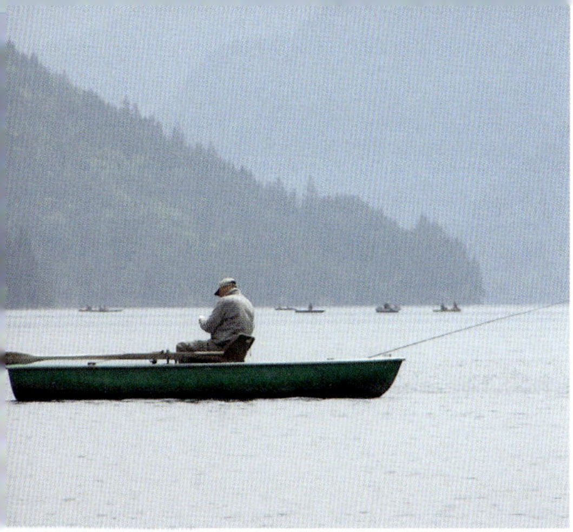

Er hat sein Boot außerhalb des Pulks verankert
Foto: Christian Weber

System durchs Wasser zieht und ein entsprechend hohes Rudertempo einhält, der darf sich durchaus auf eine silberne Überraschung freuen!

Ganz sicher lohnt es sich, den Angeltag gemütlich am Ufer ausklingen zu lassen. Vielleicht liegt ein saftiges Schweinesteak auf dem Grill, und wenn dann die Leuchtpose verschwindet, hat vielleicht ein **Zander** den Köderfisch genommen. Immer wieder hört man vom Fang schöner Exemplare zwischen **5 und 7 Kilogramm**.

Der **Uferangler** kann sein Glück auch vom Steg aus auf **Barsch** versuchen. Oder die **Köder** auf **Karpfen** und **Schleie** auslegen. Am besten dort, wo Wasserpflanzen Schutz gewähren. Der Weissensee weist auch einen sehr guten **Hechtbestand** auf. Bevorzugt wird das **Schleppangeln**, speziell dort, wo umgestürzte Bäume gute Unterstände bieten. Die besten Chancen bestehen morgens und abends, wenn noch Ruhe am See herrscht.

ANGELINFORMATIONEN

Saison: 10. Mai bis 20. Oktober

Lizenzen: 30 €/Tag (Jugendliche bis 15 Jahre 18 €), 58 €/Woche (Jugendliche 36 €), 72 € für zwei Wochen (Jugendliche 41 €), 82 € für 3 Wochen (Jugendliche 44 €), 93 €/Monat (Jugendliche 48 €), 300 €/Saison (Jugendliche 150 €)

Ausgabestellen:
Weissensee-Information, Techendorf 78, A-9762 Weissensee, Tel.: 0043(0)4713/2220-0

Hotel/Gasthof Weissensee, Gatschach 3, A-9762 Weissensee, Tel.: 0043(0)4713/2214-0

Schifffahrtsunternehmen Christian Müller, Weissensee Mösel 2, A-9714 Stockenboi, Tel.: 0043(0)4761/242

Leihboote:
Domenig, Neusach 30, A-9762 Weissensee, Tel.: 0043(0)664/5701296

Moser, Techendorf 17, A-9762 Techendorf, Tel.: 0043(0)4713/22310

Mindestmaße: See-, Bach- und Regenbogenforelle 60 cm, Seesaibling 30 cm, Zander 50 cm, Schleie 25 cm, Karpfen 45 cm, Renke 36 cm, Hecht ohne Schonmaß

Entnahme: 3 Fische pro Tag, davon höchstens 1 Forelle, Hechte und Barsche dürfen unbegrenzt entnommen werden

Schonzeiten: See- und Bachforelle: 1. Oktober bis 28. Februar; Regenbogenforelle: 1. Januar bis 15. April; Seesaibling: 1. Oktober bis 28. Februar; Zander: 1. Januar bis 1. Juni; Hecht: 1. Januar bis 30. April; Schleie: 1. Juni bis 30. Juni; Renke: 1. November bis 28. Februar

Besonderheiten: Seminar & Angelguiding: Mag. Martin Müller, Tel.: 0043(0)676/5013674

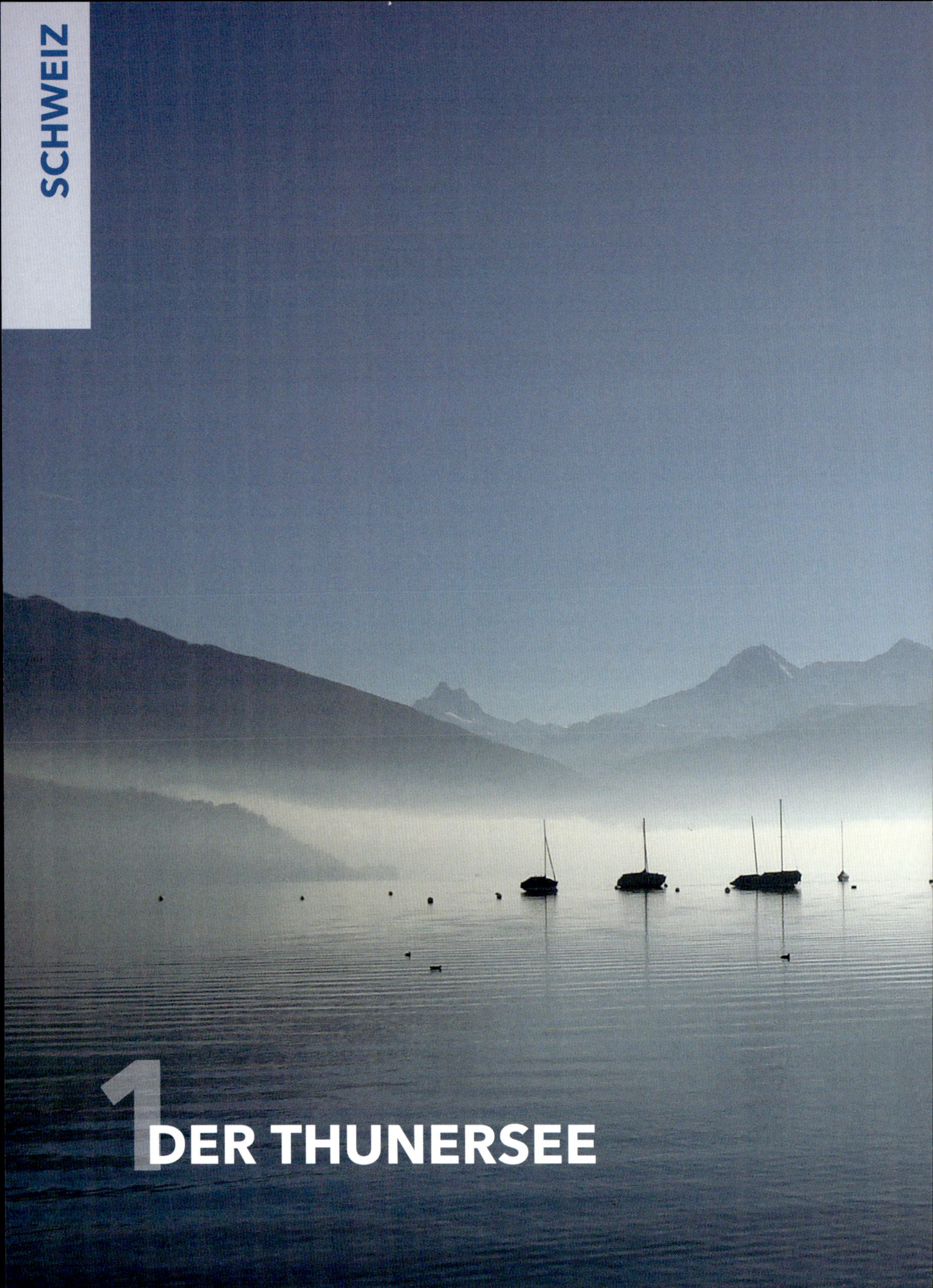

1 DER THUNERSEE

Foto: Stadt Thun

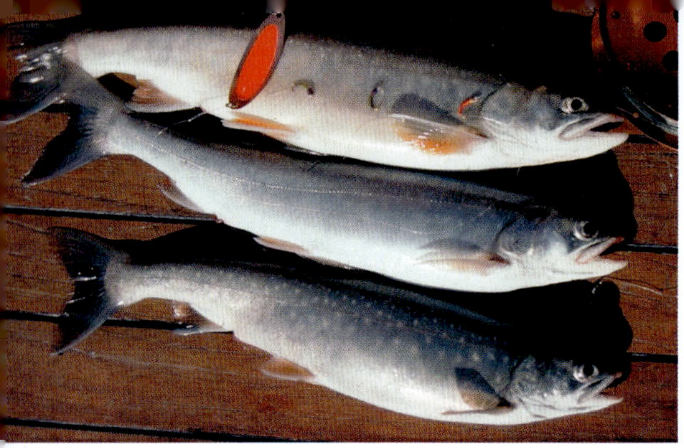

Seesaiblingstrio, mit der Hegene erbeutet
Foto: Andreas Hertig

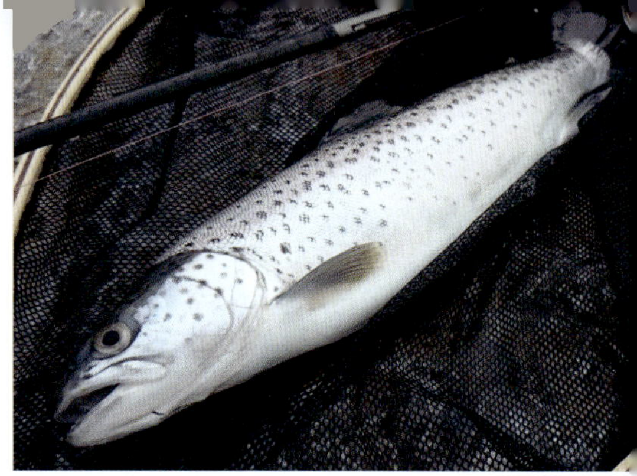

Seeforellenfang vom Ufer aus
Foto: Andreas Hertig

Im Kanton Bern, zwischen dem Kurort Interlaken und der Stadt Thun, befindet sich auf einer Seehöhe von 558 Metern der 17,5 Kilometer lange und 3,5 Kilometer breite Thunersee. Seine Fläche beträgt stolze 48,3 Quadratkilometer, die maximale Tiefe liegt bei 217 Metern. Hauptfischarten sind Renke, Seesaibling und Seeforelle.

Mein Schweizer Kamerad Andreas hat mich wieder auf den Thunersee mitgenommen. Am Vorabend saßen wir noch gemütlich beim Käsefondue zusammen. Und der Weißwein war so köstlich, dass die Zeit wie im Flug verging. Deshalb ist es schon später Vormittag, als wir mit dem Boot hinausfahren. Zuerst versuchen wir es mit der Hegene auf Seesaiblinge. Aber es läuft nicht gut an diesem Augusttag. Gegen Mittag können wir nur zwei maßige Fische vorweisen. Aber nach einer Stärkung schleppen wir die altbekannten Routen entlang. Drei weitere Saiblinge kommen in unser Boot, sodass wir am Abend unsere Lieben nicht mit einem Forellen- sondern einem Saiblingsquintett überraschen können …

Am Thuner- und Brienzersee gilt das Freiangelrecht. Es berechtigt jedermann zu fischen, auch ohne die Anglerprüfung abgelegt zu haben und ohne Lizenszgebühr bezahlt zu haben. Allerdings nur vom Ufer aus, nur mit einer Rute und nur mit einem Einzelhaken, der dann auch widerhakenlos sein muss. Erlaubt sind Grund- und Posenfischen mit Naturködern, aber die Verwendung von lebenden oder toten Köderfischen ist verboten. Das Freiangelrecht gestattet selbst den Einsatz von Kunstködern wie Spinner, Gummifisch oder Twister. Allerdings darf auch hierbei nur ein einzelner Haken verwendet werden. Das Freiangelrecht gilt nicht nur für Schweizer Bürger, sondern auch für Ausländer. Es ist in dieser Form wohl einzigartig in Europa.

Dem **Uferfischer** mit gültiger Lizenz stehen entsprechend viele Möglichkeiten offen. Mit der **Hegene** auf **Renke**, beispielsweise von der Mole des Hafens Güetital bei Faulensee. Oder man nutzt einen der Schiffsanleger. Als günstigste Fangperiode gilt der Zeitraum April bis Juli, aber auch zu anderen Zeiten kann es klappen – man muss nur warten, bis ein Schwarm vorbei zieht.

Auch auf die **Seeforelle** lässt es sich vortrefflich vom Ufer aus pirschen. Gerade an stürmischen Tagen, eventuell mit Schneetreiben, da vollziehen die Silbernen ihre wilde Jagd. **Weitwurfblinker** wie der **Mozzi** oder aber **schwere Stickbaits** wie der Wander helfen, ein großflächiges Areal abzusuchen. Es empfiehlt sich, die verschiedensten Tiefenbereiche zu durchkämmen. Die Seeforelle pendelt immer wieder zwischen Grundbereich und Oberfläche. Gerade in der frühen Saison ist der Tisch längst nicht so reich gedeckt. Kleinfische bewegen sich wenig, und der Insektenschlupf hält sich in Grenzen. Ein variabel geführter **Blinker** bietet stets gute Chancen. Zu manchen Zeiten lohnt es sich, einen **Wobbler** zu präsentieren. Je nach Einholgeschwindigkeit bewegt sich dieser Köder mal geradlinig, mal im Zickzackkurs. Gerade dieser unrunde Lauf löst dann bei der Forelle die Gier aus und bringt den Anbiss.

Sehr stimmungsvoll gestaltet sich das **Uferangeln** in der kalten Jahreszeit. Wenn es früh dunkelt, entfacht man ein Feuer und stellt daneben den Campingstuhl auf. Die Ruten werden ausgelegt, und dann kann man es sich gemütlich machen. Am besten mit einem guten Freund. Wer dazu die Einmündung von Bächen oder Flüssen wählt, darf auf den Biss einer **Quappe** hoffen. Und wenn eine am Ufer liegt, darf man auf weitere hoffen, denn die Marmorierten ziehen gerne in Gruppen umher.

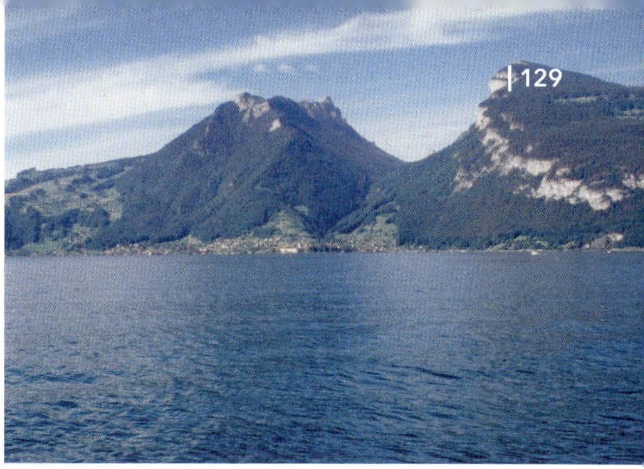

Ein strahlend schöner Tag am Thunersee
Foto: Andreas Hertig

Natürlich bietet der Thunersee auch dem **Hechtangler** Fangchancen. **Schleppend** per Boot oder im Uferbereich, wo versunkene Bäume oder Unterwasserpflanzen Einstand gewähren. Dort finden sich auch stets **Barsche** ein.

Beste Fangzeit für den **Seesaibling** sind die Monate August und September. Geschleppt wird mit dem **Konvoisystem**, leichten **Saiblingslöffeln** oder man ankert und verwendet die **Hegene**, wobei **Maden an der Nymphe** die Fangchancen ungemein erhöhen können.

ANGELINFORMATIONEN

Saison: 1. Januar bis 31. Dezember

Lizenzen: 28 CHF/Tag (Jugendliche bis zu 16 Jahren 17 CHF), 85 CHF/Woche (Jugendliche 28 CHF), 300 CHF/Monat (Jugendliche 40 CHF), 400 CHF/Jahr (Jugendliche 60 CHF)

Ausgabestellen:
Brienz Tourismus, Hauptstr. 143, CH- 3855 Brienz, 0041(0)33/9751161

Gemeindeverwaltung Adelboden, Zelgstr. 3, CH- 3715 Adelboden, 0041(0)33 6738210

Bern Tourismus, Bahnhofplatz 10 a, CH- 3011 Bern, 0041(0)31/3281212

Leihboote: derzeit sind für Angler keine Leihboote vorhanden

Mindestmaß: Renke 28 cm, Seesaibling 22 cm, Seeforelle 45 cm

Entnahmen: 6 Edelfische pro Tag, davon jedoch höchstens 3 Forellen. 5 Hechte pro Tag, 25 Renken und 100 Barsche.

Schonzeit: Seeforelle: 1. September bis 31. Januar; Seesaibling: 1. Oktober bis 31. Dezember; Renke: 1. Oktober bis 31. Dezember

Besonderheiten: Allgemeine Informationen zur Fischerei erteilt das Amt für Landwirtschaft und Natur, Schwand 17, CH- 3110 Münsingen, 0041(0)31/6361480

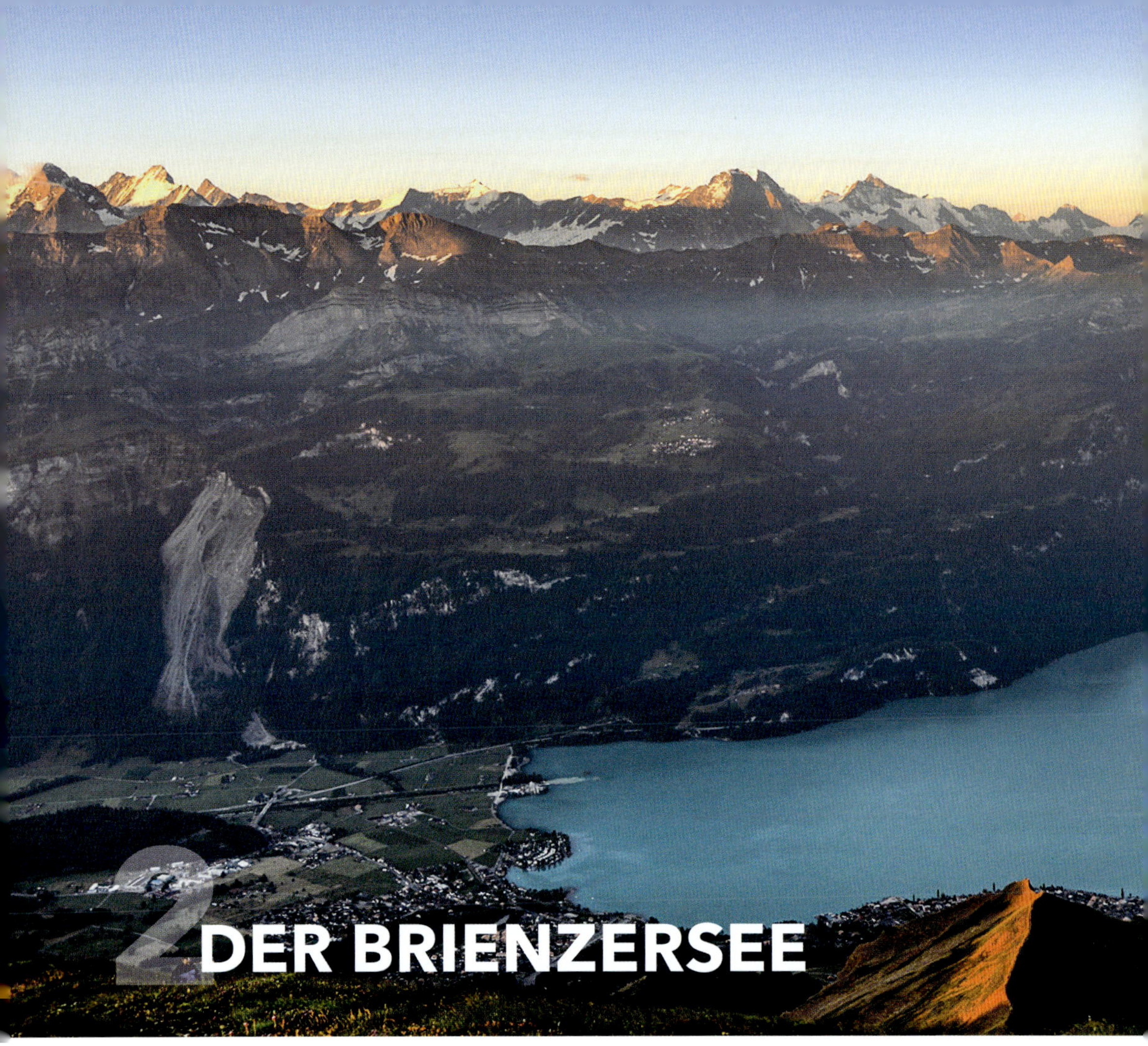

2 DER BRIENZERSEE

Im Schweizer Kanton Bern befindet sich auf 564 Metern Seehöhe der 14 Kilometer lange und 2,8 Kilometer breite Brienzersee. Er hat eine Fläche von 29,8 Quadratkilometern und eine maximale Tiefe von 260 Metern. Hauptfischarten sind Renke, Seesaibling und Seeforelle.

Mitte Februar auf dem Brienzersee. Andreas hat mich zum Schleppfischen mitgenommen. Kalt ist es, bitterkalt, aber Schal, Mütze und Handschuhe sorgen für einen gewissen Schutz. Immer wieder greife ich zur Thermosflasche mit dem Pfefferminztee. Und dann fängt ganz plötzlich der Bügel der Tiefschleppangel zu wippen an. Behutsam wird der Fisch nach oben gekurbelt, bis die Schnur auf die bereitliegende Rute umgehängt werden kann. Sofort taucht die Seeforelle wieder ab. Aber am Ende nimmt sie der Kescher auf. Am Abend hat jeder seinen Fisch gefangen. Und ich kann mit Andreas anstoßen – diesmal jedoch mit einem Glas guten Rotweins …

Auch am Brienzersee gilt das Freiangelrecht. Dies gestattet es jedermann, auch ohne Fischer-

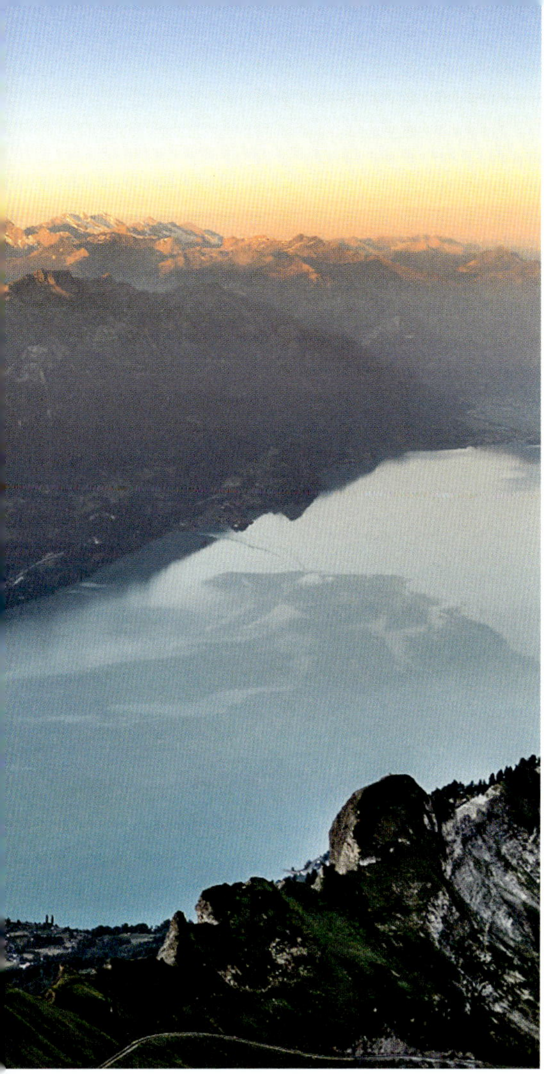

prüfung und Lizenz, vom Ufer aus mit einer Rute zu fischen. Es dürfen nur Köder mit einem **Einzelhaken** verwendet werden. Natürliche tote oder lebende Köderfische sind verboten. Das **Uferfischen** kann überall dort praktiziert werden, wo eine Straße oder ein Wanderweg den See begleiten. Besonders gut kommt man im Raum Bönigen an den See, und auch die kleine Halbinsel Iseltwald ist zu empfehlen.

Der Brienzersee ist ein sehr gutes Revier zum Fang von **Quappen**. In der Schweiz wird der einzige dorschartige Süßwasserfisch **Trüsche** genannt. Die Mündung der Aare bei Brienz und der Lütschine bei Bönigen sind besonders geeignet. Ohne weit zu werfen kann man Tiefen von 20 bis 40 Metern erreichen. Auch andere Bacheinläufe sind interessant, genau wie steil abfallende Uferpartien. Als Topköder am Brienzersee gilt der **Tauwurm**. Er hält gut auf dem Haken und verbreitet ein starkes Duft-

Umrahmt von hohen Bergen (links)

Faszinierend türkisfarbenes Wasser (unten)

Fotos: Brienz Tourismus

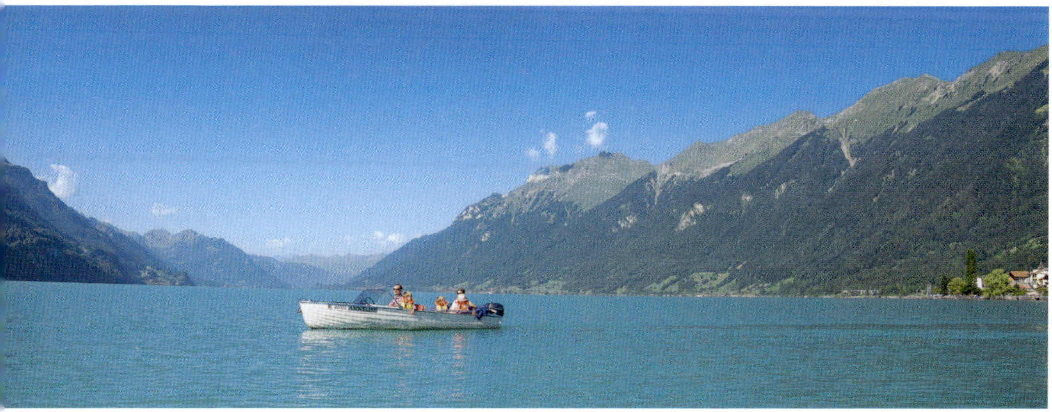

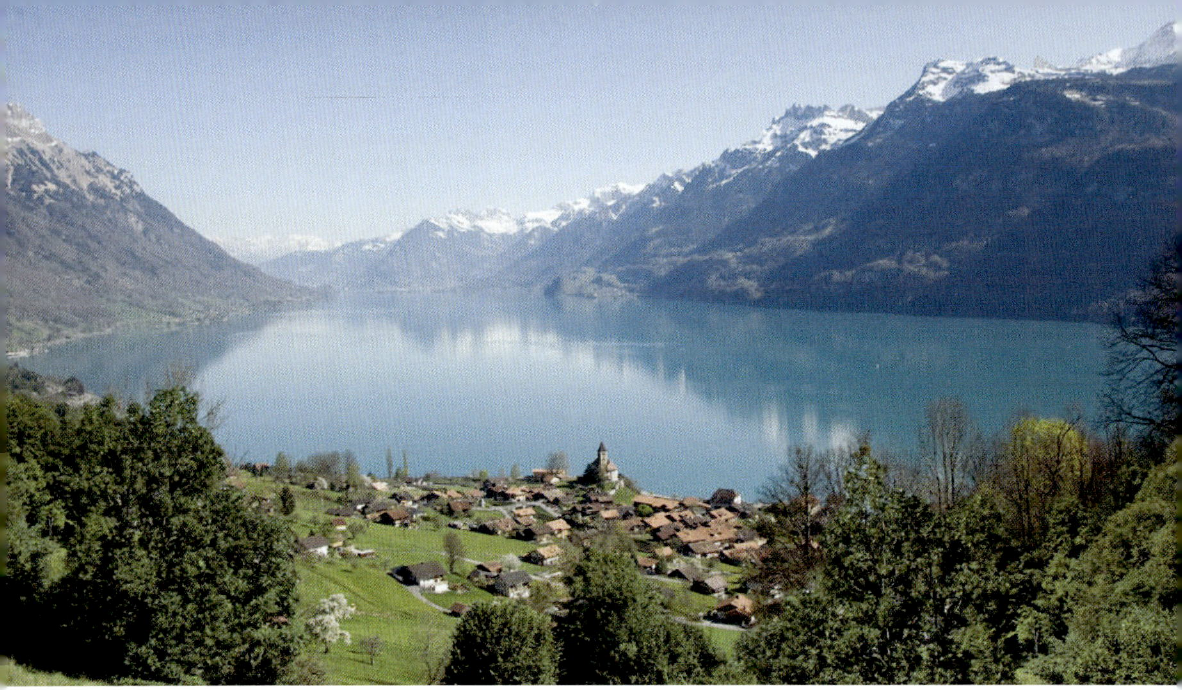

Herrliches Panorama im Berner Oberland Foto: Brienz Tourismus

aroma. Besonders stimmungsvoll ist es, wenn ein wärmendes Feuerchen brennt. Ein Steak oder eine Bratwurst auf dem Grill und ein Bier oder ein Glas Rotwein in der Hand – das ist Genussangeln allerhöchster Qualität!

Hechte werden am gesamten See in der Uferregion gefangen. Holzpfähle (wie sie an den Häfen zu finden sind) oder ins Wasser hängende Äste ziehen Meister Esox magisch an. **Seesaiblinge** werden überwiegend beim **Tiefseeschleppen** erbeutet. Eine klassische Route ist der Bereich zwischen Niederried und Brienz. Mit der **Hegene** kann man es auch versuchen. Doch die Saiblinge sind im Brienzersee viel seltener als im benachbarten Thunersee.

Auf **Seeforellen** wird gern im Februar vom **Ufer** aus gefischt. Bekannte Fangstellen sind Unterschwad, Iseltwald und die Giessbachfälle. Die **Schleppfischer** suchen den gesamten See ab. Seeforellen legen auf ihren Beute-

Seeforellen-Doublette
Foto: Andreas Hertig

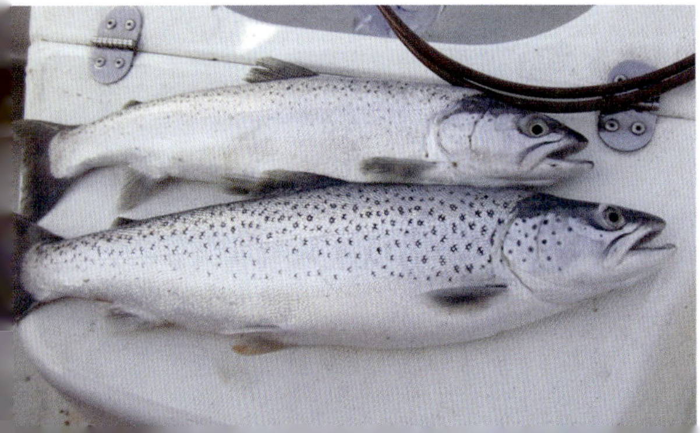

Jederzeit kann der Biss erfolgen
Foto: Andreas Hertig

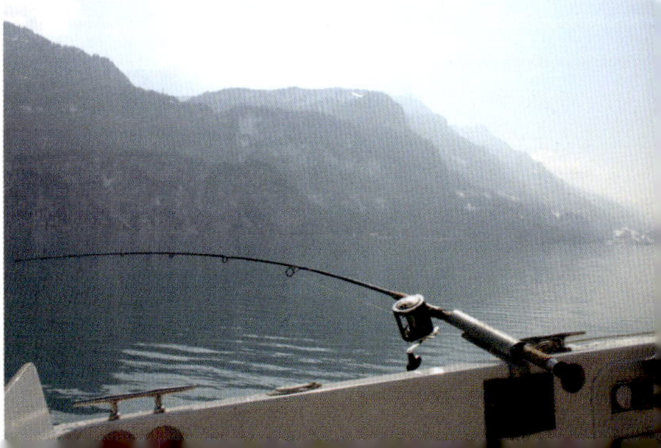

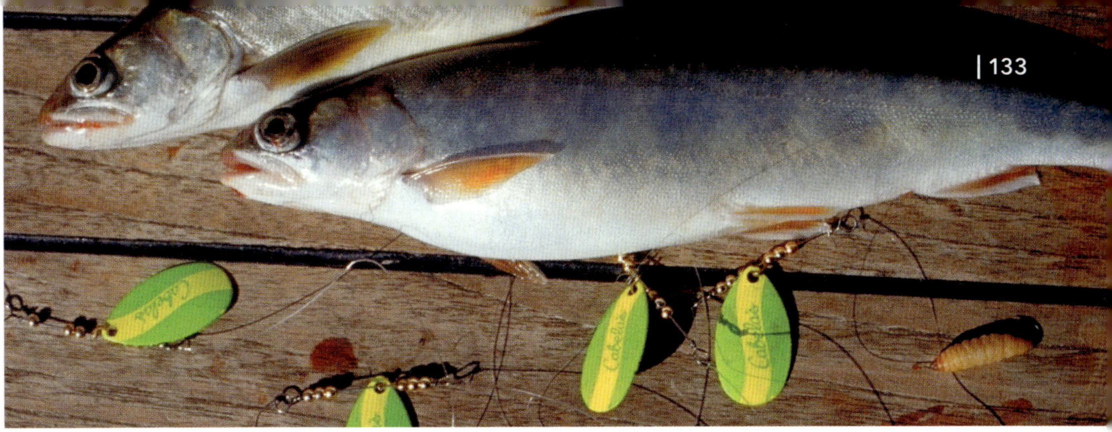

Saiblingsfang mit dem Konvoisystem Foto: Andreas Hertig

zügen große Strecken zurück, und mit dem nötigen Glück lässt sich der Weg einer Seekönigin kreuzen.

Die Fischerei auf **Renken** ist zwischen März und Mai am besten. Gute Fangplätze finden sich bei Ringgenberg, Eblingen, Altes Aaregg, Niederried Moos und der Bucht von Iseltwald. Im See kommen auch ganz vereinzelt **Äschen** vor. Sie wandern aus den Fließgewässern zu. Ihr Fang ist sehr selten und geschieht meist zufällig beim **Hegenenfischen**.

ANGELINFORMATIONEN

Saison: 1. Januar bis 31. Dezember

Lizenzen: 28 CHF/Tag (Jugendliche 17 CHF), 85 CHF/Woche (Jugendliche 28 CHF), 300 CHF/Monat (Jugendliche 40 CHF), 400 CHF/Jahr (Jugendliche 60 CHF)

Ausgabestellen:

Brienz Tourismus, Hauptstr. 143, CH-3855 Brienz, 0041(0)33/9528080

Bern Tourismus, Bahnhofplatz 10 a, CH-3011 Bern, 0041(0)31/3281212

Interlaken Tourismus, Höheweg 37, CH-3800 Interlaken, 0041(0)33/8265300

Info-Center Spiez, Am Bahnhof, CH-3700 Spiez, 0041(0)33/6559000

Homepage der Volkswirtschaftsdirektion des Kantons Bern – Patent online bestellen und ausdrucken: www.vol.be.ch/vol/de/index/natur/fischerei/angelfischerei/patente/bezug.html

Leihboote: Bootsverleih Brienz, Beim Bahnhof, CH-3855 Brienz, Tel.: 0041(0)33951-2231, www.bootsverleih-brienz.ch

Mindestmaße: Äsche 30 cm, Renke 18 cm, Seeforelle 45 cm, Seesaibling 22 cm, Hecht 45 cm, Barsch 15 cm

Entnahme: 6 Edelfische (Äschen, Forellen und Saiblinge) pro Tag, zusätzlich 5 Hechte, 25 Renken und 100 Barsche pro Tag

Schonzeiten: Renke: 1. Oktober bis 31. Dezember; Hecht: 1. März bis 30. April; Seesaibling: 1. Oktober bis 31. Dezember; Seeforelle: 1. September bis 31. Januar; Äsche: 1. Januar bis 15. Mai

Besonderheiten: Allgemeine Informationen zur Fischerei erteilt das Amt für Landwirtschaft und Natur, Schwand 17, CH-3110 Münsingen, 0041(0)31/6361480

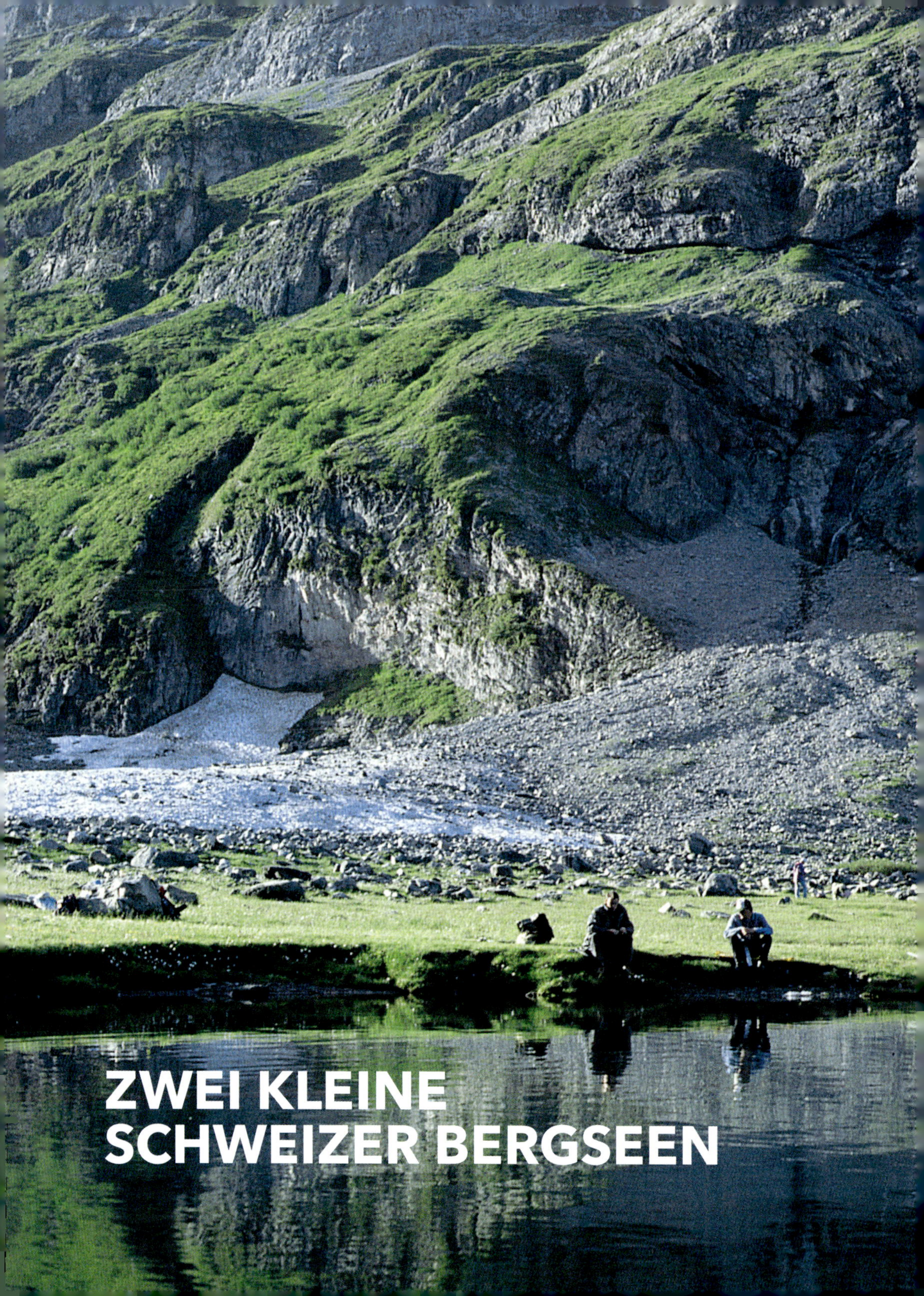

ZWEI KLEINE SCHWEIZER BERGSEEN

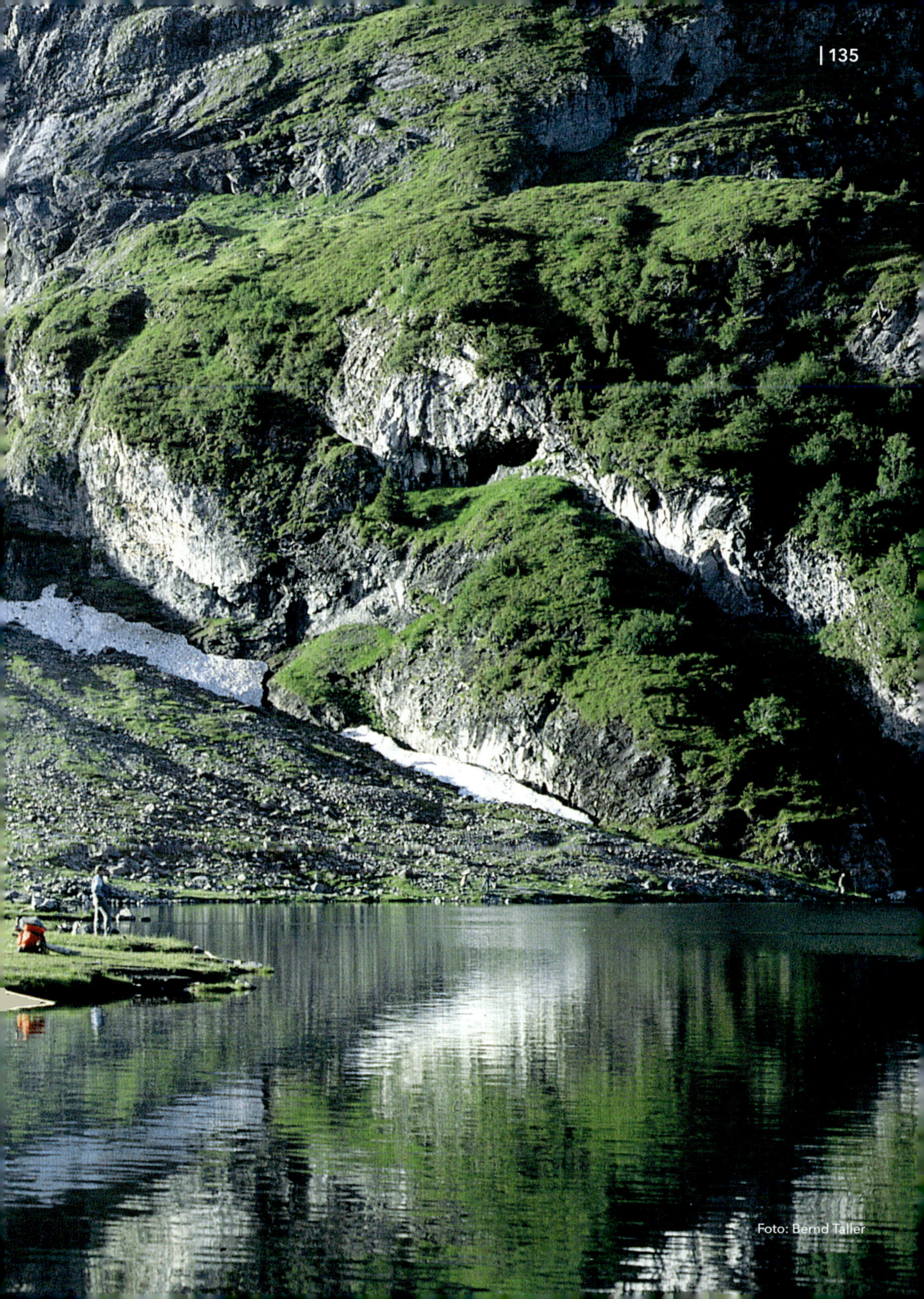

Foto: Bernd Taller

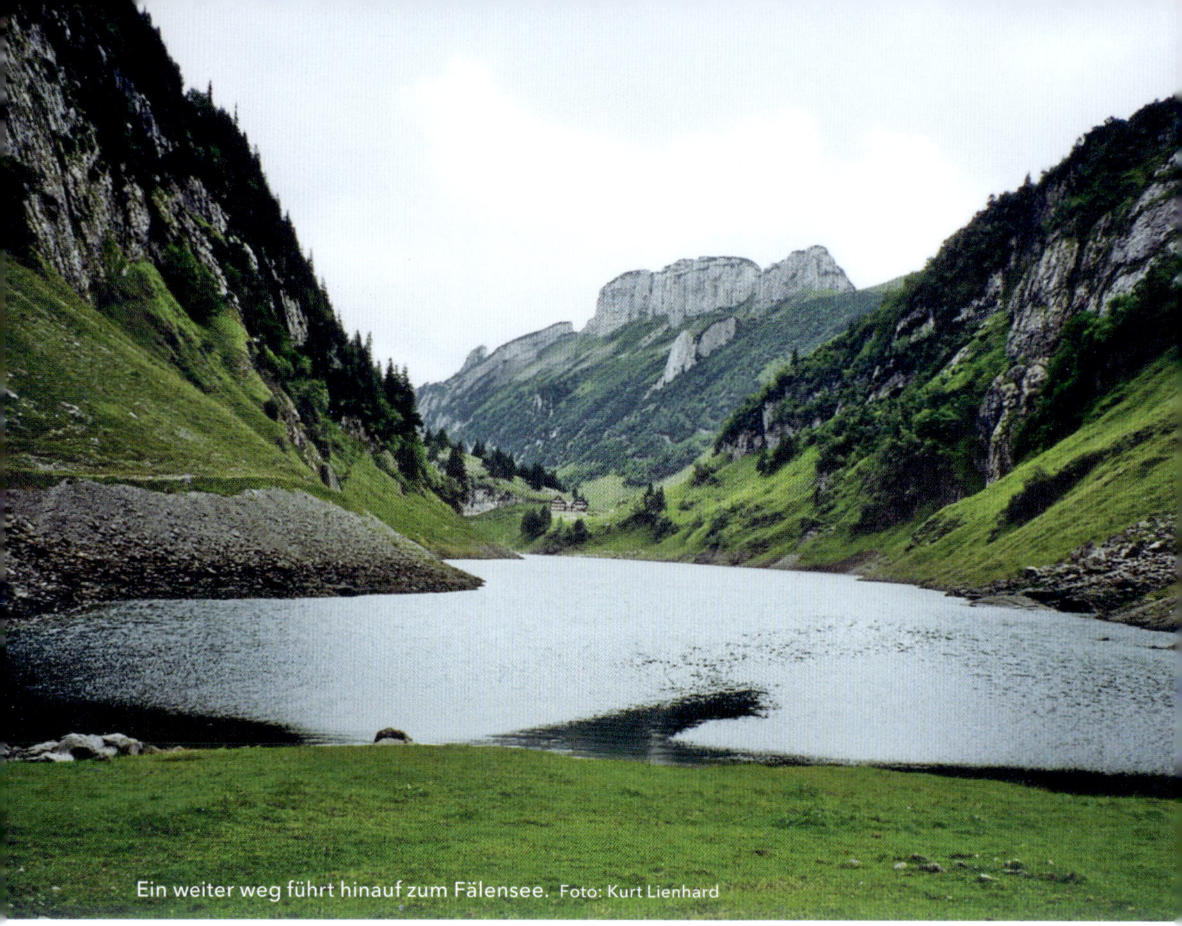

Ein weiter weg führt hinauf zum Fälensee. Foto: Kurt Lienhard

3 DER FÄLENSEE

Im Kanton Appenzell Innerrhoden befindet sich auf 1446 Meter Seehöhe der 1 Kilometer lange und 0,3 Kilometer breite Fälensee. Bei einer Fläche von 12 Hektar ist er der drittgrößte Bergsee des Kantons. Hauptfischarten sind Bachforelle und Namaycush.

Natürlich gibt es in der Schweiz auch Bergseen, die einfach per Auto oder Seilbahn zu erreichen sind. Dort finden sich naturgemäß recht viele Menschen ein, was mir dieses Gefühl von Einsamkeit, das ich in den Alpen suche, nicht vermittelt. Am Fälensee findet man zumindest an Wochentagen immer ein ruhiges Plätzchen. Aber dafür muss man etwas tun, nämlich wandern! Knapp drei Stunden dauert der Aufstieg, recht steil ist es stellenweise auch. Um einen ganzen Angeltag genießen zu können, sollte die Anreise schon am Vortag erfolgen. Übernachtungsmöglichkeiten bestehen im Gasthaus Bollenwees oder auf der Fälenalp.

Mit dem Fischen darf um 5.30 Uhr begonnen werden. Und oft ist es der frühe Morgen, der einen schönen Fang beschert. Empfehlenswert erscheint es mit dem Spinnfischen

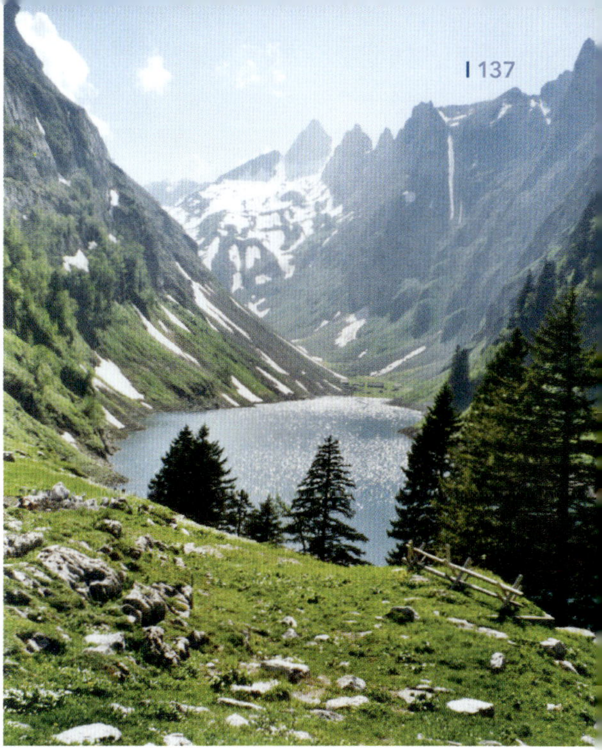

Welch herrlicher Bergsee!
Foto: Kurt Lienhard

zu beginnen. Nach einer ausgeruhten Nacht fällt das Gehen auf den Geröllhalden nicht so schwer. Den Erfolgsköder schlechthin, den gibt es am Fälensee nicht. Mal bringt der Spinner Beute, mal der **Mozzi** und dann wieder ein **Wobbler**. Auch bei der Farbwahl sollte experimentiert werden, aber gold und silber sind sicher keine schlechte Wahl. Und wer seinen Köder einmal schneller und dann wieder langsamer einholt, dazu noch die verschiedensten Wasserschichten durchprobiert, der sollte schon mit einigen Fischen belohnt werden.

Irgendwann tun dann doch die Beine weh. Dann ist es Zeit, sich einen flachen Uferstein zu suchen und eine **Posenmontage** auszulegen. Mit **Wurm** oder **Bienenmade** darf man durchaus auf den Fang einer **Bachforelle** oder eines **Namaycushs** hoffen. Um 22 Uhr endet die Fischerei am Fälensee. An manchen Tagen sind es gerade die letzten Minuten, die noch eine Überraschung bereithalten.

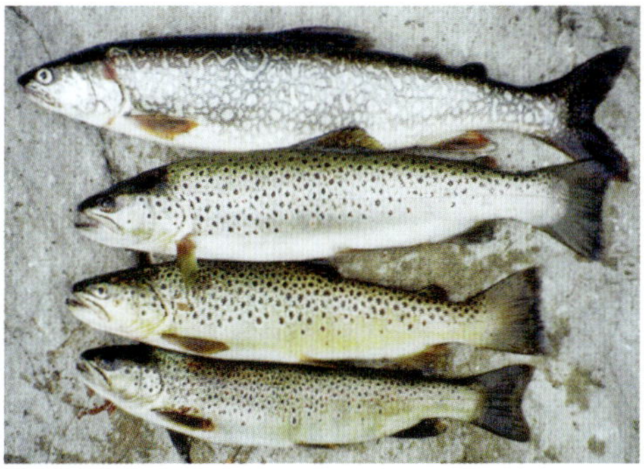

Drei Forellen und ein Namaychush
Foto: Kurt Lienhard

ANGELINFORMATIONEN

Saison: 2. Mai bis 10. September

Lizenzen: 38 CHF/Tag (Jugendliche 20 CHF), 95 CHF/Woche (Jugendliche 50 CHF).

Ausgabestelle: Kantonale Verwaltung, Marktgasse 2, CH-9050 Appenzell, Tel.: 0041(0)71/7889524

Leihboote: keine – es ist nur das Uferangeln gestattet

Mindestmaße: Forellen 30 cm, Namaycush 30 cm

Entnahme: 5 Fische pro Tag

Schonzeiten: keine

Besonderheiten: An Sonn- und Feiertagen ist das Angeln nicht erlaubt. Übernachtung im Berggasthaus Bollenwees, Fam. Manser-Barmettler, CH-9058 Brülisau, Tel.: 0041(0)71/7991170, www.bollenwees.ch

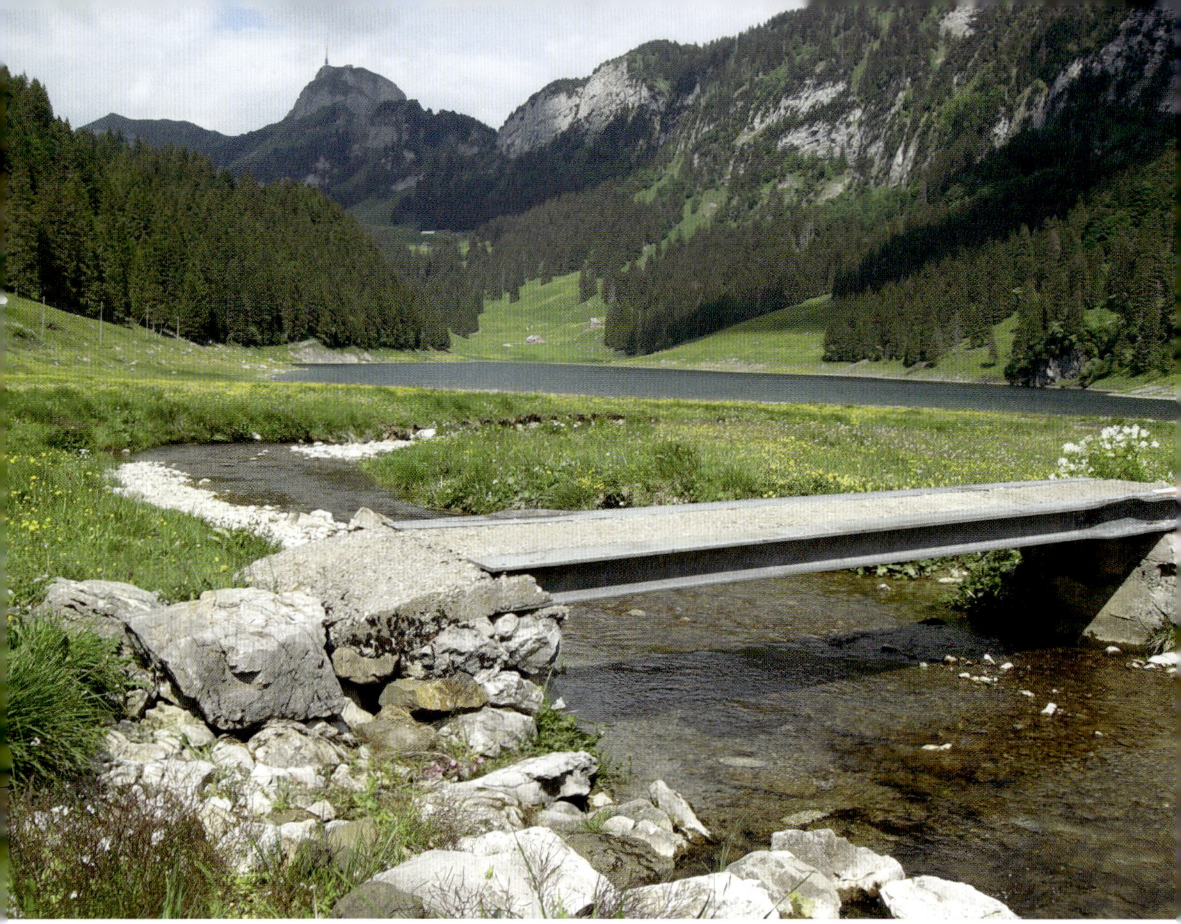

4 DER SÄMTISERSEE

Im Kanton Appenzell Innerrhoden befindet sich auf einer Seehöhe von 1209 Metern der 13,6 Hektar große Sämtisersee. Hier kommen nur Bachforellen und Elritzen vor.

Sehr früh, im allerersten Tageslicht, habe ich mich auf den Weg gemacht. Steil ist das Gelände, und ich bin froh, nur die leichte Spinnausrüstung dabei zu haben. Im Restaurant „Plattenbödeli" lege ich eine kurze Rast ein, dann geht es weiter. Und bald liegt er vor mir, der Sämtisersee. Noch kräuselt keine Welle seine Oberfläche. Heute will ich die Wobbler von Peter Biedron einsetzen. Klein, von seinen genialen Händen erschaffen, sollen sie die heiklen Bergseeforellen verführen. Ich muss viele Würfe tätigen, bis die feinnervige Rute endlich zum Halbkreis gebogen wird. Eine schöne Bachforelle erfreut mein Herz. Und nach der Mittagsrast folgt eine zweite – nahezu gleich lang. Als ich am Abend zu meinem Auto zurücklaufe, bin ich erfüllt von diesem Tag am Sämtisersee.

Wer es elegant mag, benutzt die Fliegenrute. Wenn sich steigende Fische zeigen, sollte man es mit der Trockenfliege versuchen. Eine

Noch über die kleine Brücke, dann kann das Angeln beginnen .... (links)
Foto: Markus Klingler

CDC oder ein Rehhaarmuster, damit ist man auf der sicheren Seite. Nassfliegen kommen eher weniger zum Einsatz, sind aber an manchen Tagen unschlagbar. Und natürlich sind auch Nymphen sowie Streamer einen Versuch wert.

Auch für das Fischen der gemütlichen Art ist dieser Bergsee gut geeignet. Man lässt sich am Ufer nieder und wirft die Posenmontage aus. Beködert mit Wurm oder Bienenmade besteht immer eine Chance auf vorbeiziehende Forellen.

Da es von Elritzen nur so wimmelt, hat man mit der Senke schnell einige erbeutet. Frisch getötet sind sie am Planseesystem eine sehr gute Wahl. Und wer es schafft, diese Montage sehr natürlich zu präsentieren, darf auf den Biss einer der großen Bachforellen hoffen.

ANGELINFORMATIONEN

Saison: 2. Mai bis 10. September

Lizenzen: 38 CHF/Tag (Jugendliche 20 CHF), 95 CHF/Woche (Jugendliche 50 CHF)

Ausgabestelle: Kantonale Verwaltung, Marktgasse 2, CH-9050 Appenzell, Tel.: 0041(0)71/7889524

Leihboote: keine – es ist nur das Uferangeln gestattet

Mindestmaße: Bachforelle 28 cm

Entnahme: 5 Fische pro Tag

Schonzeiten: keine

Besonderheiten: an Sonn- und Feiertagen ist das Angeln nicht erlaubt; im Berggasthaus „Plattenbödeli" kann man essen und übernachten, Fam. Wisi und Rita Inauen-Arnold, Plattenbödeli 1, CH-9058 Brülisau, Tel.: 0041(0)71/7991152, www.plattenboedeli.ch

Anmerkung: Markus Klingler hat das Schweizer Bergseeverzeichnis erstellt. Darin hat er mehr als 220 Gewässer beschrieben. Bestellt werden kann die CD unter bergseen@bluewin.ch

Freude über eine schöne Bachforelle. Foto: Markus Klingler

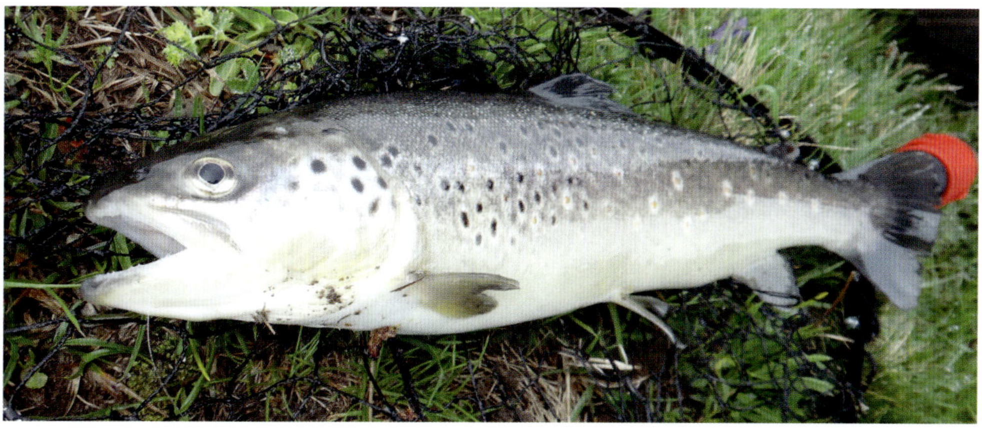

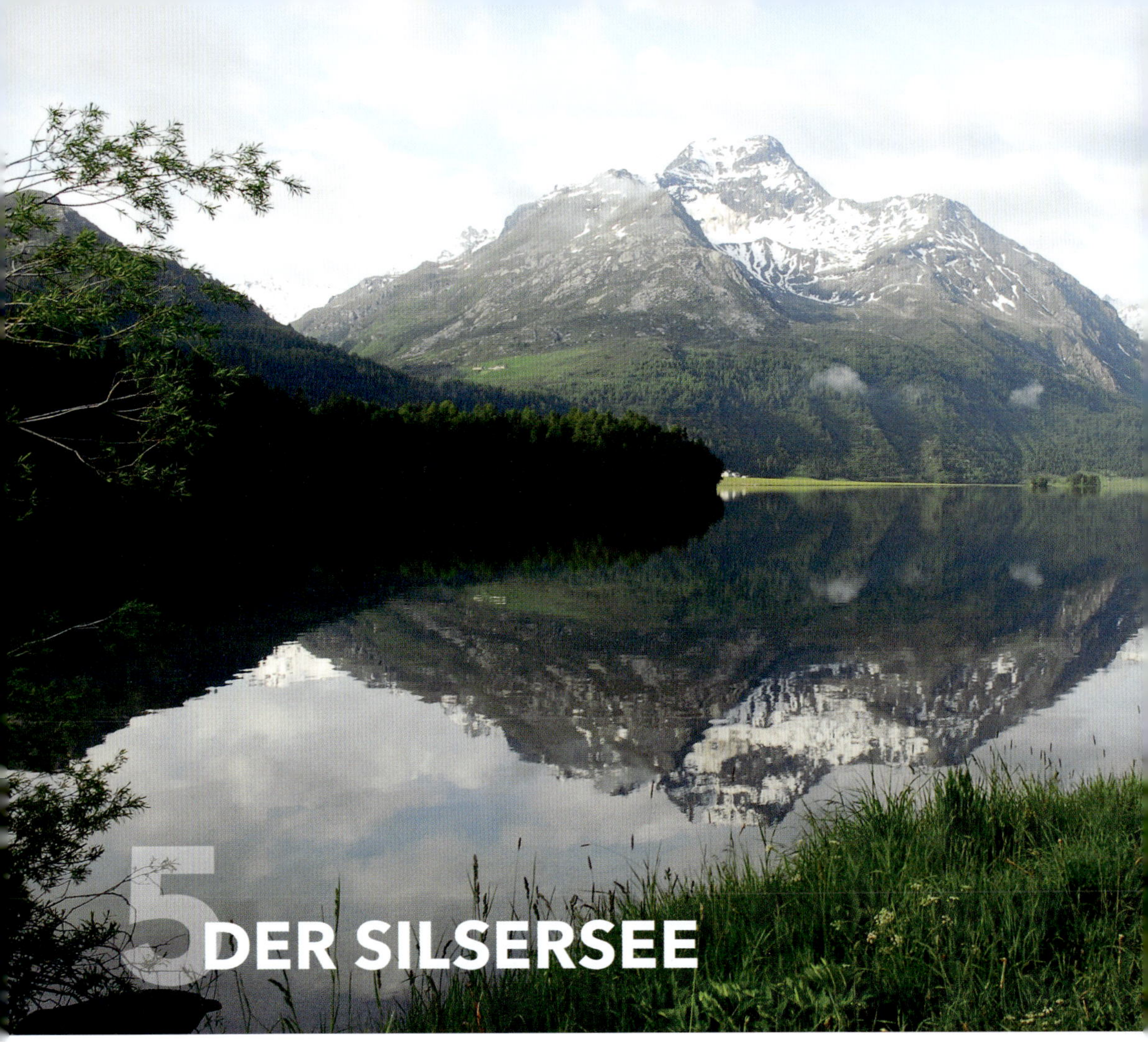

5 DER SILSERSEE

Im Kanton Graubünden, genauer gesagt im Oberengadin, befindet sich auf einer Seehöhe von 1800 Metern der 4,1 Quadratkilometer große Silsersee. Seine maximale Tiefe liegt bei 71 Metern. Hauptfischarten sind Seesaibling, Namaycush, Bach- und Seeforelle.

Thomas und ich rudern mit einem alten Holzboot und mit immenser Vorfreude auf den Silsersee hinaus. Spiegelglatt präsentiert sich das Wasser. Doch wir wissen, dass in den Tiefen des Sees der Namaycush haust. Ein uriger Fisch – groß, kampfstark und geheimnisvoll. Unser eifriges Rudern wird nicht belohnt. Wie aus heiterem Himmel frischt der Wind auf, und wir reiten richtiggehend auf den Wellen. Unablässig werden wir Richtung Ufer gedrückt, und da geschieht das nicht mehr für möglich gehaltene Wunder. Im nur noch fünf Meter tiefen Wasser hat ein Fisch den Köder von Thomas geschnappt. Und ja, es ist ein Namaycush, und mit 66 Zentimetern Länge kein kleines Exemplar!

Immer wieder zieht es die Spezialisten ins Oberengadin, wo sich der **Namaycush** in

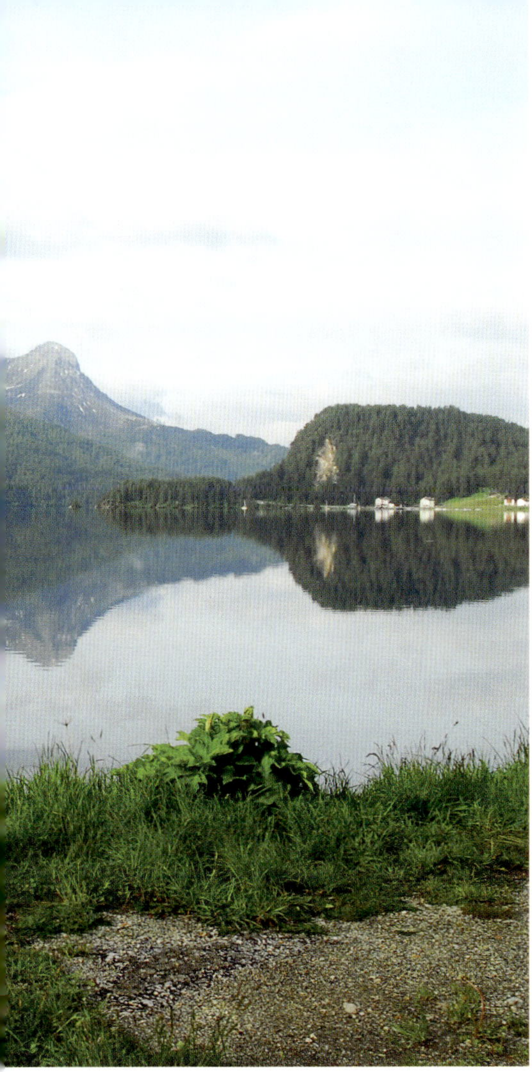

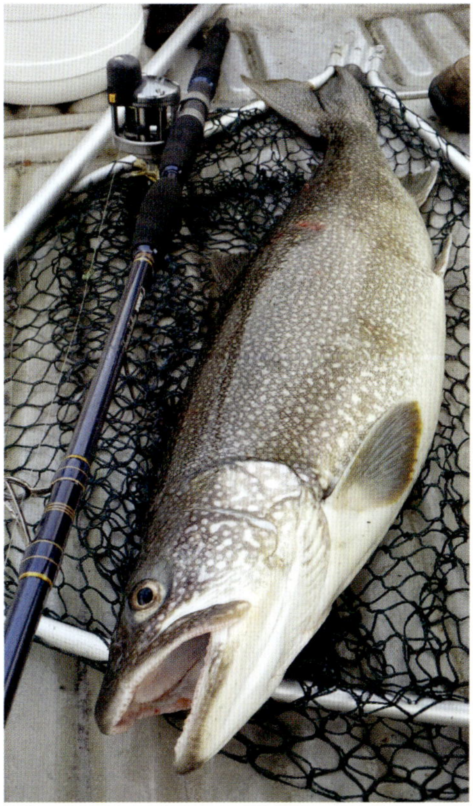

Endlich ist der Namaycush im Boot! (oben)
Foto: Thomas Wagner

Noch ruht der Silsersee ganz still (links)
Foto: Thomas Wagner

den Seen der St. Moritzer Seenplatte besonders wohl fühlt. An Nahrung mangelt es ihm nicht, denn der Tisch ist mit **Seesaiblingen** reich gedeckt. Und so darf man auf den Fang eines Kapitalen hoffen – über 80 Zentimeter lang und zwischen 7 und 8,5 Kilogramm schwer. In den sechziger Jahren des vorigen Jahrhunderts wurde dieser **kanadische Seesaibling** besetzt, um den Bestand an Seesaiblingen zu regulieren. Mittlerweile ist nicht mehr jeder froh darüber. Aber wer jemals einen mehrpfündigen „Kanadier" an der Rute hatte, vergisst diesen Moment nie wieder. Der Namaycush wechselt immer wieder die Tiefe. Mal findet er sich im Grundbereich, dann sucht er wieder das Mittelwasser nach Fressbarem ab. Und ab und zu kommt er bis zur Oberfläche und ins Flache. Erfahrene **Schleppspezialisten** suchen auf ihren Touren deshalb auch die Uferzonen ab.

Am Silsersee wird gleichermaßen das Fischen mit der **Hegene** und dem **Schleppsystem** praktiziert. Am ganz frühen Morgen, wenn der See noch einem Spiegel gleicht, macht es viel Freude, das **Nymphensystem** herabzulas-

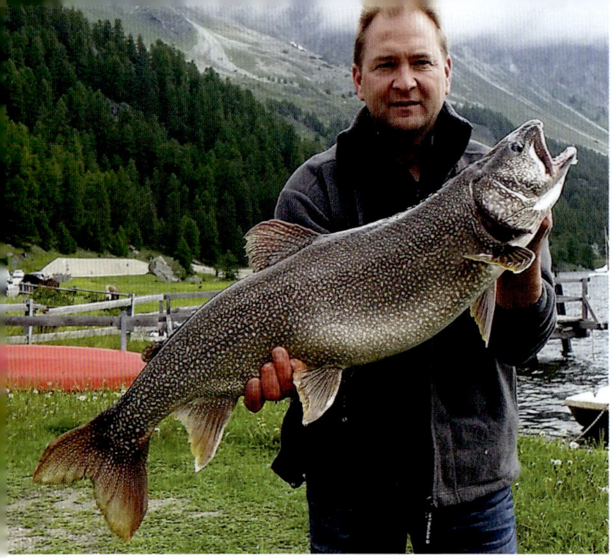

Welch ein herrlicher Namaycush!
Foto: Thomas Wagner

sen. Größe 14 dürfte gängig sein, und bei den Farben sollte man die gesamte Palette durchprobieren. Es ist schon ein tolles Gefühl, wenn ein Seesaibling mit über 35 Zentimetern die feine Rute zu tiefen Verbeugungen zwingt.

Wenn man dann vom ruhigen Sitzen steif zu werden droht, ist es Zeit, die **Schleppmontagen** zu Wasser zu lassen. Manche verwenden das **Konvoisystem**, andere einen großen oder zwei mittlere **Locklöffel**. In jedem Fall wird ein **Naturköder** auf den Einzelhaken aufgezogen. Dabei hat man die Auswahl zwischen **Fleisch-** und **Bienenmaden** oder einer **toten Elritze**. Und am Silsersee weiß man nie was der Biss bringen wird. Eine kleine **Forelle**, einen mittleren **Seesaibling** oder gar einen **Namaycush**. Und gelegentlich ist dann auch ein Kapitaler dabei. Jürg Ruschinski, Martha Bühlmann und Thomas Wagner haben gezeigt, wie es geht. Sie haben Fische mit Gewichten bis fast 10 Kilogramm oder darüber erbeutet.

Auch eine Schlepptour braucht mal Pause Foto: Thomas Wagner

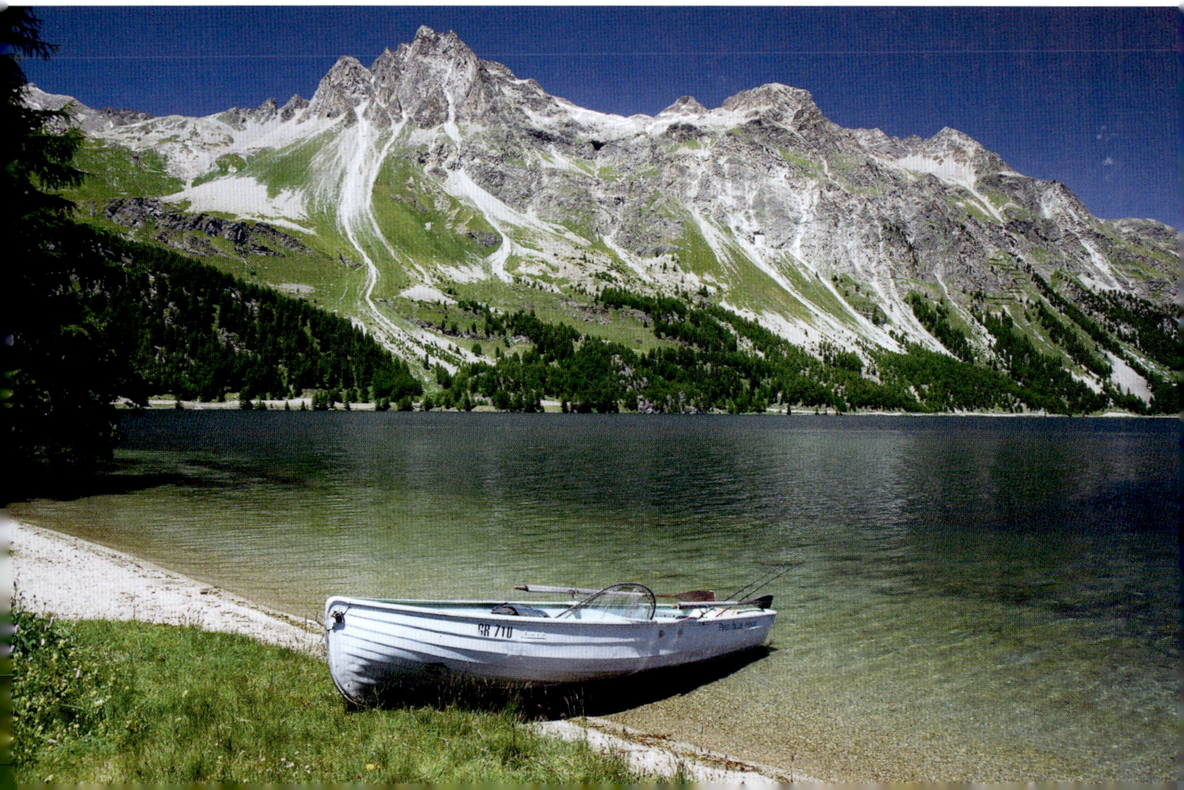

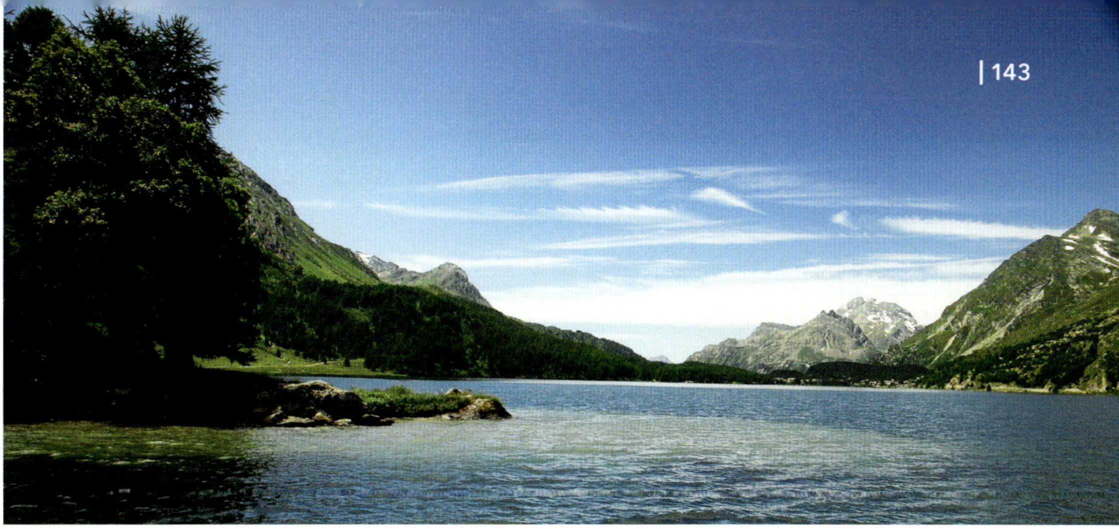

Idyllischer Platz zum Uferangeln Foto: Thomas Wagner

Nicht zu unterschätzen ist ein thermisch auftretender Wind, der sogenannte Malojawind. Gewöhnlich frischt er zwischen 10 und 11 Uhr vormittags auf, spätestens aber zur Mittagszeit. Ohne Vorankündigung bläst er so kräftig, dass das Rudern zur Anstrengung wird. Seekenner fischen so, dass sie sich bei Einsetzen des Windes zum Liegeplatz zurücktreiben lassen.

ANGELINFORMATIONEN

Saison: Uferangeln 1. Mai bis 15. September, Bootsangeln 15. Mai bis 15. September

Lizenzen: 30 CHF/Tag (Jugendliche bis 17 Jahre 10 CHF), 75 CHF/Woche (Jugendliche 20 CHF), 110 CHF für 15 Tage (Jugendliche 25 CHF), 150 CHF/Monat (Jugendliche 30 CHF), 400 CHF/Jahr (Jugendliche 100 CHF)

Ausgabestellen für die Oberengadiner Seen:

Bootsfischerei: Gemeinde Silvaplana, Tel.: 0041(0)81/8387070

Kiosk Adolfa Gianotti, Casa de Tann, Maloja, Tel.: 0041(0)81/8243130

Camping Silvaplana, Tel.: 0041(0)81/8288492

Uferfischerei: Fischzuchtanstalt St. Moritz, Reto Gritti, Tel.: 0041(0)81/8336752

Kiosk Adolfa Gianotti, Casa de Tann, Maloja, Tel.: 0041(0)81/8243130

Amt für Jagd u. Fischerei Graubünden, Loestr. 14, CH-7000 Chur, Tel.: 0041(0)81/2573892

Gemeinde St. Moritz, Via Quadrellas, CH-7500 St. Moritz, Tel.: 0041(0)81/8333017

Lizenzen können auch per Internet bestellt werden (www.ajf.gr.ch)

Leihboote: Hotel Cristallina, Via dal Malögia 14, CH-7517 Plaun da Lej, Tel.: 0041(0)81/8265350, www.hotelcristallina.ch

Mindestmaße: Forellen und Saiblinge 24 cm, Namaycush 30 cm

Entnahme: 10 Edelfische pro Tag

Besonderheiten: Echolot erlaubt

Schonzeiten: keine

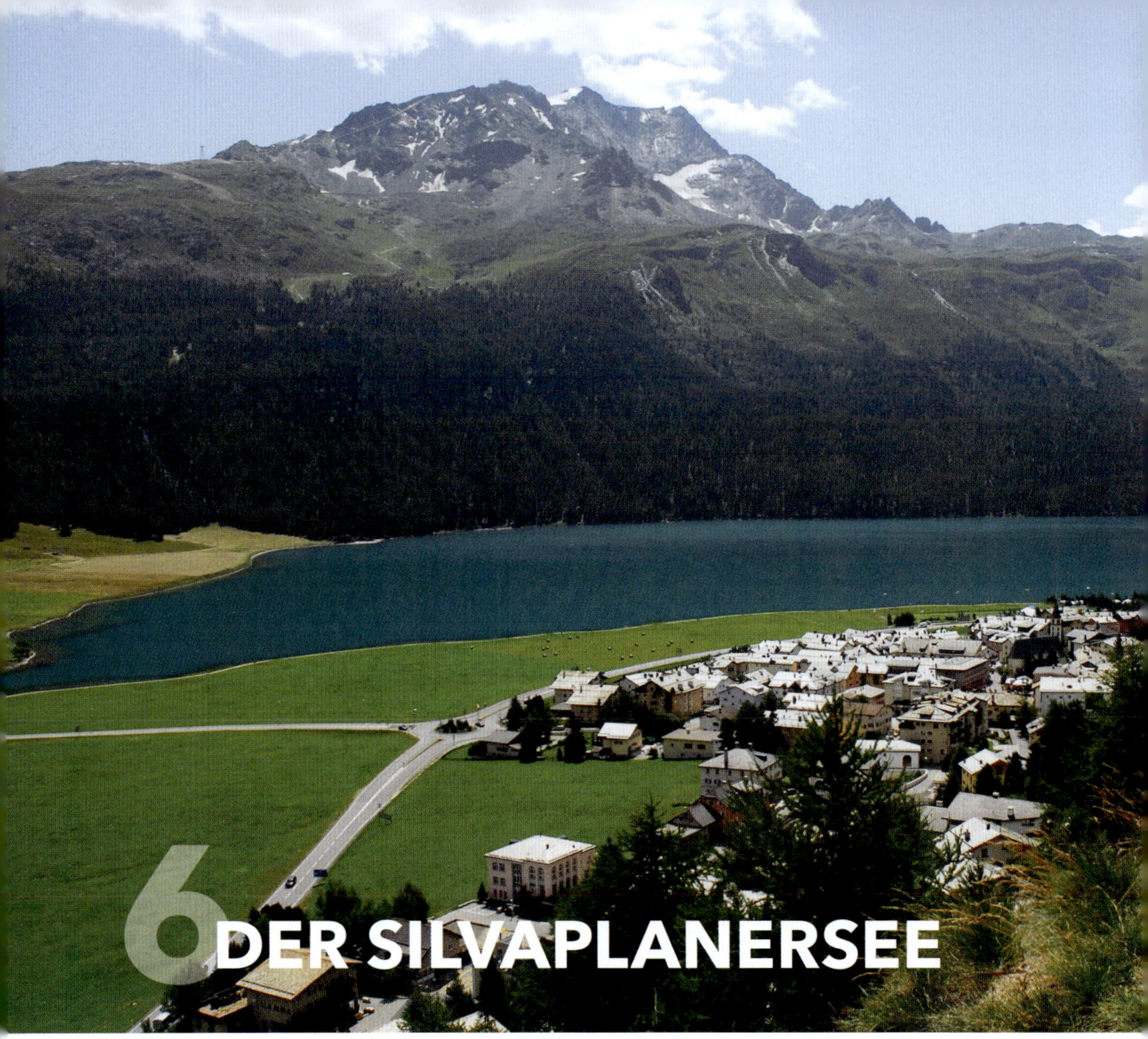

6 DER SILVAPLANERSEE

Im Kanton Graubünden, auf einer Höhe von 1790 Metern, befindet sich der 3,1 Kilometer lange und 1,4 Kilometer breite Silvaplanersee. Bei einer Fläche von 2,9 Quadratkilometern beträgt die maximale Tiefe 78 Meter. Hauptfischarten sind Seesaiblinge, Namaycush und See- bzw. Bachforellen.

Ich habe mir in St. Moritz für einen halben Monatslohn ein Sakko von Versace gekauft – nein, stimmt natürlich nicht. Die Stadt der Schönen, Reichen und ganz schön Reichen hat mich nicht angelockt. Es ist der Silvaplanersee, der mich in seinen Bann zieht. Manchmal stehe ich wie einst der Philosoph Nietzsche am Ufer und sinniere mit der Rute in der Hand, manchmal zieht es mich auf den See hinaus. Dann ankere ich an einem schönen Plätzchen, lasse die Hegene zum Grund sinken und warte darauf, dass einige Seesaiblinge den Weg ins Boot finden …

Die Fischerei ähnelt der am Silsersee. Wer es ruhig und beschaulich mag, versucht dort Anker zu werfen, wo immer wieder Schwär-

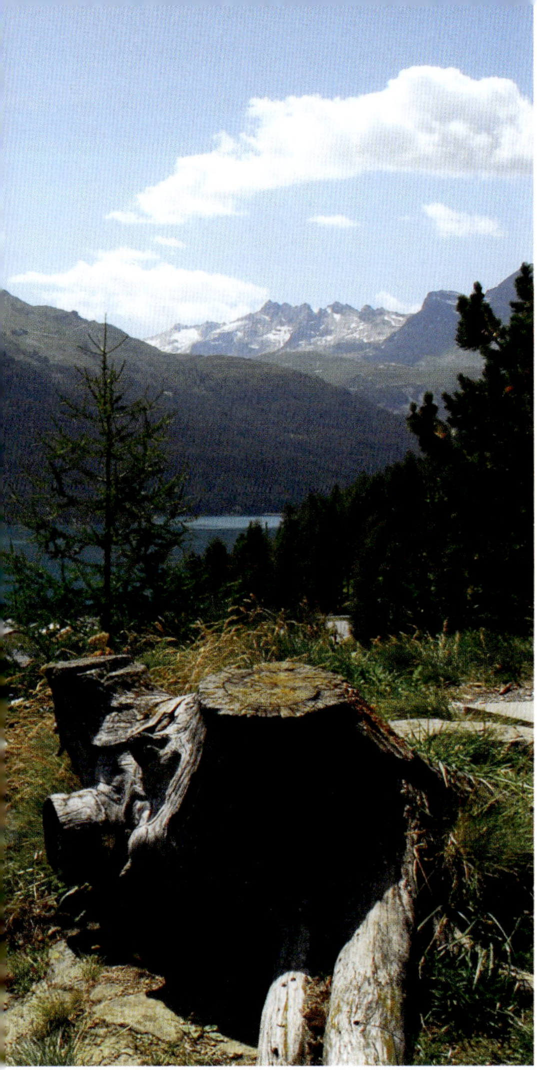

me von **Seesaiblingen** vorbeiziehen. Es gibt Tage, da muss man sich lange gedulden, aber wenn einer gefangen ist, kommen nicht selten noch andere hinzu. In Grundnähe darf man die Mehrzahl der Bisse erwarten. Aber der versierte **Hegenenangler** sucht auch die anderen Wasserschichten ab. Und nicht selten trifft er im Mittelwasser auf hungrige Fische. Aber wie findet man die Fangtiefe wieder? Ganz einfach: Man zählt die Kurbelumdrehungen! Und nun lüftet sich auch das Geheimnis, was es bedeutet, wenn sich Einheimische „zwölf" oder „dreizehn" zurufen …

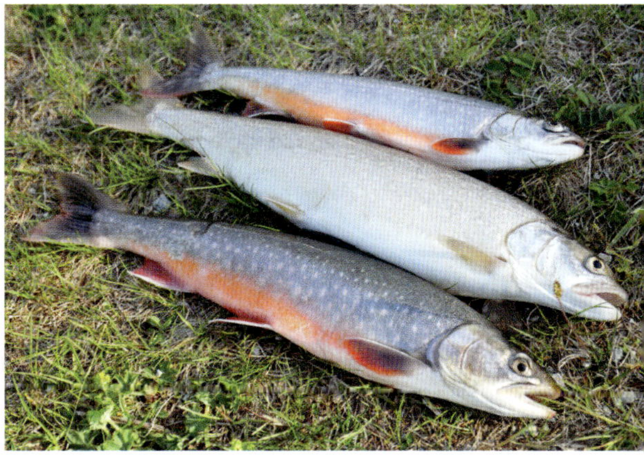

Herrliches Saiblingstrio (oben)
Foto: Thomas Wagner

Hier spazierte der Philosoph Nietzsche gern am Ufer entlang … (links) Foto: Thomas Wagner

Die Mehrzahl der Angler am Silvaplanersee bevorzugt das **Schleppfischen**. Und zwar das sogenannte **Kombisystem**. Das bedeutet, dass **Kunst-** und **Naturköder** kombiniert werden. Perfektioniert wurde diese Angelmethode an den großen kanadischen Seen. Übewiegend wird das **Konvoisystem** mit fünf hintereinander geschalteten **Spinnerblättern** verwendet. Aber gerade an Tagen, wenn das Wasser leicht angetrübt erscheint, leistet ein großer **Locklöffel** beste Dienste.

Den Reiz des **Uferangelns** sollte man am Silvaplanersee nicht unterschätzen. Ein leichter Rucksack mit Tee und einem belegten Brot, dann kann die Tour beginnen. Und es gibt diverse Möglichkeiten: Ein **Spinner** wie der altbewährte **Mepps** oder der eigenschwere **Mozzi**, ein **Blinker** Schweizer Bauart. Gut beraten ist auch, wer eine frisch getötete **Elritze an einem Bleikopfsystem** anbietet. Es gelingen damit nicht so weite Würfe, aber die natürliche Köderpräsentation macht diesen Nachteil mehr als wett. Am Silvaplanersee

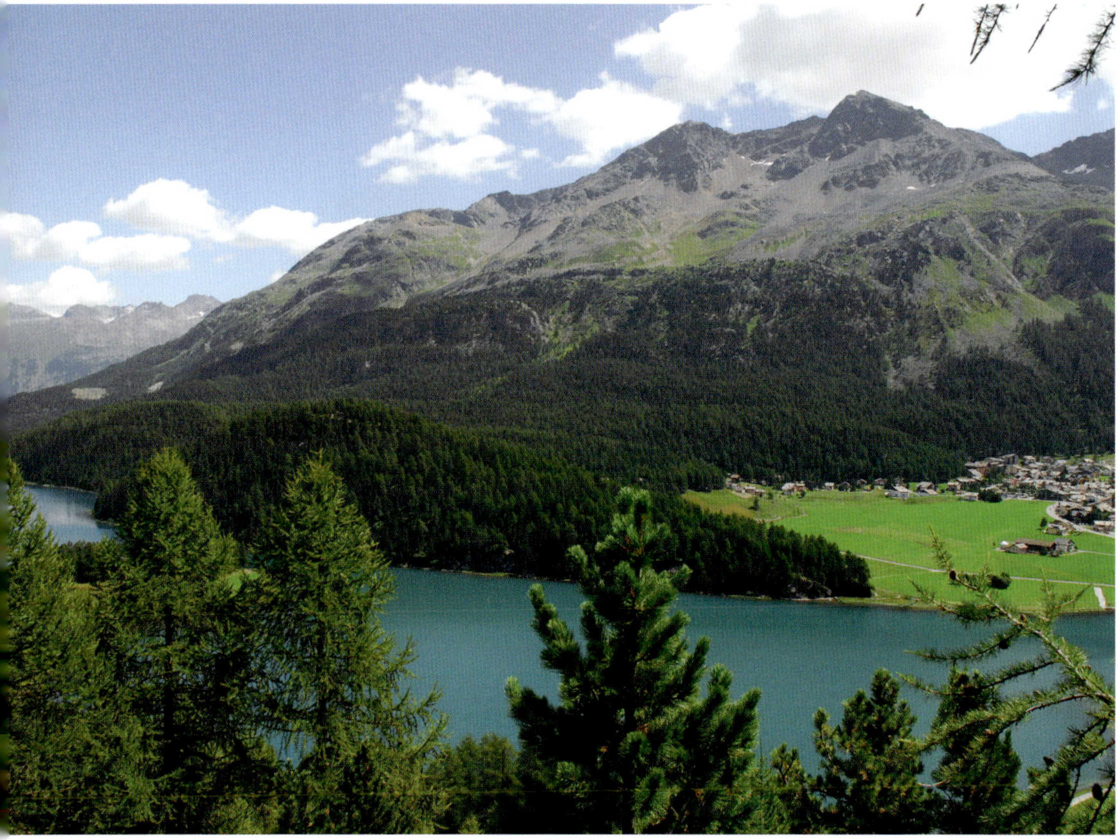

Türkisfarben präsentiert sich der See Foto: Thomas Wagner

ist es erlaubt Flaschen auszulegen, um damit Elritzen zu erbeuten.

Wind und trübes oder regnerisches Wetter erhöhen die Fangaussichten. Besonders an der dem Wind zugewandten Seite, wo Insektennahrung angetrieben wird. Sehr schön gestaltet sich das **Fliegenfischen**. Wenn eine **Forelle** unser Muster nimmt und die Leine durch die Finger gerissen wird, die parabolische Rute sich tief verneigt, dann haben sich die Stunden unermüdlichen Werfens gelohnt. Am allerschönsten ist es natürlich, wenn die **Trockenfliege** in einem Schwall verschwindet, aber auch mit der **Nassfliege**, der **Nymphe** oder dem **Streamer** ist es Genuss pur.

Und manchmal werden Anglerträume am Silvaplanersee wahr. So erging es jedenfalls Yannick Durand aus Lausanne am 29. Mai 2001. Vom Ufer aus fischte er mit einer **Elritze am System**. An einer 20er Schnur kämpfte er knapp eine halbe Stunde, bis eine 1,13 Meter lange und **15,6 Kilogramm** schwere Seeforelle im Kescher war. Bis heute ist sie die größte mit der Angel gefangene Forelle in der Schweiz.

ANGELINFORMATIONEN

Saison:
Uferangeln: 1. Mai bis 15. September
Bootsangeln: 15. Mai bis 15. September

Lizenzen: 30 CHF/Tag (Jugendliche bis 17 Jahre 10 CHF), 75 CHF/Woche (Jugendliche 20 CHF), 110 CHF für 15 Tage (Jugendliche 25 CHF), 150 CHF/ Monat (Jugendliche 30 CHF), 400 CHF/ Jahr (Jugendliche 100 CHF)

Ausgabestellen für die Oberengadiner Seen:

Bootsfischerei:
Gemeinde Silvaplana, Tel.: 0041(0)81/8387070

Kiosk Adolfa Gianotti, Casa de Tann, Maloja, Tel.: 0041(0)81/8243130

Camping Silvaplana, Tel.: 0041(0)81/8288492

Uferfischerei:
Fischzuchtanstalt St. Moritz, Reto Gritti, Tel.: 0041(0)81/8336752

Kiosk Adolfa Gianotti, Casa de Tann, Maloja, Tel.: 0041(0)81/8243130

Amt für Jagd u. Fischerei Graubünden, Loestr. 14, CH-7000 Chur, Tel.: 0041(0)81/2573892

Gemeinde St. Moritz, Via Quadrellas, CH-7500 St. Moritz, Tel.: 0041(0)81/8333017

Lizenzen können auch per Internet bestellt werden (www.ajf.gr.ch)

Leihboote: Hotel Cristallina, Via dal Malögia 14, CH-7517 Plaun da Lej, Tel.: 0041(0)81/8265350, www.hotelcristallina.ch

Mindestmaße: Forellen und Saiblinge 24 cm, Namaycush 30 cm

Entnahme: 10 Edelfische pro Tag

Schonzeiten: keine

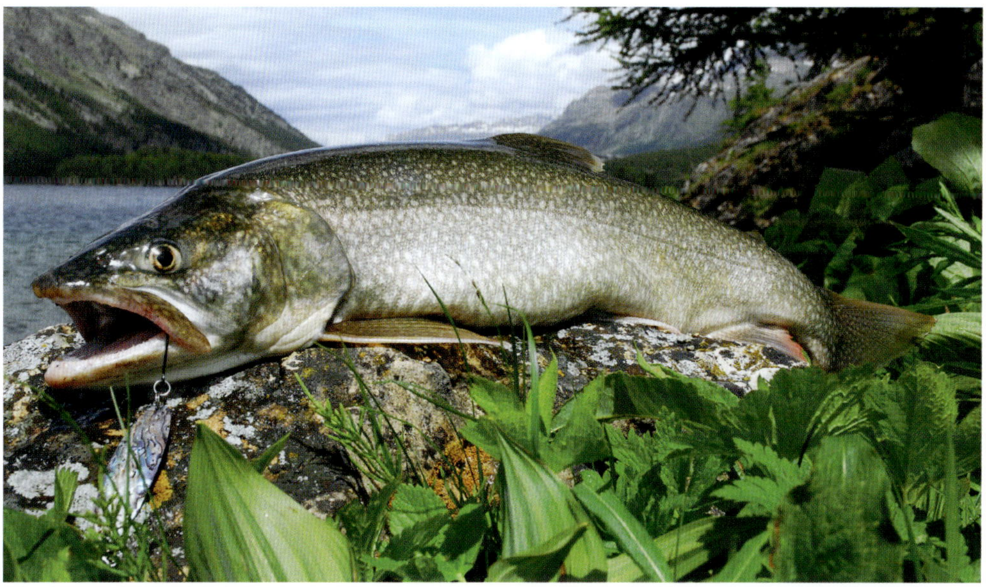

Stillleben mit Namaycush Foto: Thomas Wagner

DANKE!

Von ganzem Herzen danke ich all jenen, die mir Fotos und Informationen zur Verfügung gestellt haben und mich auf diese Weise unterstützt haben. Ohne diese Hilfe wäre es mir nicht möglich gewesen, das vorliegende Projekt zu verwirklichen. Insofern sei auch ihnen dieses Buch gewidmet.

DER AUTOR

Bernd Taller, studierter Diplom-Finanzwirt, ist seit 1975 für die Mehrzahl der deutschen Angelmagazine sowie für die Schweizer Zeitschriften Petri Heil und Jagd & Natur tätig.

Er ist ein begeisterter Petrijünger und widmet sich neben dem Fliegenfischen besonders der alpinen Fischerei.

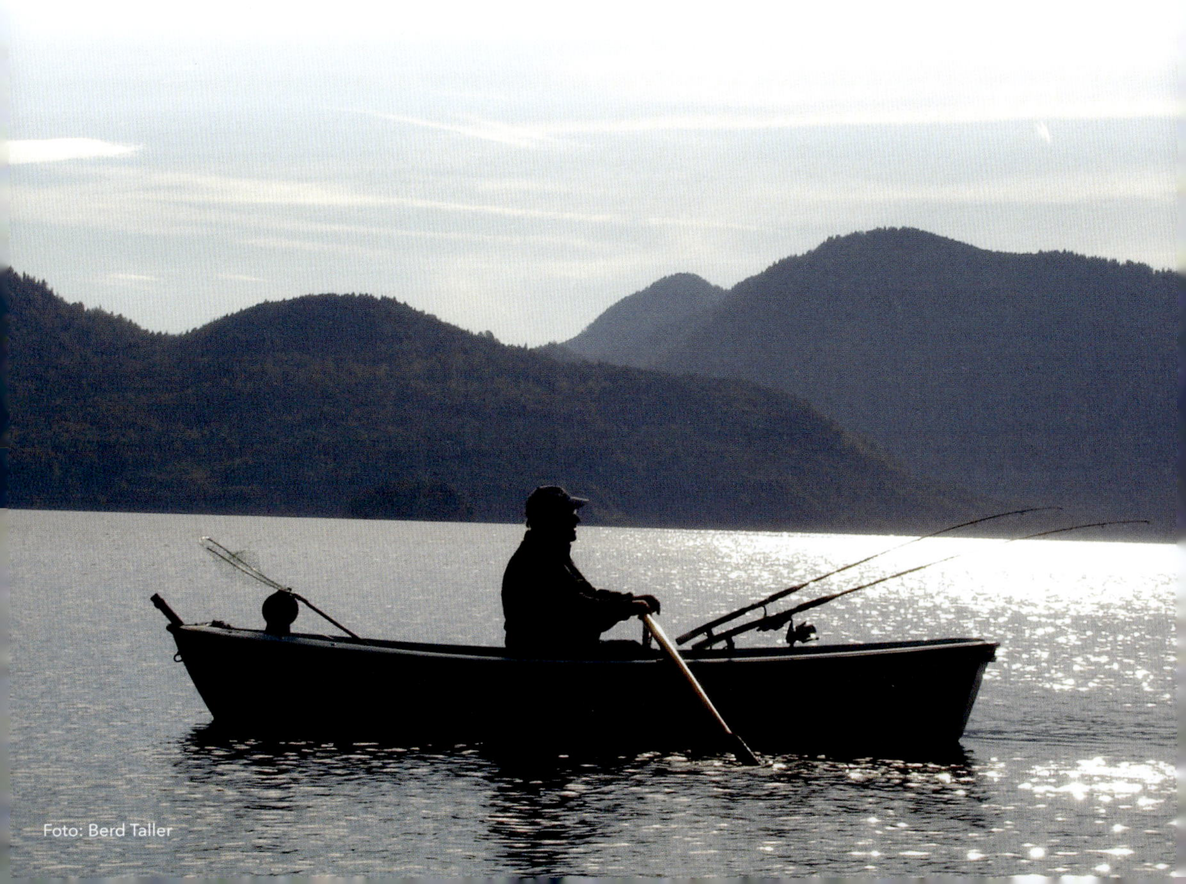

Foto: Berd Taller

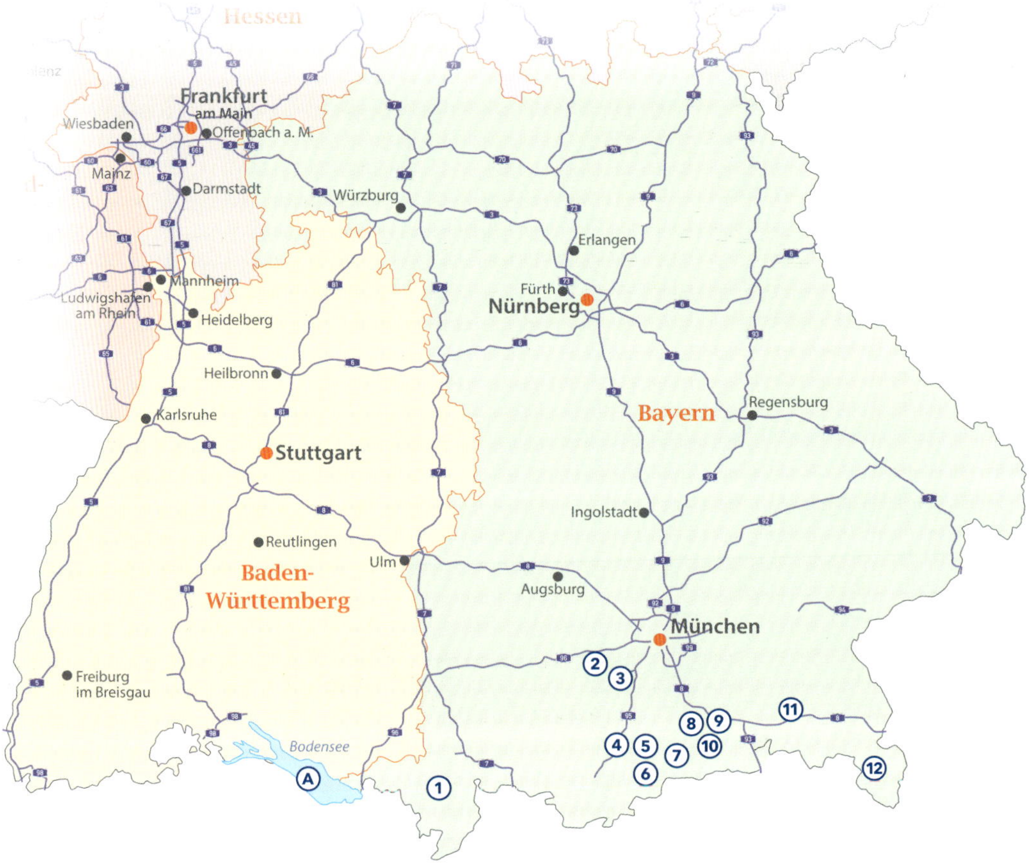

Angelseen in Deutschland

A Bodensee (S. 24)
1 Großer Alpsee (S. 30)
2 Ammersee (S. 34)
3 Starnberger See (S. 38)
4 Riegsee (S. 42)
5 Kochelsee (S. 46)
6 Walchensee (S. 50)
7 Sylvensteinspeicher (S. 54)
8 Tegernsee (S. 58)
9 Schliersee (S. 62)
10 Spitzingsee (S. 66)
11 Chiemsee (S. 70)
12 Hintersee (S. 74)